近百年來
我國中學國文教學的發展

蔡 世 明 著

文史哲出版社印行

國家圖書館出版品預行編目資料

近百年來我國中學國文教學的發展 / 蔡世明
著.-- 再版. -- 臺北市:文史哲,民104.02 印刷
427 面 ：21 公分.
ISBN 978-957-549-496-4 (平裝)

1.國文 – 教學法 – 論文,講詞 2.中等教
育－教學法 – 論文,講詞等

524.3107　　　　　　　　　92002422

近百年來我國中學國文教學的發展

著　　者：蔡　　　世　　　明
出 版 者：文　史　哲　出　版　社
http:// www.lapen.com.tw
e-mail:lapen@ms74.hinet.net
登記證字號：行政院新聞局版臺業字五三三七號
發 行 人：彭　　　正　　　雄
發 行 所：文　史　哲　出　版　社
印 刷 者：文　史　哲　出　版　社
臺北市羅斯福路一段七十二巷四號
郵政劃撥帳號：一六一八○一七五
電話886-2-23511028・傳真886-2-23965656

實價新臺幣五二○元

中華民國九十二年（2003）八月初版
中華民國一○四年（2014）二月初版再刷

ISBN 978-957-549-496-4　　52009

近百年來我國中學國文教學的發展

目　次

序

　　民國六十年（公元1971）六月，筆者大學畢業，旋於九月十八日入伍，服預備軍官役；隔年六月，考取軍事學校普通學科教官，奉調陸軍軍官學校預備學生班，擔任兩個教授班的高三國文課程，從此步上了教學的生涯。

　　韶光易逝，轉眼之間，我的教學生涯忽焉過了三十個年頭；這三十年可以分為兩個階段，前十五年教的是軍校生，後十五年教的是僑生，其中大部分時間從事的是打基礎的預備教育。軍校生和僑生都是身分與因素比較特殊的學生，他們的程度懸殊較大，學習的情況勤惰不一，存在著諸多的個別差異，所以在教學上相當費心費力。

　　從事教學工作，固然是筆者的志趣，但我自小酷愛鑽研文史，嚮往學術研究的道路，卻因種種客觀的因素，始終無法一償宿願，以此難免流露悵然若失的缺憾！同窗摯友王君聰昇時相過從，不僅沒有厭煩我的絮聒，反而勉勵我說：「你做的都是扎根的工作！」就因為「扎根」這兩個字，給了我莫大的肯定與信心，從此我不再為過去的不如意怨嘆；「魚與熊掌」雖然沒有兼得，但三十年教學工作的辛苦付出畢竟是有代價的，此後行有餘力，我還是要重拾舊業，為學術研究略盡棉薄。

　　如今知識與科技的進步，實在是日新月異，教育當局為了鼓勵老師永續進修，近年來把供中學各學科老師進修的研究所四十學分班，改制為正式的教學研究所，給中學老師一條既可進修又

可上進的管道。筆者有幸附驥尾，於民國八十九年（公元2000年）考進本校國文教學研究所，重回　周師虎林先生的門下，並承老師應允指導撰寫畢業論文。

　　周老師曾是筆者就讀東吳大學中國文學系時的業師，遠在三十五年前，我大一的「中國文字學」暨大二的「史記」課程，都是親炙於　老師的教導。一般大學的文字學課程，是在大二時才開的，東吳爲了提升學生的程度，在大一時就開了這門課；這對剛進大學的新鮮人來說，一切都還是懵懵懂懂的時候，學習這門課程的確是一項嚴峻的考驗；但由於　老師講課的條理十分清晰，教學語言活潑生動，本來令人望而生畏的課程，在登堂入室之後，卻覺得頗饒興味；只是　老師規定的作業未免沈重了一點，不僅整本《說文解字注》要圈點，還要整理五百四十部首，並且判別其六書，當時大家眞是叫苦不迭，然而在這勤苦的過程中，　老師已經爲我們打下做學問的基礎，如今回想起來，反而讓人感念不已。升大三時，　老師到菲律賓講學，臨別之時，把他的《中國訓詁學》專著送給我，要我好好研讀；所以說來，我的語言文字之學都是跟　老師學習的。

　　大二時上「史記」，　老師把太史公文章的理路及特色，分析得相當透徹，人物的性格與功過，發揮得淋漓盡致，聽　老師講課眞是引人入勝，不少前後期的同學都聞風而來；不過上　老師的課，也經常有使同學膽戰心驚的時刻，因爲　老師講授過的文章，幾乎都要求全文背誦，不是抽背，就是考默寫，連那長達八千九百多言的《項羽本紀》也不例外；當年同學們琅琅不絕的背誦聲雖然早已消散了，至今回憶起來卻仍然扣人心弦，而我們的寫作能力也在無形中得到培養。　老師教我們讀書，不但重視基本功的訓練，他更期勉我們效法太史公「通古今之變」的抱負，

經常強調能夠做到這樣，才是達到做學問的目的；這養成了我日後讀書務必力求融會貫通的習慣，至於有否實現　老師的期許，那就不是個人所能斷言了。

　　這次撰寫論文，我曾先後提了幾個構想向　老師請示，　老師最後指示我說：「你在中學教了三十年的國文，可以利用這些教學經驗與心得，從歷史演變的觀點，去探討近代以來我國普通中學語文教育發展的過程，以鑑古知今，為往後中學國語文教育的發展提供一些興革的意見。」於是我就按照　老師指示的原則，決定了這篇論文的研究方向與範圍。三年來，在本校修業期間，承蒙各位師長的教導，（如江所長聰平老師、李老師金城、蔡老師崇名、康老師義勇、陳老師光政、盧老師瑩通、林老師文欽、陳老師宏銘、汪老師志勇、龔老師顯宗、李老師三榮、李老師若鶯、潘老師清芳），深感獲益良多；這篇論文的寫作，有許多內容與觀點，都要感謝老師們的啟示與指導。

　　清朝中葉，鴉片戰爭以後，我國迭經外患與內憂，無論政治、經濟、軍事、文化等各方面，都遭遇到千古未有的巨大衝擊；面對紛至沓來的變化，為了救亡圖存，各種改革的方案不斷出爐，歷經了無數次錯誤的嘗試與失敗的教訓，最後才總結出一項寶貴的經驗，這就是要使國家臻於富強的領域，必須從改造與提升國民的素質著手，這才是根本大計；然而要改造與提升國民的素質，則非從教育的改革做起不可。因此從清末以來，我國新式教育的建立，在參考日本與美國等國家的經驗與做法後，經歷了許多曲折的改變與複雜的過程，值得我們回頭去觀察和省思，以明瞭爾後的教改如何來斟酌損益。記得錢穆先生曾經說過：「我想講歷史，同樣可以叫人不武斷。因事情太複雜，利弊得失，歷久始見，都擺開在歷史上，知道歷史，便可知道裡面有很多的問題。一切

事不是痛痛快快一句話講得完。歷史終是客觀事實，歷史沒有不對的，不對的是在我們不注重歷史，不把歷史作參考。」（註一）所以本文擬嘗試從歷史的觀點，針對近現代以來（指清光緒二十八年壬寅學制頒布後一直到目前）新式教育的發展來作探討。

　　我國新式教育的建立，其全盤的過程，可以說是經緯萬端、錯綜複雜，要做全面的研究，實非一人之能力所能承擔；因為筆者長期從事中學語文教學工作，對這方面的情況比較熟稔，所以這篇論文決定以新式教育中的普通中學語文教學作為研究對象。儘管無法顧及到全面，但語文教育實為一切教育的根基，如果能做好這項研究，相信多少也可以收到「見微知著」的效果，這是筆者所要黽勉以赴的；其次「通古今之變」也是筆者努力追求的目標，不過能否達成，則有待　師長們作嚴格的謢正了。

　　世明按：本書原為作者的碩士畢業論文，此次論文口考已於民國九十二年元月十三日（週一）下午一時三十分於國立高雄師範大學文學大樓3212教室舉行；在兩個小時的答問過程中，承蒙　本師周虎林先生、本校國文學系　江主任聰平教授暨國立成功大學中國文學系　張主任高評教授的指示，給予許多勉勵與期許，使世明深受鼓舞。此外，三位老師也提出不少需要修訂與充實的地方；修訂的部分，世明業已依照叮囑做了改正；至於尚待補充的章節，則分別條錄下來，作為後續研究的重點工作。對於老師們殷切的指導與策勉，世明謹此致伸謝忱。文史哲出版社主持人彭正雄先生是筆者相交三十多年的長者，為本書的編輯、出版鼎力協助，可說是殫精竭慮；還有內人周靜芳女士平日保家教子，使筆者能專致於研究、寫作，也在此一併表示感銘之意。

註一：錢穆，《中國歷代政治得失》，頁146。

第一章　緒　論

第一節　研究動機

　　語文是一門學科，同時也是一項工具。自然科學方面的天文、地理、生物、物理、化學、數學等，社會科學方面的政治、法律、經濟等，人文學科的文學、史學、哲學等，以及日常生活人際關係的表達和交流，都需要使用這項工具。中國大陸曾經因為「文化大革命」的破壞，導致中小學語文教學的效果很差，而影響到其他各科的教學，呂叔相先生就坦然指出：「語文是工具，語文水平低，影響到別的學科的學習，有的數學老師、理化老師訴苦，說是得兼做語文老師。」（註一）

　　我國古代文、史、哲學不分家，所以學校的教學沒有分科進行，而是以語文教學為中心，從集中識字開始，再納入蒙養教材、六藝（禮、樂、射、御、書、數），以及《四書》、《五經》等，來教導培養學生的德、才、學、識、能，所以傳統的教學是處在互相包容、互相融合的渾然形態之中，各學科沒有獨立成自己完整的體系。（註二）

註一　呂叔相著，《語文教學中兩個迫切問題》，原載1978年3月16日《人民日報》，又收於《語文教學問題》，頁1—3。

註二　張煥庭著，《中國小學語文教育史序》，載於《中國小學語文教育史》卷首頁3。

到清朝末年，開始建立新式的教育，採取分科教學，但實際上還是沒有完全擺脫傳統教學那種以語文爲中心的互相包容形態，葉聖陶先生在民國元年（公元1912年）開始當教師，他回憶當年的情形說：「從清朝末年廢止科舉，開辦新式學校，直到民國初年我當小學教員的時候，小學、中學教國文跟古代一脈相承，還是講書。因爲小學國文課本是文言……，也選些短篇古文，中學國文教材幾乎全是名家古文。其他各科的課本也用文言編寫。是文言，就得講。因而各科教員都講書，數學教師講數學書，理化教師講理化書，史地教師講史地書。因而各種功課幾乎都是國文課。」（註三），這種情形，直到白語文運動成功後，民國九年（公元1920年）北洋政府教育部明令全國各小學國文課改上語體文，民國十二年（公元1923年）「新學制」頒行以後，教科書的語體化才在全國全面展開，從此各科教師才逐漸卸下了兼上國文課的重擔。

雖然現在各學科的教學任務及內容，都有明確的目標和範圍，但語文作爲一項工具，如果語文教師沒有把學生聽、說、讀、寫的能力培養好，還是會造成各科老師教學上的困擾，以及學生學習上的困難；所以說語文教育是一切教育的根基，同時與各學科經常保持著相互聯繫的關係。學生的語文能力良好，才有助於各科的教學，使學生的學習能順利進行；否則學生聽講與表達的能力不好，導致學習上有障礙，勢必降低其學習興趣，以致成績低落；而成績低落，往往會使學生更無心學習，接著下來，其生活與品德的問題也跟著層出不窮，如此不斷的惡性循環，最後整個

註三　葉聖陶著，《大力研究語文教學，盡快改進語文教學》，原載《中國語文》1978年第2期，又收於《語文教學問題》，頁4—15。

教學將陷於泥淖之中，而難以運作。

筆者以語文教學爲本職，但也長期兼任導師的工作，時常感嘆到大部分的時間和精力都花在勸導學生的生活與品德上，語文教學的專業有時反而淪爲次要的事情，眞是令人覺得百般無奈！然而回頭想一想，如果不先解決他們生活與品德上的問題，學生根本無心向學，我的專業又如何去發揮呢？在所有學科中，語文科的上課時數總是列於前茅，因此語文教師跟學生接觸的時間較長，互動的關係也比較多，所以通常都避免不了要兼任導師，對於上述的教學問題，大家一交談起來，似乎都有滿腹同樣的苦經；從這個地方，我才領悟到古人所以「輕經師」而「重人師」的道理所在了。

第二節 研究內容

本論文雖以探討普通中學國文教學爲重心，但語文教育既爲全盤教育中最重要的一環，這個局部的良窳往往關係到整體發展的成敗，所以第二章將先從縱剖面把我國學校教育的源流，包括傳統教育的發展以及新式教育的建立，作一番鳥瞰式的回顧。然後第三章則從橫切面去論述語文教學的主要目標與其相關的功能。

第四章「我國近現代中學國文課程的演進」，擬介紹新式教育建立後，我國中學國文課程名稱的變化，以及授課時數、教學目標、教材綱要及教學方法等情況。

第五章「我國近現代中學國文教科書的發展」，擬探究中學國文教科書從早期全部取材於文言文，到接受白話文，而後發展成文言、白話兼容並蓄的過程；並比較臺灣、大陸、香港三個地區現今語文教科書的異同，且作抽樣的分析。

　　第六章「現階段中學國文教學評析」，擬審視我國當前中學國文教學的情況及評量的問題，綜合時賢的觀點與主張，作較全面性的評價與析論。

　　第七章「中學語文教學改革評議」。由於時代與環境多元而快速的變化，世界各國的教育發展都面臨到強大的改革壓力，我國也不例外；在眾多的教改方案中，不乏對症下藥的良方，但其中也出現許多盲點，導致治絲益棼，越改越亂，令人難以適從，本章擬就當今語文教改的問題作一番省思。

　　第八章「結論」，將總結個人從事語文教學工作多年的一些經驗與心得，提出來就教於方家。

　　本論文的最後為「附錄」與「參考書目」。「附錄」部分有三種：一「我國近現代語文發展大事記」，二「我國近現代中小學教育發展大事記」，三「我國傳統小學教育教材書目舉要」。語文與中小學教育發展的大事記，是以編年的方式，列表記述其重要事件，以供查閱參考。民國以來，常把傳統小學教育的教材，視為鄙俗無用而任意毀棄；不過近年來的看法已有所扭轉，雖然這些教材都不合乎現代「教科書」的規格，但其內容卻蘊藏著不少精義，仍可作為今天撰寫教科書取材的參考；所以這裡把我國較著名而重要的傳統教材作了分類整理，並加上簡要的說明，以備檢閱。晚近兩岸三地關於語文教學論著的發表，可說是風起雲湧，令人目不暇給，筆者雖然時常前往各圖書館查閱，又到坊間書局盡力蒐羅，但因為現實條件的限制，實在難以求全責備，此地「參考書目」所列者，主要是個人所收藏者，或撰寫時曾經取法者，因此不免有「遺珠」之憾，而難逃「井蛙」之譏了。

第三節　參考文獻

　　對一位歷史研究者來說，蒐集最可靠的資料，來解決所選定的問題，是一件基本而重要的工作。研究歷史的資料，簡稱爲「史料」，又稱爲「文獻」；梁啓超先生認爲「過去人類思想、行事所留之痕跡，有證據傳留至今日」的資料，叫做史料。（註四）史料依其存留的型態，杜維運先生把它分爲「口頭傳說」、「文字記載」、「實物」三大類，（註五）其中以「文字記載」的數量最多，也廣爲人們所利用，如典藏於圖書館或公、私機構的文件、期刊、計劃書、調查報告、集會紀錄、檔案、公告、書信、日記、名冊、回憶錄、年譜，以及口述歷史的記錄等都是；由於內容龐雜，事實眞僞難辨，所以其價值有高有低，必須仔細考證，謹愼採用。有些經過整理、彙編的史料，給研究者提供了許多方便，可以參考使用，例如：

　　1.《中國近代教育史資料彙編》（全十編），陳元暉主編，上海：上海教育出版社，1986年起陸續出版。

　　2.《中國近代學制史料》（全四輯七個分冊），朱有瓛主編，上海：華東師範大學出版社，1983年至1993年陸續出版。

　　3.《中國近代教育史教學參考資料》（全三冊），陳學恂主編，北京：人民教育出版社，1986年、1987年版。

　　4.《清代後期教育論著選》（全二冊），陳景磐、陳學恂主編，北京：人民教育出版社，1997年8月一版一刷。

註四　梁啓超著，《中國歷史研究法（附補編）》，頁36。

註五　杜維運著，《史學方法論》，頁131—137。

5.《近代中國教育史資料》（全四冊：清末編一冊、民國編三冊），日本·多賀秋五郎編著，臺北：文海出版社，1976年4月一版。

6.《中華民國史教育志（初稿）》，國史館中華民國史教育志編纂委員會編，臺北：國史館，1990年6月一版。

7.《臺灣省通志·卷五教育志》（第37—41冊），臺灣省文獻委員會編，臺北：眾文圖書公司，1969—1973年出版。

8.《商務印書館與新教育年譜》，王雲五著，臺北：臺灣商務印書館，1973年3月一版。

9.《臺灣教育發展史料彙編》，臺灣省政府教育廳編印，1980年開始編纂，至1996年已出版：國民教育、高中教育、職業教育、大專教育、社會教育、師範教育、特殊教育、體育教育、科學教育、教育行政、衛生教育、訓育篇等十二篇。

10.《臺灣教育發展史料彙編補述》，教育部中部辦公室編印，1996年起依序補述，已出版：國民教育、高中教育、職業教育等三篇。

11.《九年國民教育資料彙編》，何鳳嬌編，臺北：國史館，2000年11月一版。

經過專家學者精心研究、辛苦撰寫的專門著作，也是我們應當善加利用的資料；國家圖書館多年來均接月、按年出版新書目錄，這有助於我們找尋相關的參考書籍。期刊論文，往往提供最新的學術訊息或研究心得，卻苦於資料分散難尋，國家圖書館按時出版的期刊論文索引及光碟系統，還有國立教育資料館編輯的《中華民國教育研究資訊彙編》，能夠多加利用，可以避免大海撈針之苦。博士和碩士論文是學術研究中相當嚴謹而又有系統的研究成果，一個國家的學術研究水準可由此窺其全豹；要找尋這

方面的資料，早年有國立政治大學社會科學資料中心編的《全國博碩士論文分類目錄》、國立教育資料館編的《國立教育資料館圖書目錄》（博碩士論文1992、1994年版）；近年有運用資訊科技的檢索系統，如國家圖書館網路的「全國博碩士論文摘要檢索系統」、飛資得資訊的「中華博碩士論文光碟檢索系統」。「全國博碩士論文摘要檢索系統」，是教育部高教司指導之共建共享專案計畫，由臺灣地區各大學校院研究所畢業生透過磁片或線上建檔方式提供博碩士論文索引與摘要；資料庫每週更新，從1985年迄今約收錄12萬7千餘筆資料，從1999年起新增資料除原有索引與摘要款目外，另提供論文目次與中英文參考文獻等資料。「中華博碩士論文光碟檢索系統」，收錄臺灣、中國大陸、香港及美加地區各大學研究所華人博碩士論文索引及摘要；收錄範圍包括：臺灣1960—1996年博士論文、1980—1996年碩士論文，香港1982—1992年3所大學博碩士論文，中國大陸9所大學博碩士論文，美加地區1920—1988年377所大學華人博碩士論文。還有國立臺灣師範大學圖書館所建立的「教育論文線上資料庫」，將全國12所師範校院圖書館40多年來的教育論文全文資料都上網，於2001年2月26日啟用，免費提供民眾使用，網址為：www.ntnu.edu.tw/lib。該資料庫包括資料庫查詢、館藏連結查詢、專題選粹、文獻傳遞服務、教育詞庫查詢等五項功能。資料內容涵蓋自1957年起登載於中文期刊、學報、報紙、論文集的教育性論文，目前已有8萬多筆，全文影像計20萬餘頁；另有教育新聞資料。

此外，辭典、百科全書、年鑑、目錄、參考用書指引等一類的工具書，能夠充分利用，也可以幫助我們解決一些問題，底下各列舉數種作參考：

1.《教育大辭書》，唐鉞、朱經農、高覺敷主編，1930年7月

上海商務印書館一版、1964年2月修訂臺一版。

2.《雲五社會科學大辭典・教育學》（第八冊），楊亮功主編，臺北：臺灣商務印書館，1979年一版。

3.《教育大辭典》(全12卷)，顧明遠主編，上海：上海教育出版社，1990年6月—1992年8月出版。

4.《教育大辭書》（全12冊），國立編譯館教育大辭書編纂委員會主編，臺北：文景書局，2000年12月一版。

5.《中國大百科全書・教育卷》，中國大百科全書總編輯委員會《教育》編輯委員會編，北京：中國大百科全書出版社，1985年8月一版一刷。1993年4月臺北錦繡出版事業公司正體字版。

6.《中華百科全書》（全十冊），中國文化大學中華學術院中華百科全書編纂委員會主編，臺北：中國文化大學出版社，1983年7月一版。

7.《中華文化百科全書》（全十五冊），高明主編，臺北：中華文化基金會、黎明文化事業公司，1989年10月一版。

8.《中華民國教育年鑑》，教育部教育年鑑編纂委員會主編，目前已出版至第六次，其概況如下：

第一次：1934年5月上海開明書店出版，1971年10月臺北傳記文學出版社影印本。

第二次：1948年上海商務印書館出版，1981年臺北宗青圖書公司影印本。

第三次：1957年8月臺北正中書局臺一版。

第四次：1974年6月臺北正中書局臺一版。

第五次：1985年至1987年臺北正中書局臺一版。

第六次：1996年6月教育部臺一版。

9.《中華民國教育年報》，國立教育資料館編印，1999年2月

創刊，目前已出版1998年、1999年、2000年等三個年度。

10.《東洋學文獻類目》，日本京都大學人文科學研究所附屬東洋學文獻中心編，1935年開始出版，原名《東洋史研究文獻類目》，1963年起改稱今名。

11.《中國學術名著提要·教育卷》，張瑞璠、金一鳴主編，上海：復旦大學出版社，1996年10月一版一刷。

12.《中文參考書指南》，何多源編著，1936年9月嶺南大學圖書館叢書本，1938年增訂本（按：臺北古亭書屋、文史哲出版社曾據以影印出版）。

13.《西文參考用書指引》，沈寶環編著，臺中：東海大學，1966年10月一版。

14.《中文參考用書指南》，李志鍾、汪引蘭編著，臺北：正中書局，1972年12月一版。

15.《中文參考用書指引》，張錦郎編著，臺北：文史哲出版社，1979年4月一版、1983年12月增訂三版。

16.《教育參考資料選粹》，胡歐蘭編撰，新竹：楓城出版社，1980年一版。

第四節　研究方法

筆者從事這篇論文的寫作，主要是採用歷史研究法，歸納各種教育史實、教育主張及方案等等，針對我國近現代普通中學國文教學的發展，來作比較、分析的研究，希望能起到鑑古知今、承先啟後的作用。

李奉儒先生說：「要言之，歷史研究法，乃檢視歷史上的事實，也就是敘述與分析過去所發生的事件或活動的方法。它著重

於人類過去種種有意義活動或重要事件的記載、描述、瞭解及解釋，並強調用批判的精神，來探究過去事件或事件組合的意義，以發現究竟在過去發生了什麼，進而對於人類的行為和思維有較廣度地瞭解。」（註六）

　　李先生根據《教育研究法》這本書，（註七）把教育的歷史研究界定為：「或即今以溯古，或準古以鑑今，追求人類文化遞嬗之跡象，尋繹歷代社會制度和經濟組織發達之途徑，各考察其於教育思想的變遷，近代教育制度和方法的形成有何影響等，而藉以為將來教育活動之指導與資鑑。」

　　「前事不忘，後事之師」，教育的歷史研究，可以作為今後改進教育措施或建議教育理論的殷鑑和依歸，李先生依照何清蓉先生的區分，把其功能分為兩項：

　　「1.對教育學及教育理論而言──各種理論、學問都有其演進過程，對歷史性的探討可尋源而溯流。……致力於一門學問的研究，不能不研究它的發展史，從以往的發展到將來的創新，其間有必然的關係，不作歷史性的探討，以尋源而溯流，則學問必枯竭，而難以創新。

　　2.對教育的實際運作而言──(1)教育史的研究，可以幫助我們瞭解當前教育措施是在怎樣的背景裡產生？在怎樣的情況下，才不致於重蹈覆轍？並且如何才能持續有效地進行。(2)教育史的

────────────────

註六　李奉儒著，《教育學的歷史研究之現況與趨勢》，收於中正大學教育研究所主編的《教育學研究方法》一書內，見該書頁285─313。本節的論述，大多參考李先生的鴻文。

註七　《教育研究法》，正中書局編審委員會編，臺北：正中書局，1967年版。

研究，可以幫助我們檢視一些曾經出現過的教育思想、計劃和制度等。它們在當時雖因某些原因不被重視，或者被捨棄未能付諸實行。然在今日未必不可行。」（註八）

　　歷史研究法的主要步驟，包括資料的蒐集、分析和解釋；李先生認為除了步驟中是否要「形成假設」一項，各家有見仁見智的主張外，黃光雄、王文科、王雲五、何清蓉諸位先生的說法，其實都大同小異；他並引用何先生所作的圖解，具體說明歷史研究法的步驟：（註九）

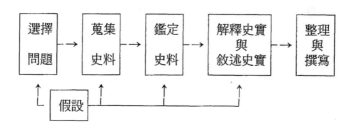

註八　《教育學研究方法》，頁287。

註九　《教育學研究方法》，頁290。

第二章　我國學校教育的源流

　　教育是人類社會特有的活動，是按照一定的目標，在有計劃、有步驟的學習過程中，來教導學生，以培養其思想、品德、知識、技能、生活等，使受教者的智力、體力及行為得到良好的發展，成為自立自主的個人，繼而促進家庭、社會的和諧，與國家的進步，為文化的傳承繼往開來。

　　教育的場所遍布於各處，以家庭、學校、社會為主，而其中又以學校教育最為具體、重要；本章將就我國歷代學校教育的發展過程，作一番全盤重點式的回顧。（註一）

第一節　傳統時期的學校教育

一、五帝時期

　　我國自古就十分重視教育，遠在五帝（黃帝、顓頊、帝嚳、堯、舜）時期的「成均」、「庠」，可能是我國古代萌芽中的學校。《禮記・文王世子》：「三而一有焉，乃進其等，以其序，謂之郊人，遠之。於成均，以及取爵於上尊也。」鄭玄注：「董仲舒曰：五帝名大學曰成均。」後泛指官設的最高學府。「庠」是舜時學校的名稱。庠的原意是「養」，即把有道德、有經濟、有知識的老人養在那裡，專門從事教育年輕一代的工作。

註一　本章的論述，取材於郭齊家著，《中國古代學校》。「歷代官學系
　　　統表」，參考伍振鷟校訂，喻本伐、熊賢君著，《中國教育發展史》。

二、夏　代

到了夏代，可能已有「庠」、「序」、「校」三種尚未完全發展為學校形式的專門教育機構。「序」原為練習射箭的場地，只有東西牆，沒有房屋，顯然是為軍事訓練需要而產生的學校。「校」原為「木柵欄」，是養馬的地方，後演變為操演或角力比武的場所，同樣也是為了軍事訓練而產生的學校。

三、商　代

商代從夏代繼承了「庠」、「序」的制度，其教學內容更為擴充，成為培養軍事人才的學校。此外，還有學習禮、樂的「瞽宗」和「右學」，是屬於高等教育的學校。「瞽宗」原是宗廟，選擇有道德而精通禮樂的文官教授貴族子弟。殷商崇尚右，以西為右，所以把大學設在西郊，稱為「右學」。

四、西　周

西周繼承夏、商的學校制度，建立了典型的政教合一的官學體系，形成了文武兼備的「六藝」教育。

西周官學可分為「國學」和「鄉學」；國學設在周天子所在的王城和各諸候國的國都，鄉學則按地方行政系統設立，兩者的體制大要如下：

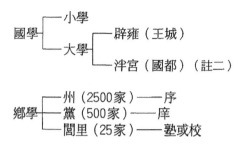

六藝是以禮、樂爲中心的文武兼備的教育；禮、樂、射、御爲「大藝」，主要在大學階段學習；書、數爲「小藝」，主要在小學階段學習，其教學內容大致如下：

1.禮：包括政治、歷史和以「孝」爲根本的倫理道德教育。

2.樂：屬於綜合藝術，包括音樂、詩歌、舞蹈。

3.射：射箭技術的訓練。

4.御：駕馭兵車技術的訓練。射、御屬於武藝的課程。

5.書：識字與書寫的課程。

6.數：計算數字與辨認方位的課程。

五、春秋戰國時期

註二　辟雍，亦作「辟廱」；西周天子所設的大學，語本《禮記・王制》；南爲成均，北爲上庠，東爲東序，西爲瞽宗，中曰辟雍，形如璧圓，而四周以水環之；東漢以後，歷代皆有辟雍，除北宋末年爲大學預備學校外，均僅作祭祀的場所。

泮宮，西周諸侯所設大學。《詩・魯頌・泮水》：「既作泮宮，淮夷攸服。」《漢書・郊祀志上》：「周公相成王，王道大洽，制禮大樂，天子曰明堂辟雍，諸侯曰泮宮。」後世泛指學宮。

　　西周末年，貴族的統治開始動搖，官學也日趨衰廢。到了春秋時期，由於政治、經濟等因素的不斷變化，周天子逐漸失去「共主」的地位，貴族中的一部分人逐漸游離出來，「士」的階層興起，貴族官學更趨沒落；士的階層中有文士、武士及文武合一的士，他們是我國最早期的知識分子和教師群。春秋末期，私學日益興盛，儒、墨兩家的私學，成為當時的「顯學」，即著名的私學。

　　私學衝破了西周官學等級森嚴的傳統，使學校從宮廷、官府移到民間，教育對象從貴族擴大到平民，教師以私人身分隨處講學，學生可以自由擇師，教學內容與社會現實有了較廣泛的聯繫；由於各派各家相互爭論，又相互補充，既促進了學術思想的發展，同時培養出大量的人才，還造就了一些具有高度智慧的大師，如孔子、孟子、荀子、墨子、老子、莊子、韓非子等人。

　　春秋戰國時期私學的發展還促進了教育思想與理論的發展，不僅《論語》、《孟子》、《荀子》、《墨子》、《老子》、《莊子》、《管子》、《韓非子》、《呂氏春秋》等典籍保存了許多教育資料，而且出現了像《大學》、《中庸》、《學記》、《勸學》、《弟子職》等教育專著，奠定了我國古代學校教育理論的基礎。

　　古代的歷史文化材料，經過孔子和他的學生不斷整理、補充，而流傳下來的《六經》，不但被奉為儒家的經典，也是歷代教學的用書；《詩》相當於文學課程的教材，《書》相當於政治課程的教材，《禮》相當於倫理道德課程的教材，《樂》相當於音樂美育課程的教材，《易》相當於哲理課程的教材，《春秋》相當於歷史課程的教材。

　　從春秋戰國以後，我國出現了兩種學校教育制度，一種是官

學，另一種是私學；由於歷代各朝的官學時興時廢，但私人講學之風卻綿延不絕，長久以來，私學一直肩負著傳授知識與培養人才的重任。

六、秦漢時期

㈠秦代

公元前221年，秦始皇統一全國，建立了我國歷史上第一個統一的中央集權政府，繼承戰國時期的博士制，朝廷相繼徵召六國的博士達70餘人；博士除參議政事，備政府諮詢外，還掌握古今歷史文化，有些博士曾以私人名義傳學授徒。

秦代於郡縣普遍設有「學室」的官學，規定招收政府各級機關的書記、檔案等基層文官的子弟入學；「學室」的教育內容有兩方面：一是要學習文字，書寫姓名，認識名物，誦讀《倉頡篇》、《爰歷篇》、《博學篇》；二是要明習法令，以備將來入仕為吏。

秦代以法家學說為治國的指導思想，認為「百家之學」不利於國家的集權統治，於是秦始皇接受李斯的建議，頒「禁私學」令，採取以法律代替教育，以官吏代替教師，對學校教育持以否定的態度。

為了政策法令的順利推行，秦始皇下令整理和統一文字，規定以統一前秦國的篆書為標準字體，消除以往「文字異形」的混亂現象；在改革文字以後，丞相李斯編寫《倉頡篇》、中車府令趙高編寫《爰歷篇》、太史令胡毋敬編寫《博學篇》，作為標準字體的範本，推行到全國，並供學童識字之用；這些課本，四字為句，句末押韻，便於記誦，成為漢代以後蒙學識字課本的先驅。

㈡漢代

漢代在教育上採用儒家的主張，重新肯定教育在培養人才和

教化百姓的作用，把學校教育作爲鞏固國家政權的重要工具。

　　漢代官學分中央官學和地方官學兩大類。

　　中央官學有大學性質的太學，有特殊性質的鴻都門學、四姓小侯學等。漢代太學的教官由博士擔任，博士各專一經，都是當時的名師碩儒；太學的學生爲博士弟子，太學生也稱爲「諸生」；太學以儒家經典爲教材，西漢末，由於書寫經文的字體有篆書與隸書的不同，以及字句、篇章、解說等也有差異，出現古文經與今文經之爭；太學的教學制度並不嚴密，沒有規定學習年限，也不注意考勤，但非常注重考試，用考試來督促和檢查學生的學習成績。鴻都門學創設於東漢靈帝光和元年（公元178年），因位在洛陽的鴻都門而取名；這是我國古代最早的一所文藝專科學院，專門招收有寫作尺牘、辭賦能力以及善於書寫鳥篆文字的學生。四姓小侯學，是外戚創辦的貴族學校；所謂「四姓」，即樊、郭、陰、馬四大氏族，他們都不是列侯，故名「小侯」。

　　漢代地方官學，按行政區劃設置；郡國設「學」，縣、道、邑設「校」，鄉設「庠」，聚（村落）設「序」；「學」與「校」相當於中等程度，「庠」與「序」相當於初等程度；地方官學也是以儒學爲教學內容，以推廣教化爲主要任務。下列「漢代官學系統表」，以供參考。

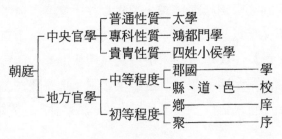

　　漢代私學十分發達，在組織形式上，可分爲兩種：一爲「蒙

學」，二爲「精舍」（或稱「精廬」）。蒙學即童蒙學習的地方，也稱爲「書館」，教師稱之爲「書師」，學習的內容主要是識字習字。精舍相當於太學，由經師大儒教授，西漢時就已出現，東漢時更爲興盛；在私人精舍中，師生關係尤爲親密，學生對師長恭敬禮讓，教師對學生十分關懷。漢代私學之所以興盛，是因爲受國家「以經術取士」的影響，另外是因爲私人講學的思想束縛較少。

七、魏晉南北朝時期

魏晉南北朝是我國歷史上由統一轉爲分裂和長期戰亂的時期，這個時期學校廢置無常，特別是官學，不僅在數量上大大減少，而且呈現時興時廢的狀態；但此時也出現了一些新型的學校，如西晉的「國子學」、北魏建立郡國學校制度及專科學校的萌芽。

西晉武帝咸寧四年（公元278年）創立「國子學」，惠帝時明確規定官至五品以上子弟入國子學，六品以下子弟入太學，這是門閥世族在教育制度上所享有的特權。

北魏由於政局相對穩定，因此學校教育比南朝發達。北魏重經學，設有國子學、太學，創立四門小學，（註三）又開皇親之學。在秦漢時已有郡國學校，但在地方普遍建立郡國學校制度，則是創始於北魏。

三國魏明帝時（公元227年），衛覬奏請置「律博士」，教授刑律，招收律學弟子員，這是我國古代法律專科學校的開始。西

註三　後魏時，庶人入學，立學於大學之四門，其教師曰四門博士。歷代因之，元以後廢。《北史‧魏世宗紀》：「正始四年六月，詔有司，準前式，置國子，立太學，樹小學於四門。」

晉武帝時立「書博士」，設弟子員，教習書法，以鍾繇、胡昭二人為標準，這是我國古代書法專科學校的開始。南朝宋文帝元嘉十五年（公元438年）開辦了「儒、玄、史、文」四個學館，把儒經、佛老、歷史、詞章四科的研究並立。南朝宋文帝元嘉二十年（公元443年）開始設醫學，北魏時也設太醫博士及助教傳授弟子，這是我國古代醫學專科教育的開始。以上分科的教學制度，對隋唐時代專科學校的發展是有直接的影響，也是後代專科學校的開端。下列「魏晉南北朝時期官學系統表」，以供參考。

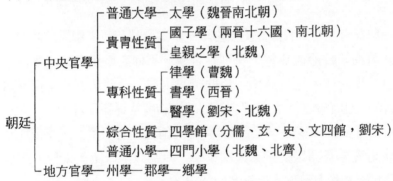

魏晉南北朝時期官學衰頹，私學卻呈現繁榮局面，名儒聚徒講學，學生人數上百人或幾千人者屢見不鮮；儒學、玄學、佛學、道教的結合，是這個時期私人講學的特色；科技教育如天文學、算學、醫學、藥物學，也是當時私學的重要內容，教學方法也有所改進，重視驗證和實踐。這時期也出現了婦女講學，如韋逞母親宋氏繼承家學《周官》音義，在戰亂中教學不輟。

這一時期的童蒙讀物也有所發展，范岫著《字訓》，王褒著《幼訓》，已具有童蒙課本的性質。梁武帝時周興嗣所撰的《千字文》，拓取王羲之遺書不同的字一千個，編為四字韻語，以「天地玄黃，宇宙洪荒」開頭，依次敘述天文、博物、歷史、人倫、

教育、生活等方面的知識，是以識字教育爲主，兼有思想和常識教育的綜合性蒙學課本，一直盛行到二十世紀初。

八、隋唐時期

㈠隋代

隋代的歷史雖然只有短短的37年，但隋初的統治者爲革新政治、扭轉風俗，很注意學校的建設和人才的培養，從中央到地方都設有官學。在中央設立「國子寺」，置祭酒，專門管理全國的學校教育工作，這是我國設立專門教育行政機構和專門教育長官的開始。在國子寺下設立五學：國子學、太學、四門學、書學、算學；前三者是儒學，後二者是以教授學科知識爲目標的專門學校。隋煬帝大業三年（公元607年）改國子寺爲「國子監」，成爲獨立的教育領導機構，國子祭酒爲教育行政長官。

隋代的地方學校也有發展，特別是黃河中下游一帶的州縣，學校教育的發展較快，但邊遠州縣則仍處於落後狀態。下列「隋代官學系統表」，以供參考：

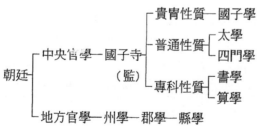

㈡唐代

唐代在政治統一，經濟繁榮，文化昌盛的基礎上，經過百餘年的發展，學校教育制度已經相當完備，在我國和世界教育史上占有重要的地位。

　　唐代由中央直接設立的學校有「六學」、「二館」。中央六學直屬於國子監，長官爲國子祭酒，包括國子學、太學、四門學（以上三學屬大學性質）、書學、算學、律學（以上三學屬專科性質）。二館是崇文館和弘文館，屬於旁系；崇文館歸東宮直轄，弘文館歸門下省直轄。此外，隸屬於祠部的玄學，亦屬大學性質；隸屬於中書省的集賢殿書院，相當於中央圖書館。皇族子孫，另立皇族小學。

　　唐代的專科學校，除了直屬於國子監的書學、算學、律學外，還有附設於太醫署的醫學，附設於太僕寺的獸醫學，附設於司天臺的天文學，附設於太樂署的音樂學，附設於少府監的工藝學。以上的專科學校，有的和行政或學務部門結合，有的則分離設置，其形式呈多元化，這是世界上最早出現的專業教育，而歐洲這類學校的出現，是在資本主義已經相當發達的十七、十八世紀之際，比唐代晚了一千多年。

　　由地方辦理的學校，在各府有府學，各州有州學，各縣有縣學，縣內又有市學和鎮學；所有府州縣市各學校統屬直系，由長史掌管。太宗貞觀三年（公元629年），令州設醫學，這在我國教育史上也屬首創。下列「唐代官學系統表」，以供參考：

　　唐代的私學遍布城鄉，制度不一，程度懸殊，既有名士大儒如顏師古、孔穎達、劉焯、尹知章、韓愈、柳宗元等的傳道授業，也有啓蒙識字的私立小學，且深入到村野，學詩的風氣頗盛行。唐代流行的蒙學課本，除漢代的《急就篇》、梁代的《千字文》外，還有杜嗣先的《兔園冊府》、李瀚的《蒙求》及撰者佚名的《太公家教》。

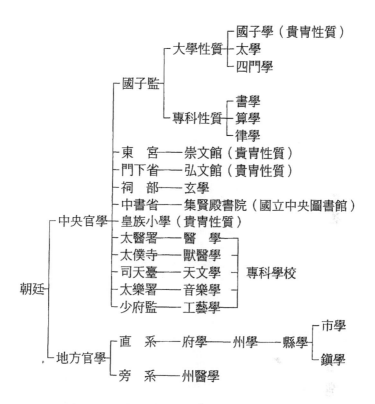

　　唐代國力強盛，國都長安不僅是全國政治、經濟、交通、文化中心，而且也是東西各國文化教育交流的集中點；當時與唐通使的有七十多個國家，以日本及新羅所派的留學生最多；唐的文化通過留學生的來往，而傳播到東西各國，對於國際關係、文化交流發揮了橋梁作用。唐代的醫學、宗教、音樂、舞蹈、雕塑、建築藝術，也隨著留學生教育和文化交流，深受西域、中亞的影響，如印度、波斯（今伊朗一帶）等國醫學知識的傳入，豐富了我國的醫學寶庫；佛經中的思辨哲學與注經方法，對唐、宋經學發生了重大的影響。

九、宋元時期

　　唐、宋之際的五代十國，世衰道微，歐陽脩著《五代史記》就不列學校及選舉志，其時官學雖然衰廢，但私學卻頗爲發達，許多名儒隱居勝地，開學館，立精舍，群居講習，非常重視藏書和自學讀書，宋代書院教育的開創即是植根於此。下列「五代十國官學系統表」，以供參考：

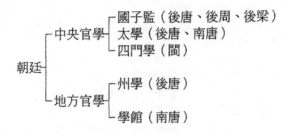

㈠宋代的官學與私學

　　宋代繼承了唐代的學校教育制度並繼續發展，在國子監下設置國子學、太學、四門學、廣文館、辟雍、武學、律學、小學等；其入學資格已逐漸放寬，國子學的學生爲七品以上官員的子弟，太學的學生爲八品以下官員的子弟及庶人之俊異者。爲宗室子孫而設的貴冑學校有宗學、諸王宮學及內小學等三種。直屬於中央各局的專科學校，有屬太史局的算學，屬書藝局的書學，屬圖畫局的畫學，屬太醫局的醫學等。此外還有「道學」，與唐代的玄學近似。

　　宋代的地方行政分爲三級：第一級爲路，第二級爲州（府、軍、監），第三級爲縣；各級地方政府都設置教授儒經的學校，稱路學、州學（或府學、軍學、監學）、縣學。神宗熙寧四年（公元1071年）設諸路學官，徽宗崇寧二年（公元1103年）設諸路

提舉學事司，此後有了專管地方學校的教育行政長官。下列「宋代官學系統表」，以供參考：

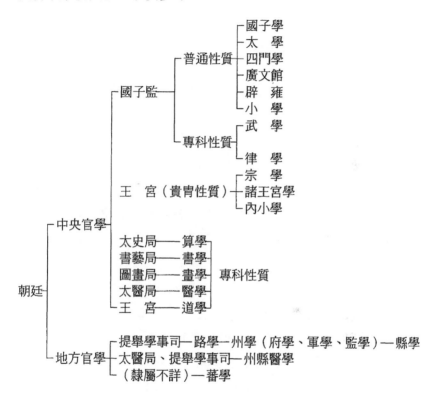

書院是我國特有的教育組織和場所，從南唐的廬山國學到清末的詁經精舍、學海堂，經歷了近一千年的發展，對傳統社會的政治經濟和學術文化產生了促進的作用，在我國古代教育發展史上的影響很大。書院的名稱始於唐代，原為藏書與修書之所，南唐昇元四年（公元940年）建立的廬山國學，是含有教育性質的書院之始；到了北宋，著名的書院，有白鹿洞書院（江西廬山）、嶽麓書院（湖南長沙）、石鼓書院（湖南衡陽）、應天府書院（

河南商丘）、嵩陽書院（河南登封）、茅山書院（江蘇江寧）等
六大書院。宋代的書院重開私人自由講學之風，形成獨特的教學
風格，而明顯區別於官學；書院教學採取自學、共同講習和教師
指導相結合的方式進行，而以自學爲基礎。

㈡元代的官學與私學

　　元代學校的設置，總體上是沿襲前制，明顯不同的是，除教
授漢語文的國子學外，又增添了少數民族教育的學校，如教授蒙
古語文的蒙古國子學、教授回回語文的回回國子學。

　　元代地方行政分路、府、州、縣四級，各級均設置教授《四
書》、《五經》的儒學，路有路學，府有府學，州有州學，縣有
縣學，各學內還附設小學。此外，路一級還設立醫學、蒙古字學、
陰陽學（天文學）等專科學校。世祖至元二十三年（公元1286年）
還創立「社學」，規定各縣所屬村莊，五十家爲一社，設社長一
人，滿百家的增一人，不及五十家的與近社合一社，社長專以勸
農桑爲務；每社立學校一所，選擇通曉經書的人爲學師，農閒時
使子弟入學；社學的設置，與後來鄉村普遍設立的私塾有密切關
係。下列「元代官學系統表」，以供參考：

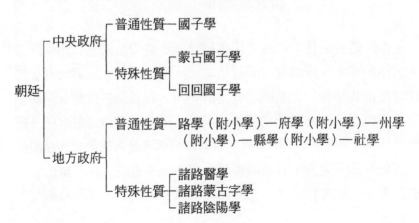

　　元代對於書院採取利用的政策，將書院官學化，官方控制甚嚴，主持書院的山長，由官方委派，領導管理和講學水準都不高，書院自由講學的特色沒有體現出來。

(三)宋元時期的蒙學

　　宋、元、明、清的官學系統中都設有小學或社學，對兒童進行啓蒙教育，但官立小學興廢無常，實際上承擔教育兒童的組織，則是私人設立的學塾。宋、元以後，私學沿著社會基層推廣的方向發展，出現了越來越多的村學和蒙學，大量編印普及性的蒙學課本，最著名的有《三字經》、《百家姓》、《千字文》，合稱「三、百、千」，成爲相輔相成的整套啓蒙識字教材，一直流傳到清末。宋以後，蒙學教材流傳較廣的還有《千家詩》，爲蒙學中主要的詩歌教材，社會上又把它與「三、百、千」合稱爲「三、百、千、千」。還有一種蒙學課本叫「雜字」，其內容切合日用，分類編纂，既可作識字課本，又能發揮字典的作用，適合社會各階層人士的需要，在蒙學中也有一定的地位。

十、明清時期

(一)明代的官學與私學

　　明代的中央官學，以貴胄性質的宗學，地位最高；普通性質的有國子監（分京師、南京兩處）與太學；專門性質的有武學、醫學、陰陽學。明代國子監的教育對象更爲擴大，沒有規定官員子弟的出身；另外用錢也可以捐買國子監生的資格或身分，謂之「例監」或「捐監」，以應地主和工商業者接受教育和提高社會地位的要求。

　　明代地方行政分爲省、府、州、縣四級，邊疆置邊、衛（所）二級，府以下各行政區域設立儒學，府設府學，州設州學，縣設

縣學，衛設衛學；農村普設社學。其教學內容除學習經史以外，還習《御制大誥》及有關法令政策，還重視學習《九章算術》及射箭等實學。從明代以後，在體制上把學校教育納入科舉制度之中，科舉的初試，即是府、州、縣學的入學試；從表面上看，學校教育與科舉似乎並重，但實際上應科舉的人主要在家讀書，並不到學校去接受教育，學校也有名無實，事實上變成科舉考試的預備場所。明代中葉以後，科舉考試的取捨以八股文為主要依據；從教育的角度而言，八股文作為考試的主體，不僅使考生的思想受到極大的束縛，而且敗壞學風；為了追求科舉及第，學校除了訓練學生作八股文以外，對於經、史、曆、算統統束之高閣，學校淪為科舉的附庸，使傳統教育日益走向衰落。下列「明代官學系統表」，以供參考：

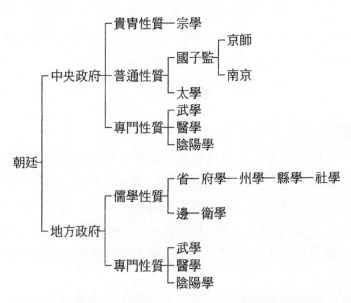

明初幾代的帝王都把教育的重點，放在興辦國子監及府、州、

縣、社等官學，對於書院未予重視，書院一直處於沈寂狀態；書院教育直到憲宗成化（公元1465—1487年）之後才漸興起，在世宗嘉靖年間（公元1522—1566年）達到極盛，這與王守仁、湛若水等理學大師的講學有關。明末無錫東林書院的講會，尤負盛名，不僅是教育和學術中心，而且是思想輿論和政治活動中心，雖先後於嘉靖、萬曆、天啓年間四次遭到禁毀，卻有著很強的生命力而終不能止。

㈡清代的官學與私學

清代前、中期的中央官學，以國子監爲最高學府，通稱太學，內設辟雍，國子監生的招收對象範圍，比明代更寬；貴冑學校，有宗學與覺羅學（註四）；特殊性質的學校，有俄羅斯學、琉球官學與旗學；專門性質的學校，有算學館。

清代地方行政區域劃分爲省、道、府（直隸州、直隸所）、縣（州、所）四級，府、縣兩級設儒學，邊疆尚有衛學、土司學等特殊學校。專門性質的學校，有商學與陰陽學。農村也有社學。總的來說，明、清的地方官學，在形式上比以往任何時期要發達，但由於學校淪爲科舉的附庸，以及科舉用八股文作取捨的標準，導致明、清時地方官學的教學品質日趨低落；到了清末，考課形同虛文，考試舞弊更是司空見慣，其空疏腐化的程度，實在令人慨嘆。下列「清代前中期官學系統表」，以供參考：

註四　覺羅，清室宗族人的稱號。《清會典・宗人府》：「凡玉牒所載，以顯祖宣皇帝之本支子孫爲宗室，伯叔兄弟之旁支子孫爲覺羅。」

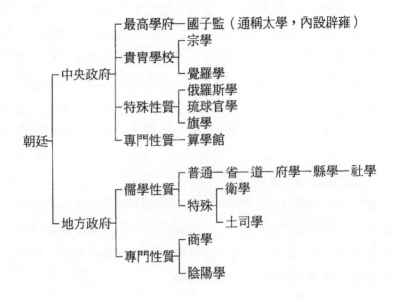

　　清代初年的統治者，很擔心明末漢族思想復活，所以對書院採取抑制禁止的政策，曾規定「不許別創書院」。世宗時，鑑於理學大臣張伯行所建的傳授程、朱理學，又課教八股文的書院，有利於國家的統治，於是在雍正十一年（公元1733年）下令由官府撥款在各省城設置書院；以後各府、州、縣也相繼創立書院；乾隆年間，官立書院猛增，但清代的書院已是因襲其名，而無自由講學之實，絕大多數的書院成了以考課爲中心的科舉預備學校。乾隆、嘉慶之際，以考據、訓詁爲特徵的漢學興起，出現了一些著名的漢學家，如江永、錢大昕、汪中、戴震、段玉裁、阮元等等，他們主講的書院，以傳授經史、辭賦、名物制度、天文、曆算、地理、音韻等學問，不課八股文；這類書院可說是近代新式學堂的先驅，它的出現已經預示整個傳統教育制度的衰落，古代學校將向近代學校轉化。德宗光緒二十七年（公元1901年），清

廷採納張之洞、劉坤一的建議，下詔將各省所有書院，於省城均改為大學堂，各府廳及直隸州改為中學堂，各州縣改為小學堂。

⊜**明清時期的蒙學**

學塾在明、清時期有三種形式：第一種叫「坐館」或「教館」，這是地主士紳豪富聘請教師在家進行教學；第二種叫「家塾」或「私塾」，這是教師在自己家裡從事教學；第三種叫「義學」或「義塾」，這是地方或個人出錢資助設立義學，招收貧寒子弟學習，具有慈善事業的性質。明、清的學塾已經較為定型，有了較為固定的教學制度和程序，也有一些以教蒙學私塾為職業的教師。學塾中主要進行讀書、習字以及作文三方面的教學，是為進入官學、書院以及應科舉考試做基礎準備；讀書，首先進行集中識字，待學童熟記千餘字後，進入讀「三、百、千、千」的階段，進而再誦讀《四書》（《論語》、《孟子》、《大學》、《中庸》）；習字的次序，先由教師扶著手教學童用毛筆，然後描紅，再進入臨帖書寫；作文之先，必須練習作對，先從模仿做起，待學童可以掌握詞類和造句的規律，再用之於寫作。學塾中實行個別指導，教學進度都遵循由淺入深的原則，教學中特別重視復習，在溫故的基礎上再授新課。

第二節　新式學校教育的建立

一、洋務教育

鴉片戰爭（宣宗道光二十年、公元1840年）以後，外國侵略勢力，利用不平等條約在我國奪取政治、經濟等種種的特權，進而影響到我國的文化、教育。面對紛至沓來的內憂外患，我國內部形成了保守派和洋務派兩大不同的改革意見。洋務派以「自強」、

「求富」爲口號，主張向外國學習來革新內政，其代表人物有奕訢、曾國藩、李鴻章、左宗棠、張之洞等。

「洋務教育」是洋務運動中重要的一環，當時興辦的新式學校有三種類型：

㈠外國語言學堂：如京師同文館（同治元年、公元1862年）、上海廣方言館（同治二年、公元1863年）、廣州同文館（同治三年、公元1864年）、武昌自強學堂（光緒緒二十年、公元1894年）等。

㈡軍事學堂：如天津水師學堂（光緒七年、公元1881年）、天津武備學堂（光緒十一年、公元1885年）、廣州水師學堂（光緒十三年、公元1887年）、南京陸軍學堂（光緒二十二年、公元1896年）等。

㈢技術學堂：如上海江南製造局附設的機器學堂（同治四年、公元1865年）、福建船政學堂（同治五年、公元元1866年）、上海電報學堂（光緒八年，公元1882年）等。

這些學堂沒有統一的學制，也沒有形成學校系統，教學內容除了《四書》、《五經》等舊學之外，主要是「西文」與「西藝」。

此外，洋務派還辦理留學教育，派遣留學生到國外學習軍事、技術和自然科學等；同治十一年（公元1872年），由容閎帶領青少年赴美，這是清末派遣到外國去的第一批官費留學生。（註五）

註五　有關我國近代留美教育的研究，可參閱：《觀念與悲劇—晚清留美幼童命運剖析》，石霓著，上海：上海人民出版社，2000年1月一版一刷。《近代中國的留美教育》，李喜所、劉集林等著，天津：天津古籍出版社，2000年10月一版一刷。

　　洋務教育走的是「借材異域」的道路，不可能學到真正的科學技術，加上學校管理不善，所以成效不大；但它畢竟是我國第一批開設的外語、軍事和科技學校，也培養了一些科技人才，翻譯了一些科技書籍，使我國的學校教育開始步上近代化的道路。

二、維新運動的教育改革

　　光緒二十四年（公元1898年），我國的改良派發動了一次變法圖強的維新運動，史上稱為「戊戌變法」；其主要代表人物是康有為、梁啓超、譚嗣同、嚴復等，他們受到西方思想的影響，是主張我國從西方尋找真理的一派人物。在維護帝制傳統這項主張，保守派和維新派是一致的；但保守派堅持八股取士的科舉制度，維護中學，反對西學；維新派則提出廢八股，興學校，建立新式教育制度，學習西方國家的自然科學、工程技術和社會、政治學說。

　　在「百日維新」期間，光緒皇帝頒布了許多維新變法的詔令，如廢除八股取士、改革科舉制度、設「經濟特科」、選拔新政人才，又在北京設立了京師大學堂，籌辦高、中、小等各級學堂，及籌辦鐵路、礦務、農務、茶務、蠶桑、醫學等專門學堂，派學生出國留學，建立新的譯書局等等。

　　維新派所進行的學校教育制度和教育內容的改革，都具有近代化的色彩，適應了當時發展的需要；不過維新變法終究還是失敗了，除京師大學堂還保留外，全部新政都被保守派推翻。但維新派積極改革的思想，衝破了保守派頑固的壁壘，使我國人民，尤其是知識分子的頭腦清醒過來，重新認識世界，這是清末一次重要的思想啓蒙運動，其影響是深遠的。

三、壬寅、癸卯學制（公元1902、1903年）

　　民國八年（公元1919年）七月二十三日，蔡元培先生在《告北大學生暨全國學生書》中說：「我國輸入歐化，六十年矣，始於造兵，繼而練軍，繼而變法，最後乃始知教育之必要。其言教育也，始而專門技術，繼而普通學校，最後乃始知純粹科學之必要。」（註六）這段話十分簡要地勾畫出我國在邁向近代化過程中所經歷的不同階段。清政府爲了維護搖搖欲墜的政權，不得不進行一些改革，陸續對當時的書院和科舉制度採取若干改良的措施。

　　光緒二十八年（公元1902年）八月，清廷公布了由管學大臣張百熙擬定的一系列「學堂章程」，即《欽定學堂章程》，亦稱「壬寅學制」，但這個學制旋以未臻完備的理由被廢止，並沒有實施。

　　清廷又命張百熙、榮慶、張之洞等以日本學制爲藍本，重新擬定學堂章程，於光緒二十九年十一月（公元1904年一月）公布，即《奏定學堂章程》，又稱「癸卯學制」，這是我國第一個以法令公布並在全國推行的學校教育系統。

　　癸卯學制中的普通教育，共分三段六級，長達25至26年，其系統大要如下：

```
一小學教育九年┌㈠初等小學堂五年（7歲入學）
　　　　　　　└㈡高等小學堂四年
二中學教育五年─㈢中學堂五年
　　　　　　　　　　　　　　┌㈣高等學堂或大學預科三年
三高等教育十一── 十二年┤㈤分科大學堂三── 四年
　　　　　　　　　　　　　　└㈥通儒院五年
```

註六　高叔平編，《蔡元培全集》第三卷，頁3120。

　　癸卯學制實施後，光緒三十一年（公元1905年）開始廢除科舉制度。雖然「癸卯學制」的指導思想是「中學為體、西學為用」，在課程設置上仍然注重讀經，並排除女子教育，（註七）學制年限也較長，但是這項學制的頒行，標識著我國傳統的官學、私學、書院等舊式的學校教育制度已經結束，近代化的學校制度開始成長，從而完成了我國學校教育由古代到近代的歷史性轉變。

四、壬子、癸丑學制（公元1912、1913年）

　　民國元年（公元1912年）一月三日，孫中山先生在南京組織臨時政府，九日成立教育部，任命蔡元培擔任教育總長；教育部成立後立即頒布《普通教育暫行辦法》、《普通教育暫行課程標準》等教育法令，對清末的教育作一些重要的改革。

　　蔡元培於七月間辭教育總長職，由教育次長范源濂繼任；九月間教育部根據臨時教育會議的決議公布了新的教育宗旨：「注重道德教育，以實利教育、軍國民教育輔之，更以美感教育完成其道德。」還公布新的學制系統，稱為「壬子學制」，此後又陸續公布小學、中學、師範、大學及專門學校等法令，於是在次年總合成為「壬子癸丑學制」，這個學制有關普通教育的學校系統如下：

(一)小學七年┌初等小學校四年（為義務教育），7—12歲入學
　　　　　　└高等小學校三年，11—13歲

(二)中學校四年，14—17歲

(三)大學或專門學校：預科三年、本科三至四年，18—23、24歲

註七　光緒三十三年（公元1907年）三月，學部頒布《女子小學堂章程》，才開始實施女子教育。

　　這個學制基本上反映了蔡元培、范源濂等教育家改革傳統教育的主張，例如廢除小學讀經；初等教育男女可以同學，中學、師範、職業各類學校可以爲女生單獨設校，實現了女子受教育的權利；取消了清朝專爲貴族設立的貴冑學堂；除了高等師範學校外，其他各類學校一律允許私人開辦；縮短修業年限，比「癸卯學制」減少三年。

　　「壬子癸丑學制」在適應國家政治的轉變，穩定教育形勢，推動教育發展等方向，發揮了積極的歷史作用。但這個學制的制定過程中存在著明顯的缺陷：一是學制形成的時間過於匆忙，來不及檢討與吸收「癸卯學制」頒行後十餘年的經驗教訓；二是制定者受民初政治形勢的影響，注意力放在如何適應國家政治的轉變，著力於清除過去專制政治對學制的影響，而較少對學制本身作深入研究，因此尚不能完全擺脫清末學制的影響。三是多照搬日本學制成法，脫離我國經濟與社會發展的實際。正因爲制定過程中存在這些問題，後來在實施時不斷暴露一些弊端，如中學年限過短，課程設置機械且時有重複，缺乏靈活性，整個學制以升學爲主，不能適應學生個性，及適應經濟及社會發展對人才的多重需要，以致當時教育界人士批評它「三不管」：「不管社會需要，不管地方的情形，也不管學生的個性」。（註八）

五、壬戌學制（公元1922年）

　　民國十一年（公元1922年）十月，全國教育聯合會第八次會

註八　教育界人士的批評，見於《改良現行學制之意見》一文，此文刊於1920年9月出版的《中華教育界》第10卷第3期。本文轉引自元青著，《杜威與中國》，頁193。

議在濟南召開，通過《學校系統改革案》；十一月一日，北洋政府教育部正式公布這項方案，即所謂的「新學制」或「壬戌學制」。這次學制改革的過程，是由全國教育聯合會自下而上發起的，從民國四年（公元1915年）湖南省提出動議，到民國十一年的最後完成，歷時七年，和近代前幾部學制的產生過程相比，醞釀的時間是最長的。

　　「新學制」因採用美國式的六三三分段法，故又稱為「六三三學制」；學制所依據的標準和內容，都和美國學者杜威有十分密切的關係，其所依據的標準是：㈠適應社會進化之需要；㈡發揮平民教育精神；㈢謀個性之發展；㈣注意國民經濟力；㈤注重生活教育；㈥使教育易於普及；㈦多留地方伸縮餘地。這七項標準，可以說反映了杜威教育思想的基本精神。新學制的普通教育，其學校系統大要如下：

㈠小學六年┌初等小學四年（義務教育），6歲入學
　　　　　└高等小學二年

㈡中學六年┌初中三年
　　　　　└高中三年

㈢大學四至六年

　　普通教育設職業準備教育或職業科；從中學開始實行選科制，並設師範教育；注重天才教育和特種教育。這些規定擴大了小學畢業生的數量，提高了中學生的知識水準，加強了職業教育，根據學生發展的階段，照顧到學生的個性，都體現了杜威實用主義的教育思想。

　　整個說來，這次學制改革，反映了民國以來經濟與社會發展對教育提出的新要求，綜合吸收了當時世界各國學制的優點，考

慮了我國社會的實際狀況，特別是貫徹了五四運動後廣泛流行於
我國的杜威實用主義教育理論的基本精神，標識著我國現代學校
教育體制的基本確立，一直沿用到現在。（註九）

註九　臺灣地區仍然實施「六三三學制」(小學六年、國中三年、高中三年，前
　　　九年屬於國民義務教育）。大陸地區基本上也是以「六三三學制」
　　　為主體，實施九年制義務教育之後，目前正在實驗「五四制」（小
　　　學五年、初中四年），另外有屬於過渡性質的「五三制」（小學五
　　　年、初中三年，實施於農村），及「九年一貫制」（不分小學和初
　　　中，入校後學習九年）。香港的普通教育實施「六三二學制」（小
　　　學六年、初中三年、高中二年，前九年為強迫義務教育），另有大
　　　學預科教育二年。

第三章　語文教學的主要目標與相關功能

第一節　語文教學的主要目標

讀書必先識字。形、音、義是構成文字的三個要素，語文教學的初步工作，首先要教導學生學習每個字的筆畫結構、拼音聲調及基本意義；跟著學習詞語，練習造詞；累積了相當的詞彙，才能運用字、詞，來練習造句；進而學習閱讀文章，練習作文。這整個學習的程序，其主要目標就是要培養學生聆聽、說話、閱讀及寫作的技能，能夠熟練地運用這些技能，才算是具備了語文能力。（註一）

一、聆聽的能力

聽別人說話，是借助自己的聽覺器官（耳朵），接受語言訊息，並通過思維加以辨識、記憶、理解、品評的過程，是以識記、理解語文內容為中心的複雜的心理和生理活動過程，也是聽者把說者的外部語言（有聲語言）轉化為自己的內部語言（思維）的過程。

聆聽的能力，其結構主要是由語音辨識力、語言記憶力、語義理解力和話語品評力等四種因素組成。語音辨識力，包括辨識

註一　本節的論述，取材於周慶元著，《中學語文教育心理研究》，頁147—184。

每個音節的聲符、韻符和聲調，每句話的語調、重音和停頓。說者的聲音一閃而過，聽者必須迅速而準確地記憶每個語音符號，並且立即將其存到大腦裡，作爲理解和品評的基本素材。有聲語言是由一連串有意義的語音符號構成的，要從當中去理解說話人所發出的語言訊息的整體內涵，才能算是聽懂了對方的話，也才算圓滿完成口語交流的過程。語義理解力是瞭解對方說了些什麼，而話語品評力便是品評對方說得怎麼樣；善於品評話語，是聽懂別人說話的最高階段，其中包括兩個層次，一是評判正誤真僞，二是品味高下優劣。

聽力的訓練比說話、閱讀、寫作訓練更難，其困難就在於聽話的過程是一個特殊過程，學生通過聽覺器官接受訊息而不出聲音，也少有其他外顯行爲，是一個個體自我內心活動的過程，所以在聽力訓練過程中，就要盡量運用一些方法，誘發學生產生與聽力訓練效應相關的外顯行爲。教師可以採用朗讀、敘述、講解、提高等各種教學方法，誘使學生發生表情、動作、口頭表述、書面表述等種種外顯行爲；聽力訓練以隨機訓練爲主，但實施時要經常與「讀」、「說」、「寫」的訓練相結合，作多向的聯繫，才能使學生的聽力取得明顯的效果。

二、說話的能力

說話能力是一種重要的語文能力，能說善道是一個令人羨慕的特長。說話活動是說話人把自己的內部語言（思維），借助於詞語，按一定的句式，快速轉換爲外部語言（有聲語言）的過程。說話就是表情達意，既是一種複雜的思維活動，也是一種明顯的情感活動。

說話活動主要是由組織內部言語的能力、詞句組合力、準確

運用語音表情達意的能力、定向表述力等因素構成。說話是先想後說，或者邊想邊說；「想」就是思維，也就是組織內部言語；內部言語組織得又好又快，語流才能明晰準確、有條不紊。接著要把內部言語轉化為外部言語，就是把思維轉化為有聲語言，這必須迅速地選擇清晰、準確、聯繫密切、富於表現力的詞語和句子。然後說話人要通過發音器官，把體現思維的詞句轉換成有意義的聲波發送出去，變成物化的外部言語，即有聲語言，對方才能接收訊息，語言交際才能正常進行，並且準確地把話說給對方聽，使對方瞭解說話的內容。

說話訓練的方式很多，歸納起來，大致有下列四類：(1)誦讀訓練：即指導學生以誦讀文章的方式進行口頭表達的訓練，其具體的作法有朗讀、朗誦、背誦等三種。(2)獨白訓練：即指導學生按照一定的要求，獨自進行系統聯貫的口語表達的訓練；主要有講述、復述、致辭、講故事、即席演講、口頭報告等方式。(3)對談訓練：即指導學生以口語方式與他人面對面直接進行訊息交換的訓練；這種訓練，需要邊聽、邊想、邊談，迅速組織語言材料，有利於訓練學生的思維力，其主要方式有問答、對話交談、探訪等。(4)論辯訓練：即指導學生以討論或辯論的方式，發表自己的見解和主張，使人得到正確的認識，從而提高口語表達能力的訓練。

三、閱讀的能力

語文能力的培養，聽、說、讀、寫四者都重要，缺一不可；但一般說來，聽、說起步最早，基礎打好之後，學校語文教讀的重心也就自然擺在培養學生的閱讀與寫作能力之上；長期以來，語文教學總是以閱讀課本作為基本教材，閱讀教學事實上一直就

是語文教學的核心。閱讀是以獲取書面訊息（主要是文字，也包括圖畫與其他有形的符號）爲中心任務的一項認知過程與情感活動。

　　閱讀活動主要是由識字認讀、理解領悟、記憶聯想、評價鑒賞、熟巧創獲等因素所組成。一個人要讀書，首先要認識字，文字認讀是閱讀的先決條件，所以識字認讀力是閱讀能力的基礎；具備識字認讀力，一要擁有相當的識字量，二要能正確地理解字義，三要掌握一定數量的詞匯。閱讀中的理解和領悟，是一個從文字形式到語言內容的認識過程，也是一個因文解道、循道悟文的解讀過程；閱讀的時候，要理解讀物中字、詞、句的確切含義和表達作用，從而領會全篇的內容主旨和寫作特點。閱讀能力的結構中，還應包括記憶和聯想的因素；只有邊讀邊記，甚至熟讀成誦，才可能大量積累語言素材，並將其逐步內化爲自己的學識基礎；記憶也包括聯想，聯想不僅在閱讀時直接幫助知識的理解和溝通，以便更加有效地記憶，而且還是觸發靈感的契機，可以擴展閱讀的內涵，擴大閱讀的成果。閱讀中的評價鑑賞能力，是指對閱讀材料的思想內容、表現形式、風格特點以及作品價值等進行評價和鑑賞；比較上來說，理解是把文章讀懂，評價鑑賞是把文章讀深讀透；理解是評價鑑賞的基礎，評價鑑賞是理解的深入；所以評價鑑賞力的強弱，是衡量閱讀水準高低的重要指標。熟巧創獲力是閱讀能力結構中的最高層次；所謂熟巧，即是掌握熟練的閱讀操作技巧，如誦讀或默讀、精讀或略讀、慢讀或速讀、順讀或逆讀、全讀或跳讀等各種各樣的閱讀方法；所謂創獲，是指能夠較好地消化吸收所讀材料，並且活用這些知識或經驗，創造性地解決新問題的能力，這種能力，通俗地說，就叫「融會貫通」、「學以致用」、「舉一反三」、「觸類旁通」。

四、寫作的能力

　　寫作是生活的反映，是認知與情意的自我表達，是憑藉語文來反映客觀事物，表達主觀思想感情的智力活動。學生作文不僅綜合地表現出他們「形、詞、句、文」的知識水準和「聽、說、讀、寫」的能力狀況，而且全面地反映出他們的觀察力、記憶力、聯想力、思維力等智力因素和情感、意志、性格、品德、美育等個性因素，可以說寫作能力是學生語文能力的綜合表現，也是衡量學生語文水準的重要標尺。

　　完成一篇作文，一般要經過審題立意、選材組材、謀篇布局、寫作表達、修改謄正等心理活動的過程。寫作能力主要是由感知、思維、聯想、表達等因素所構成。感知即是觀察積累力；寫文章首先就要有寫作的材料，寫作材料從何而來？一靠觀察，二靠積累；這要訓練學生隨時隨地通過各種感覺器官的直接感知，廣泛伸展到各個領域中，去捕捉事物的特徵和事物之間的聯繫，瞭解大千世界，積累寫作的素材。寫作是一種以思維為主的智力活動，在構思的過程中，包含了審題與立意，審題一般思考的是這篇文章應當寫什麼和應當怎麼寫；立意思考的是文章要突出一個什麼樣的中心，實際上還是寫什麼和怎麼寫的問題。寫文章並不是簡單的就事記事，就理論理，如果這樣的話，文章就會顯得枯燥乏味；要使文章寫得生動活潑、厚實有力，就需要聯想力；聯想的作用，不僅能夠為寫作提供大量豐富生動的材料，而且可以幫助寫作者開拓立意構思、行文運筆的思路。觀察積累所得到的材料，審題立意所獲得的構思，聯想力所產生的靈感，都得憑藉語文來表達；語文表達主要就是運用豐富多彩的詞語和千變萬化的句式，運用記敘、描寫、說明、議論、抒情等表達的方式，運用選材組

材、謀篇布局、起承轉合等寫作的技巧，運用各種積極與消極的修辭手法，運用概念、判斷、推理等各種邏輯形式，來組織一篇書面的語言作品。

學生作文最大的苦衷，一般反映爲「無話可寫」，甚至於「無從下筆」，而視作文爲畏途；這個問題，歸根究柢來說，都是一個「思維」問題；寫作訓練，與其說是一種操作技能訓練，不如說是一種思維訓練，所以其關鍵是在於開拓學生的思路。要開拓學生的思路，可從下列三個方面來著手：(1)少扶多放，激勵學生想寫：學生練習作文，就像小孩學走路，有一個從扶到放的過程，初學時需要老師扶上路，但上路後應當放手讓他們自己走，無論從形式到內容都不應該限制過多，要想方設法激發學生的寫作興趣，到了一定的時候，他們就可以健步前行。(2)觀察積累借鑑，促使學生有話可寫：開拓思路，需要豐富生活素材，必須訓練學生的觀察力，觀察訓練，主要在日常生活中進行，也可結合課文的講讀、範文寫作特點的分析，教給學生各種具體的觀察方法；寫作素材的積累，主要靠日常生活的觀察所得，也可從加強說話訓練，以積累口頭語言材料，或是提倡抄寫優美詞句，以積累書面語言材料；借鑑的訓練方式，主要是模仿，從模仿到創造，是練習作文的一般規律，但模仿只是學習的最初方式，必須適可而止，否則本爲向上的墊腳石，將轉爲前進的絆腳石。(3)整理構思聯寫，幫助學生會寫：學生心裡想寫，有話可寫，還得會寫；指導學生會寫，一般包括幫助學生審題立意、選材剪裁、謀篇布局、遣詞造句等等，這應當掌握三個重點；一是整理觀察所得的素材，理清作文思路；二是構思，主要是告訴學生如何妥當地把材料排列組合，突出中心思想；三是要引導學生由此及彼此聯想，促其思路開闊，文思敏捷。

第二節　語文教學的相關功能

與語文教學有關係的功能，可以從「個性發展」與「智力開發」兩方面來探討。

一、語文教學與個性發展（註二）

個性又稱「人格」，這是指個人先天的稟賦及後天受環境、教育的薰陶，在行為上所顯示具有統整性與持久性的獨特品格。在語文教育中所涉及的學生個性發展，主要指通過語文教育，使學生在情感、意志、性格、品德以及審美情趣等方面得到和諧而完美的發展。

㈠情感

情感是人對外界事物的態度，是人對客觀現實是否符合自己的需要而產生的特殊反映。

青少年是新生的一代，由於內分泌的刺激，這時生理上的發育很快，加上沒有因襲的精神重負，無憂無慮，「少年不知愁滋味」，所以中學時代是人一生中情感最強烈、熱情最高漲的年齡階段。可是一旦他們的生活和學習遇到困難，或者某些需要得不到滿足，他們的心境就會驟然變壞，情緒馬上跌到谷底，有人會陷於極度的悲歡失望，在嚴重的情況下，有的人甚至鋌而走險。由於中學生的自控能力仍然不夠，所以這時的情感總是搖擺不定，常常從一個極端走向另一個極端，有人就把這個階段說成是人生的「暴風雨」時期。

註二　本節的論述，取材於周慶元著，《中學語文教育心理研究》，頁78—118。

　　語文是一門人文學科，強烈的人文性是它重要的學科屬性之
一。語文教材飽含情感，洋溢著人文精神；語文教學的各個方面
和全部過程，無論是聽、說，還是讀、寫，處處都滲透著情感，
沒有深厚情感的語文教學可以說是索然無味的。學習熱情是一種
穩定而深刻的情感，語文學習熱情的激發，一方面可以提升學生
語文學習的積極性，一方面也是作為培養學生良好情感品質的重
要內容；要通過師生之間的情感交流，把學生學習的熱情激發出
來，使他們「親其師」而「信其道」。（註三）

　　㈡意志

　　意志是自覺地確定目標，並根據目標支配和調整自己的行動，
克服各種困難，從而實現既定目標的心理過程，是人所特有的比
較高級而複雜的心理現象。

　　俗話說得好：「有志者事竟成」，我國傳統的教育和歷代學
者都在提倡砥礪品行的同時，特別強調意志的鍛鍊，孟子就曾說
過：「故天將降大任於是人也，必先苦其心志，勞其筋骨，餓其
體膚，空乏其身，行拂亂其所為，所以動心忍性，曾益其所不能。」
（註四）

　　小學生的行動，主要是根據教師和家長的指令來調節，具有
很強的依附性。隨著年齡的增長與年級的升高，隨著閱歷的不斷
豐富和知識的不斷積累，中學生的依附性逐步減弱；體現在意志
方面，他們的學習、做事、說話都帶有一定的目的性；在家長和
老師的眼裡，孩子漸漸長大了，他們逐步有了主見，從心理學的
觀點來看，這就是青少年意志發展的外顯。

註三　《禮記·學記》。
註四　《孟子·告子》。

　　在語文教育中對學生進行意志教育，應當結合語文學科的特點，在語文教學的過程中相機進行。語文既是人生不可或缺的表情達意的基礎工具，又是一門費時多，難度大、見效慢的基礎課程，因此堅定的信心就成為學好語文的必要前提。語文教育的意志培養，其方法是多樣的，老師要率先垂範，以身作則，以良好的意志品質影響學生，還要實行成效導引，有目的、有計劃、有步驟地幫助學生克服閱讀、寫作中的困難，取得一點一滴的進步；同時加強正面的鼓勵，無論是課堂的答問、討論和練習，還是作業、作文的批改和講評，都要充分肯定學生的成績和進步，對於成就低劣的學生，更要給予信心和鼓勵。

　　㈢性格

　　性格是一個人表現在對現實的穩定態度和習慣化的行為方式上的個性心理特徵，它是個性最鮮明的表現；性格與動機、興趣、情感、意志、氣質、能力等心理特徵關係極為密切，是各種心理特徵的核心。

　　中學階段是處於人生的少年期與青年前期的重要過渡階段，是人一生中從兒童走向成人的關鍵時期，也是個體性格逐步走向穩固與定型的關鍵時期；但由於過渡的關係，在個體性格發展上大多會經歷穩定與驟變交錯的心理變化狀態，對爾後人生性格的塑造產生重大影響，有時甚至出現戲劇性的變化；因此，要積極把握住這一時期的個體性格塑造，否則過了這個時期，改造也就比較困難。

　　中小學階段是青少年性格形成的關鍵時期，語文教育應當把握機會，從語文學科的實際出發，充分發揮語文教育的育人優勢，加強中小學生良好性格的培養，塑造青少年健全完美的人格。詩書教化，自古而然，特別是在性格的情感特徵和道德特徵等方面，

可以借助語文教材中的文學形象，對學生進行生動直觀的教育和
潛移默化的影響。性格的養成是一個長期的漸進過程，不可能一
蹴而幾的，也不可能一勞永逸；語文教育要透過日常的聽、說、
讀、寫訓練，在性格的理智特徵和意志特徵方面，對學生進行持
之以恆的磨礪。

㈣品德

　　道德是一定的社會或階級依靠習慣傳統、社會輿論、教育力
量和人們的信念，調整人與人之間、個人與群體之間關係的行為
準則和規範的總和。品德即道德品質，是一種個體現象，是社會
道德現象在個體身上的表現，是個體依據一定的社會道德準則，
在行動時所表現出來的某些穩固和一貫的心理傾向和特徵。

　　中學生品德心理的發展，正處於從動盪型向成熟型過渡的重
要階段。少年期（主要是國中生）是半幼稚和半成熟、獨立性與
依賴性錯綜複雜的心理過渡時期，整個品德結構處於一種矛盾狀
態；道德意志以及自制力逐步形成，但又相當脆弱，易受外界影
響，抗誘惑能力不強。到了高中，學生進入青年期，特別是滿18
歲以後，生理與心理各方面都已大致成熟，可以獨立決定自己的
生活道路，甚至開始走向獨立生活，中學生的品德教育，就必須
抓住這個關鍵時刻。

　　語文教育中的思想品德教育，簡稱語文德育，這是依據語文
學科的特點，通過語文知識教學、語文能力訓練以及廣泛的人文
薰陶，對學生進行思想品德教育。語文教育是最基礎、最持久、
影響最深遠的學科教育，作為教育的重要組成部分，對於學生的
品德培養負有義不容辭的責任，應當通過語文教育中卓有成效的
品德教育，有力地促進學生個性的全面發展。我國的語文有一個
優良的傳統，就是「文道合一」；所謂「文」，主要是指語文的

形式，所謂「道」，主要指語文的內容；「文道合一」也就是語文的形式和內容的統一，語文的藝術性和思想性的統一；歷代的鴻儒大師一再強調「文以明道」、「文以解道」，現代語文教育專家極力提倡「因文解道」、「循道悟文」，由此可見，語文教育中語文訓練與品德教育的密不可分，在語文教育中開展思想品德教育，既是對我國語文教育的優良傳統的繼承，也是對現代語文教育客觀規律的遵循。

(五)美育

培養學生德、智、體、群、美五育的全面發展，是我們的教育方針；把其中的美育落實到語文教學中，就是要充分發掘語文教材及教學中美的因素，通過各種途徑，培養學生的審美心理、審美能力和審美情趣。

語文教學中的美育，不同於一般的文學藝術欣賞，也不同於音樂、美術、體育等藝能學科的美育。語文教材主要是借助語言文字來構成人、事、景、物，反映社會生活的；語文教學也主要是通過師生之間的語言交際進行的。因此，語文美育首先要重視語言的教學和教學的語言。一方面，要引導學生認真閱讀教材，借助語言文字，直接感受課文的美；對於那些精粹的美文美詩，尤其要多用誦讀法，通過反覆誦讀來接受美和感受美。另一方面，教師要講究語言的藝術，發揮語言的直觀作用，無論是導入新課，還是分析課文，無論是描摩，還是評價，都要盡量做到聲情並茂，感染學生。其次，要重視直觀教學，盡量利用教學掛圖、模型、實物等直觀教具，充分運用聲音影像等電化教具，使學生能結合課文，直觀形象，直覺地感受美，使語文美育收到更理想的效果。在審美的活動中，審美的主體無不充滿著情感，總是懷著一定愛憎好惡的情感而有所反應；因此要把握語文美育情感性的特徵，

在教學中必須特別重視醞釀情緒，創設情境，把學生很快地導入學習的境界中。

中小學語文美育肩負著雙重任務，既有物質的功利性，又有精神的功利性。作為物質的功利性，它要引導學生學習古今中外優秀作品的語文材料，借鑒前人審美和創造美的經驗，形成合乎規格的聽、說、讀、寫能力；作為精神的功利性，它要借助優秀作品陶冶年輕一代的情感，塑造他們美的心靈，完善他們美的人格。

二、語文教學與智力開發（註五）

人類的心理內涵，包括認識、情感、意志三部分；其中，認識由感知、記憶、思維、聯想等能力所構成，這就是人們通常所說的智力。語文學習中的智力，一般指的是觀察力、記憶力、聯想力和思維力等因素；另外，自學能力則是智力因素和非智力因素等所綜合而成的一種能力。

㈠觀察力

觀察是一種有意識的、有計劃的、持久的感知覺活動；觀察常和積極的思維相結合，所以有時也稱作「思維的知覺」；凡是善於全面、深入、正確認知對象的特徵的能力就叫觀察力。觀察的目的，是通過表面的現象（具體的、細微的、個別的、部分的）分析對象的特徵和涵義，也就是透過現象認識對象的本質。現代科學證明，人的大腦所獲得的訊息，百分之八九十是通過視覺和聽覺的途徑輸入的。

註五　本節的論述，取材於周慶元著，《中學語文教育心理研究》，頁
　　　119—146。

　　觀察力是語文能力的基礎和前提。學生觀察力較好，閱讀時就能正確地認識字形，讀準字音，分清層次，瞭解文章內容，甚至能夠主動發現文章中的錯誤；反之，很容易寫錯字，讀破句子，難以理解文章的大意。學生觀察能力比較強，作文時就能敏銳地觀察生活，積累素材，筆端文思泉湧；反之，則「身在寶山不識寶」，缺乏生活素材，無話可寫，只好咬筆頭了。

　　學生語文觀察力的培養，可從下列各個角度來開發：

　　1.誘發觀察興趣：誘發興趣是培養觀察力的前提，中小學生喜好新奇，渴求新知，要因勢利導，誘發學生的觀察興趣。

　　2.培養觀察品質：在語文學習中，要根據不同課文和作文的具體教學內容，提出觀察的任務和要求，採取單項訓練和綜合訓練相結合的方法，進行各種觀察品質的培養。

　　3.掌握觀察方法：培養觀察力，不但要使學生勤於觀察，而且要善於觀察，講究方法，才能提高效益；這可以運用「由此及彼」、「點面結合」、「分類比較」等方法，來訓練學生對課文細節描寫和日常生活細節的洞察力。

　　4.養成觀察習慣：「隨處留心皆學問」，老師要把整個語文學習的聽、說、讀、寫過程，作為觀察力訓練過程，持之以恒，逐步養成學生勤於觀察的良好習慣。

㈡記憶力

　　記憶是人腦對以前發生過的事物的反映，是以前感知或經歷過的事情在大腦中留下的痕跡，是一種積累性認知活動；記憶是學習和智力活動的倉庫，也是學習者通向知識寶庫的鑰匙。

　　記憶對語文學習具有相當重要的意義。記憶是語文學習的基礎，記憶力也是語文能力的前提；語文基礎知識的掌握必須借助記憶，大量語文材料的積累依靠記憶，記憶力太差往往難於學好

語文。語文學習倚賴良好的記憶力，語文訓練也可以造就良好的記憶力；通過語文學習的刻苦磨練使記憶力得到有效的開發，古今中外不乏成功的先例，北宋著名史學家司馬光對古往今來的史料非常熟悉，這對他主持編寫《資治通鑑》發揮了很大的作用，但是他幼年時記憶力並不好，常為背不出書而苦惱，他暗自下定決心，勤學苦讀，經過多年的磨練，終於博聞強記，即使後來有了成就，仍然堅持熟讀背誦的自覺訓練。（註六）

　　學生語文記憶力的開發，可以從下列四個方面來進行：

　　1.加強理解誦讀：語文學習必須同時強調理解和誦讀，一般來說，理解屬於意義記憶，誦讀屬於機械記憶；在理解的基礎上，多讀多背一些古今中外的名篇佳作，既可以提高記憶力，又可以積累語文材料。

　　2.抓緊練習復習：為了強化對語文基礎知識的記憶，必須及時練習和復習；加強練習則熟能生巧，加強復習則溫故知新；練習和復習既可以使知識更扎實，加深記憶，又可以訓練技能。

　　3.學習記憶法：語文學習必須活學巧記，切忌死記呆背；這需要講求記憶的科學方法，所謂記憶的科學方法，就是遵循並利用記憶的規律，達到既定記憶目標的有效方法，也就是西方學者所謂的「記憶術」；記憶的方法不勝枚舉，不見得人人都適用，語文老師和學生應當根據需要，結合各自的特點，自創一些簡便適用的記憶方法。

　　4.培養記憶品質：記憶品質是評判記憶好壞的標準；提高記憶訓練的效率，要培養記憶的選擇性，記住應該記的東西；要培養記憶的準確性，使記憶沒有遺漏和扭曲；要培養記憶的敏捷性，

註六　李昌憲著，《司馬光評傳》，頁36—37。

使在一定的時間內記得多、記得快；要培養記憶的持久性，使記憶能長久保存；要培養記憶的備用性，使貯藏的記憶能隨時提取，以滿足實際的應用。

㈢**聯想力**

聯想是由當前感知的事物去回想或推想另一事物的心理認識活動；簡單地說，聯想就是由此及彼聯繫起來想。心理學認為，聯想是回憶的一種形式，屬於記憶的範疇；也有人把聯想與想像並提，將其歸入思維的範疇，稱為想像的初級形態；在語文學習中，聯想與想像往往相提並論，把聯想作為創造性思維看待。

當人們在觀賞事物時，往往由於自覺或不自覺地運用了聯想，結果生成一個與對象的某一方面或某一點極為相近、相似、相對或相關的內心意象；有時還可以賦予對象新的形式或新的內涵，從而深化形象，使這個事物變得更加豐滿充實；正因為如此，聯想也就成了作家進行文學創作的重要手段。以文學作品佔主導地位的語文教材，因此擁有大量有關聯想的教學素材，語文教學也就必然負起進行有關聯想的教學任務。閱讀教學固然需要對課文中有關聯想的句段進行誦讀、理解、分析與欣賞，以此深刻感受文章的意蘊，體會作品的藝術魅力，訓練並發展學生的聯想力。寫作教學更不待言，學生善於聯想，寫作時就思想開通，內容充實，語言豐富生動；不善聯想，難免文思枯竭，內容無趣，語言乏味。

開發學生語文聯想力的途徑，可以從下列三個方面來訓練：

1.學習聯想法則：聯想的經典法則，是古希臘心理學家亞里士多德創立的，包括「接近聯想」（指相鄰相關的事物因時間或空間的接近而引起聯想）、「相似聯想」（是由對某一事物的感知或回憶引起對和它性質或形態相同或相似的事物的聯想）、「

對比聯想」（是由對某一事物的感知或回憶引起對具有相反或相對特點的事物的聯想）、「關係聯想」（是指由事物的其他關係而形成的聯想，包括反映屬種關係的聯想與反映因果關係的聯想）。

　　2.把握聯想結構：在文章裡面，作者常常用聯想這種認知方式來結構篇章，使之形成各式各樣的聯想結構；把握這些聯想結構，可以幫助學生去解讀作品，常見的聯想結構有「縱式聯想」（由此及彼，由近及遠，由淺及深，逐層推進，以此形成一系列縱式聯想）、「橫式聯想」（即由一個事物展開聯想，而與另外幾個有相似之處的事物組成並列式的聯想）、「輻射聯想」（圍繞一個中心事物，向外或向內進行聯想）。

　　3.熟悉聯想句式：在語文教學中進行聯想教學，要讓學生辨析或熟悉這些句式，可以幫助他們更好地理解課文，賞析作品，提高聯想的語文表達能力；有很多聯想是有明顯的詞語標識的，譬如：直敘句，常用「想到、聯想到、回憶起」等詞語；比喻句，常有「像、好像、如同、例如、譬如、比如、是、就是」等字樣；排比句，多用「當你、當你、……」、「難道、難道、……」之類；假設句，一般用「如果……那麼」、「假如……就」等；選擇句，則用「不是……就是」之類。

㈣思維力

　　思維是人腦對客觀現實概括的和間接的反映，它反映的是對象的本質與內部規律性；思維是學習和智力活動的核心。在語文學習中，聽、說、讀、寫都離不開思維，思維力同樣是語文能力的核心；語文教育開發學生的智力，應當著重開發他們的思維力。

　　小學生的思維能力是以形象思維為主的，上了中學，隨著年齡的長大，生理和心理的逐步成熟，知識經驗的不斷增長，中學生的思想能力迅速地發展，抽象思維能力逐漸處於優勢；中學生

抽象思維能力的發展，對語文學習帶來質的飛躍，他們在理解課文、概括內容、分析推理、構思表達等方面躍上了新的臺階，語文表達方式也逐漸向說明與議論方面提升。儘管中學生逐漸學會獨立思考，不再輕信盲從，待人處世逐步有了自己的主見；但由於他們的心理還不夠成熟，在思想上容易產生淺表性、片面性和偏激性，仍然需要時間和實踐的磨礪，需要教育和環境的陶冶。從總體來看，中學生的語文能力比小學生有更大的發展，他們語彙更為豐富，思路更為清晰，認識更為深刻，但是有些人卻容易產生寫作心理障礙，往往表現出不敢寫、無話寫，乃至於不想寫的困難；此外，有部分學生容易犯不假思索、脫口而出的毛病，言談舉止往往失之輕率，待人處事很難做到深思熟慮、三思而行；針對中學生這些特點，語文教育中結合思維訓練的工作是大有可為的。

　　思維具有與語文不可分離的特性，所以語文教學中的思維力開發，必須貫徹語文訓練和思維訓練相輔相成的教學原則，以下五項作法可提供參考：

　　1.加強語文學習：思維與語文存在著天然的聯繫；從過程來看，語文是思維與理解的工具；從結果來看，語文實際上是思維的物化；所以語文學習與思維發展有著密不可分的內在聯繫；字詞理解正確，反映概念明確；語句運用得當，說明判斷準確；文章文從字順，體現推理合乎邏輯。

　　2.創設問題情境：思維常常產生於問題之中，問題往往是促使人們思考的契機；語文學習應當經常創設問題情境，使學生在產生矛盾的情境中通過積極思考，提出解決問題的辦法。

　　3.培養質疑習慣：明人陳獻章說：「學貴知疑，小疑則小進，大疑則大進。疑者，覺悟之機也。一番覺悟，一番長進，更無別

法也。」（註七）思維力的培養，不能讓學生只是依賴別人的提問，不能使他們消極被動地接受問題情境，應當啓發他們積極主動地發現問題、分析問題和解決問題，要注重培養質疑問難的學習習慣。

4.強化多項訓練：從思維的種類來看，既要訓練具體形象思維，又要訓練抽象邏輯思維；從思維的過程來看，要扎實地訓練概念、判斷、推理的正確掌握；從思維的形式來看，要有計劃地訓練分析和綜合、比較和歸類、抽象和概括、具體化和系統化、歸納和演繹。

5.鍛鍊思維品質：要鍛鍊學生良好的思維品質，一是要提升思維的廣闊性與深刻性；所謂廣闊性，指的是善於全面細緻地思考問題，善於運用多方面的知識提出多種假設去解決問題；所謂深刻性，是善於深入事物的本質，善於從熟識的平凡事物中發現重大問題。二是要提升思維的獨立性與批判性；所謂獨立性，是指善於獨自思考，不盲從、不迷信；所謂批判性，是指對自己或他人的思維成果能給予客觀正確的評價，去僞存眞，擷長補短。

㈤**自學能力**

自學能力是有智力因素和非智力因素等多種心理機能參與的一種綜合性的能力；指的是學習者在已有知識、技能的基礎上，自覺地、獨立地、正確地運用一定的學習方法獲取知識、發現問題、解決問題的學習能力；葉聖陶先生說：「學生須能讀書，須能作文，故特設語文課以訓練之。最終目的爲：自能讀書，不待老師講；自能作文，不待老師改。老師之訓練必作到此兩點，乃

註七　黃宗羲著，《明儒學案・白沙學案》。

爲教學之成功。」（註八）要實現這個語文教學的目的，就必須加強青少年語文自學能力的培養。

　　知識、技能、智力、非智力等四位一體的因素，形成語文自學能力的結構。青少年語文自學能力，可以概括爲下列四個方面：

　　1.積累一定的語文知識：中小學生應掌握足夠數量的字和詞，基本的文字、語音、語法、修辭及邏輯知識，一般的文章結構及體裁知識、寫作知識，還有具備相關的社會科學和自然科學的常識。

　　2.掌握基本的語文技能：能夠熟練地翻查工具書，使用注解；根據閱讀的目的和性質，迅速選擇合適的閱讀方法和速度；能作圈點、評注、摘要、筆記等；具有一定的聽記能力和基本的寫作能力。

　　3.具有一般的智力品質：能夠集中視聽感知和注意，保持記憶，展開聯想，運用判斷、推理、分析和綜合等基本思維力。

　　4.形成較好的非智力因素：具有比較明確穩定的語文學習動機，較好的語文學習習慣，較高的語文學習熱情，較強的學習意志，一定的自我檢測、自我調控的個性。

　　自學能力不是人的天賦，而是後天的學習。中小學生語文自學能力的形成，是一個長期的訓練過程，可以參考以下方法，進行持之以恒的教育培養：

　　1.啓發語文自學需要：需要是人類思想活動的基本動力，是動機、興趣、習慣、情感、意志、技能等形成的心理基礎；要把

註八　葉聖陶的話，見《葉聖陶語文教育論集》下冊，北京教育科學出版
　　　社1980年版，頁717；本文乃轉引自周慶元著，《中學語文教育心
　　　理研究》，頁142。

「要我學」變成「我要學」，使學生主動而自覺地進行語文自學能力的訓練，具體辦法有「目標激發」（向學生講明自學對學好語文的重要性，及自學語文與人生歷程的密切關係）、「榜樣引發」（向學生介紹古今中外名人自學語文成才的動人事蹟，或借鑑他人的經驗及學習心得）、「熱情誘發」（設法誘發學生自學的熱情，譬如提供自學材料，既有課本，又有補充讀物，以擴大其學習領域）。

　　2.改革語文教學過程：語文自學能力的訓練過程應當與課堂語文教學的過程同步，並且相應，可以提出以學生為主體、教師為主導、訓練為主線的組織語文教學過程，並提出體現這一思想的自讀課、教讀課、作業課、復讀課，以架起一道由「教」鋪向「不需要教」的橋梁。

　　3.講究自學方法：自學要有成效，還須不斷地講求方法的改進；縱覽→發問→閱讀→背誦→復習的讀書法，以往被稱為行之有效的綜合性的自學方法體系，今後更要充分運用現代的速讀法、猜讀法、比讀法、逆讀法，還有利用圖書館學習法、電腦網路學習法等，讓學生根據自己的實際情況，有選擇地「拿來為我所用」。

第四章　我國近現代中學國文課程的演進

　　「課程」一詞，出現於唐、宋時代；顧名思義，是指學校教學科目的內容和進程。我國古代很早就有了課程的粗略設計，例如《禮記・內則》說：「六年，教之數與方名；……九年，教之數日；十年，出外就傅，居宿於外，學書計；……十有三年，學樂，誦詩，舞勺，成童舞象，學射御；二十而冠，始學禮。」《禮記・王制》說：「春秋教以禮、樂，冬夏教以詩、書。」《論語・述而》：「子以四教：文行忠信。」這些都是關於教育內容和進程的歷史記載。

　　唐代孔穎達撰《五經正義》，在《詩經・小雅・小弁》：「奕奕寢廟，君子作之」的疏中說：「教護課程，必君子監之，乃得依法制。」「課程」這個詞，最早出現於此。南宋朱熹在《朱子全書・論學》裡，多次使用「課程」一詞，例如「寬著期限，緊著課程」、「小立課程，大做功夫」等等。這裡所謂的「課程」，已有課業及其進程的涵義，即所謂「定式授事」之意。

　　「課程」的英文為curriculum，是由race course（賽馬的跑道）轉化而來。就像運動員牽馬沿著一定的跑道向目標賽跑一樣，學生也須在教師指導下，按學校規定的內容進行學習，才能實現教育目標，由不成熟走向成熟。可見「課程」的涵義是指有目的、有計劃、有指導的教育內容。這個詞語最早出現在英國教育家斯賓塞《什麼知識最有價值》一文中，他把經過組織的教育內容叫

做「課程」；該文發表於公元1859年，公元1861年收入《教育論》一書出版。

我國古代只有「大學」和「小學」，而沒有「中學」的名稱；我國的普通中學系統，是從近代第一個正式實施的學制——癸卯學制頒布後才確立的。我國古代學校的課程，總體上來看，有下列幾項特點：一是課程設置還沒有完全科學的分科；二是課程內容特重人倫教育；三是「勞心」與「勞力」相分離，不重視勞力；四是在安排形式上一般是單科獨進，即學完一門課後再學另一門課，而不是各門課程齊頭並進；五是對在學年限、年級、年齡和程度，還沒有嚴格的規定，沒有建立起互相銜接的課程制度。（註一）

本章從「癸卯學制」開始，把清末以來直到現階段國文課程的發展，作一番回顧，擬分「名稱變化」、「授課時數」、「教學目標」、「教學內容」等四節來探討。

第一節　名稱變化

一、「國文」獨立設科的起源

我國古代的學校教育，是一種混合型的教育，沒有獨立的語文學科，語文教學內容包含在綜合性教育之中。我國具有現代意義的「語文」教育學科，也就是把語文教育列為獨立的學科，是開始於十九世紀末二十世紀初，而且是由民間學校首先設置的。光緒四年（公元1878年），張煥綸在上海縣梅溪街創辦正蒙書院，借鑑西方經驗，實行分科教學，最早設「國文」科，以「俗話譯

註一　以上的論述，參考呂達著，《課程史論》，頁11～14。

文言」、「講解與記憶並重」爲特色，（註二）於是語文教育從傳統教育中分化出來，成爲與「修身」、「算學」、「物理」、「化學」、「歷史」、「地理」等並列的獨立學科。

二、清末語文教育學科的名稱

政府獨立設置語文教育學科，則始於光緒二十八年（公元1902年），清政府頒布由張百熙所擬的《欽定學堂章程》。《欽定學堂章程》又稱「壬寅學制」，其中規定：蒙學堂、尋常小學堂、高等小學堂、中學堂均設「讀經」科；此外，蒙學堂設有「字課」和「習字」科，尋常小學堂設有「作文」和「習字」科，高等小學堂設有「讀古文詞」、「作文」和「習字」科，中學堂設有「詞章」科。這裡的「讀經」、「字課」、「習字」、「作文」、「讀古文詞」、「詞章」等科目，在學科性質和地位上，已接近後來的語文教育學科。這個學制，由於本身還不夠完備等原因，並沒有正式實施。

光緒二十九年十一月（公元1904年1月），清政府又頒布了由張之洞、張百熙、榮慶合訂的《奏定學堂章程》，即「癸卯學制」；這是二十世紀初我國第一個比較完整，並經法令正式公布，且在

註二　正蒙書院，後來改稱梅溪學堂。胡適於光緒三十年（公元1904年）進梅溪學堂就讀，時年14歲，據他在《四十自述》中的回憶說：「梅溪學堂的課程是很不完備的，只有國文、算學、英文三項。分班的標準是國文程度。英文、算學的程度雖好，國文不到頭班，仍不能畢業。國文到了頭班，英文、算學還很幼稚，卻可以畢業。這個辦法雖然不算頂好，但這和當時教會學堂的偏重英文，都是過渡時代的特別情形。」（臺北遠流版，頁48。）

全國推廣實行的學制。《奏定學堂章程》規定：初等小學堂、高等小學堂、中學堂、初級和優級師範學堂都設「讀經講經」科；此外，初等小學堂還設有「中國文字」科，高等小學堂、中學堂、初級和優級師範學堂則設有「中國文學」科。這裡的「讀經講經」和「中國文字」、「中國文學」等科，已經具備了後來以閱讀和寫作教學爲主體的語文教育學科的特徵，一般認爲這標識著我國現代語文教育學科的正式誕生。

三、民國元年正式稱國文科

早在辛亥革命以前，蔡元培、梁啓超等人就認爲「中國文字」和「中國文學」所要學的，並不限於文字和文學，於是提議把這一學科定名爲「國文」；蔡元培等人於光緒二十八年（公元1902年）創辦愛國學社、梁啓超於光緒三十二年（公元1906年）前後創辦長沙女子學堂，就把這一學科稱爲「國文」。光緒三十三年（公元1907年），清政府學部頒布《女子小學堂章程》，其課程中，單有「國文科」，而無「讀經」科，從此「國文」科的名稱，開始見之於法令。宣統二年十二月（公元1911年1月），清政府學部《奏改訂中學文實兩科課程折》把「中國文學」科改稱「國文」科。

民國元年（公元1912年），蔡元培擔任中華民國政府教育部教育總長，開始對教育進行重大的改革，我國的語文教育也有很大的變化。1月，教育部頒布《普通教育暫行辦法》，其中規定：從前各項學堂均改稱學校；初等小學校可以男女同校；凡各種教科書務合乎共和民國宗旨，清學部頒行之教科書一律禁用；「讀經講經」科一律廢止等。同時頒布了《普通教育暫行課程標準》，其中將各類學校「中國文字」、「中國文學」課程，更名爲「國

文」。民國二年（1913年）三月，《中學課程標準》正式頒行。

四、民國十二年改稱國語科

　　民國六年（公元1917年）一月，胡適在《新青年》二卷五號發表《文學改良芻議》，指出：「以今世歷史進化的眼光觀之，則白話文學為中國文學之正宗，又為將來文學必用之利器，可斷言也。」二月，陳獨秀在《新青年》二卷六號發表《文學革命論》，正式樹起「文學革命」的大旗，並進一步提出文學內容革命立民族自信者。

　　公元1918年）四月，胡適又在《新青年》四卷四號發表《建設的文學革命論》，說：「我們所提倡的文學革命，只是要替中國創造一種國語的文學。」「國語的文學，文學的國語，乃是我們的根本主張。」文學革命和白話文運動，從此在社會上產生強烈的迴響。

　　早在民國五年（公元1916年）秋，北京各界人士就發起成立了「國語研究會」，倡導「國語統一」、「言文一致」。民國六年（公元1917年）十月，全國教育會聯合會第三屆會議議決了《請定國語標準並推行注音字母以期語言統一案》；民國七年（公元1918年）十一月，教育部正式公布了國語國音字母。民國八年（公元1919年）十一月，教育部國語統一籌備會召開第一次大會，劉復、胡適、錢玄同等提出改編小學課本的意見，建議把「國文讀本」改作「國語讀本」，國民學校全用國語，不雜文言，高等小學酌加文言，以國語為主體，其他科目的課本也改用國語編輯。

　　北洋政府教育部於民國九年（公元1920年）一月訓令全國各小學從當年秋季起，「凡國民學校一、二年級先改國文為語體文，以期收言文一致之效。」後又修改原有法規，將小學第三、四年

級課程也定爲「國語」。各科文體教材分期作廢，改用語體文編輯。

民國十一年（公元1922年）九月，教育部召開學制會議，把第七屆全國教育會聯合會所通過的學制系統草案稍加修正，於十一月公布《學校系統改革案》（即「壬戌學制」）。隨後，第八屆全國教育會聯合會組織了一個新學制課程標準起草委員會，負責擬定各科課程標準；中小學語文科，由胡適、葉聖陶、吳研因、穆濟波等起草，制定了《小學國語課程綱要》、《初級中學國語課程綱要》、《高級中學公共必修的國語課程綱要》，成爲我國語文教育史上第一個以現代教育科學理論爲依據、體系較爲嚴整的語文科課程標準；這時中、小學的語文教育學科，都一律稱爲「國語」。

五、民國十八年以後的名稱

——小學稱「國語」、中學稱「國文」

民國十八年（公元1929年）七月，南京國民政府教育部公布《中學課程暫行標準》，八月公布《小學課程暫行標準》，這是正式課程標準的開始。按照新的課程標準，小學的語文教育學科仍然稱「國語」，而初中和高中的語文教育學科則改稱「國文」；上述的名稱，在臺灣地區至今仍然遵行不變。

六、民國三十八年以後大陸改稱「語文科」

民國三十八年（公元1949年），中國共產黨統治大陸後，把中小學的語文教育學科一律改稱爲「語文」科。根據當年主事者葉聖陶先生的說明：「『語文』一詞，始用於1949年華北人民政

府教科書編審委員會選用中小學課本之時。前此中學稱『國文』，小學稱『國語』，至此乃統而一之。」（註三）李維鼎先生根據葉聖陶歷次爲「語文」正名的意義，歸納出「語文」有下列數項內涵：（註四）

㈠「語文」不是「語體文」與「文言文」各取一字合在一起，因爲「語體文」和「文言文」均屬於書面寫的「文」。

㈡「語文」包括「口頭語言」和「書面語言」，自然包括聽、說、讀、寫四個項目；這四個項目，是語文課要開展的活動及其結果。

㈢中小學的語文課，是屬於綜合性質的學科，既不等同於語言文字，不等同於語言文章，也不等同於語言文學，卻又包含著它們；所以不能把語文課教成「文法課」、「修辭課」、「文學課」或「知識課」、「思想課」等等。

㈣儘管「語文」具有工具的性質，但「口頭語言」和「書面語言」是運用工具交際的產物，所以工具性只是「語文」的部分性質，不能涵蓋全面。

附　言

香港地區的文法中學（即普通中學）爲五年制，中一至中五的本國語文教育學科稱「中國語文」；另外有屬於「人文及社會科目」的「中國文學」，則於中四、中五（相當於高一、高二）這兩年授讀。

註三　公元1964年2月1日《答滕萬林》。

註四　李維鼎著，《語文言意論》，頁59～60。

<h1 style="text-align:center">第二節　授課時數</h1>

從光緒二十九年十一月（公元1904年1月）「癸卯學制」頒行以來，我國施行新式學校教育已經有將近百年的歷史，在這期間，普通中學的國文教學，其每週授課時數屢有增減；現在依照年份的順序，根據文獻的記載，列表說明如下：（註五）

一、我國近現代中學國文課程每週授課時數表

年份＼文獻	學科名稱	週課時	年級	中　學 一	二	三	四	五	六	所佔百分比	備　註
公元1904年1月 光緒29年11月	奏定中學堂章程	讀經講經		9	9	9	9	9		25 %	
		中國文學		4	4	5	3	3		11 %	
公元1909年 宣統元年	奏變通中學堂課程分為文科實科折	文科 讀經講經		10	10	10	10	10		28 %	
		文科 中國文學		7	7	6	6	6		18 %	
		實科 讀經講經		3	3	3	3	3		8 %	
		實科 中國文學		3	3	3	3	3		8 %	
公元1911年1月 宣統2年12月	奏改訂中學文實兩科課程折	文科 讀經講經		5	5	10	6	5		17 %	
		文科 中國文學		6	6	6	7	7		18 %	
		實科 讀經講經		5	5	5				8 %	
		實科 中國文學		4	4	4	4	4		11 %	
公元1913年 民國2年	中學校課程標準	國文 男		7	7	5	5			18 %	
		國文 女		7	6	5	5			17 %	
公元1923年 民國12年	新學制課程標準綱要	國語	初級中學 一 二 三				高級中學 一 二 三				
			32學分(18%)				16學分(11%)				
公元1929年 民國18年	中學課程暫行標準	國文	36學分 (20 %)				24學分(16%)				
公元1932年 民國21年	中學課程標準	國文	6	6	6	5	6	5			
			17～18%			16～17%					

註五　本表乃參考姚富根《中學國文課的設置》擴編而成，見《中國教育大事典》，頁235。

年代	課程標準	科目	初一	初二	初三	高一	高二	高三	備註
公元1936年 民國25年	修訂中學課程標準	國文	5	6	6	5	上 甲:5 乙:8 / 下 5	5	高二上學期乙組加3課時為8課時。甲組以自然學科為主，乙組以社會
			18%			甲:16.7~17.2% 乙:18~19%			
公元1940年 民國29年	中學課程修訂標準	國文	6	5	5	5	甲:4 乙:6	甲:4 乙:6	
			17~18%			甲:14% 乙:18%			
公元1948年 民國37年	修訂中學課程標準	國文	5	5	5	5	5	5	
			15~19%			17~20%			
公元1952年 民國41年	修正中學課程標準	國文	5	5	5	5	5	5	
			15~19%			17~20%			
公元1955年 民國44年	修訂中學教學科目及時數表	國文	6	6	6	5	5	5	
			20~21%			16~17%			
公元1962年 民國51年	中學課程標準	國文	6	6	6	甲:5~6 乙:5~6	甲:5 乙:6	甲:5 乙:6	
			17~21%			甲< 14~16% / 15~17%　乙< 16~18% / 17~19%			
公元1968年 民國57年	國民中學暫行課程標準實施辦法	國文	國民中學 6	6	6				
			18~19%						
公元1971年 民國60年	高級中學課程標準	國文				甲:6 乙:6	甲:5 乙:7	甲:5 乙:7	
						甲:15~16% 乙:19~20%			
公元1972年 民國61年	國民中學課程標準	國文	6	6	6				
			18~20%						
公元1983年 民國72年	國民中學課程標準 高級中學課程	國文	6	6	6	5	5	6	
			17~18%			14~15%			
公元1985年 民國74年	國民中學課程標準	國文	6	6	6				
			17~18%						
公元1994年 民國83年	修正國民中學課程標準	國文	5	5	5				
			14~15%						
公元1995年 民國84年	修定高級中學課程標準	國文				5	5	5	
						13~14%			

二、授課時數表的分析及建言

從表列的數據，我們可以看到《奏定中學堂章程》裡，國文週課時的比率約占百分之三十六；第一次文、實分科，文科國文週課時的比率約占百分之四十六，實科國文週課時的比率約占百分之十六；改訂後，文科國文週課時的比率約占百分之三十五，實科國文週課時的比率約占百分之十九；總的來說，清末中學國文課程的比重相當高，如果不計實科的話，大約占了每週上課總時數的三分之一，最高時甚至將近一半。

民國成立後，中學國文週課時的比率降到百分之十八與十七。民國十二年（公元1923年）頒布新學制，這時國文週課時的比率，初級中學仍維持在百分之十八，高級中學則降到百分之十一。

國民政府時期，中學國文週課時的比率有逐漸回升的趨勢；蔣中正先生主政時，他特別重視國文課，例如民國四十四年（公元1955年）的教師節，在「招待教育界人士訓詞」中，他就講到：「國文是一國文化的根基，所以無論學習文科或實科的學生都要特別注重，希望各位先生今後在教育各科學生時，要特別注意國文程度的提高。」所以這時中學國文週課時的比率大致都維持在百分之二十上下。

惟近一、二十年來的中學國文週課時則呈現不斷下降的趨勢，民國七十二年（公元1983年）修訂課程標準，國民中學國文週課時的比率降到百分之十七至十八之間，高級中學國文週課時的比率降到百分之十四至十五之間；民國八十三年（公元1994年）新修訂的國民中學課程標準，國文週課時的比率，又下降到百分之十四至十五之間；民國八十四年（公元1995年）新修訂的高級中學課程標準，國文週課時的比率，則下降到百分之十三至十四之

間。已經開始啓動的國民中小學九年一貫課程，根據目前的規劃，高、國中的國文週課時還要再下降。

　　語文既是人生不可或缺的表情達意的基礎工具，又是一門費時多，難度大，見效慢的基礎課程；因此語文的學習是需要花時間、下功夫，才能達到熟能生巧、運用自如的程度；而國文週課時的不斷遞減，對於語文教學的成效確實有不利的影響，有識之士早已爲學生國文程度的日趨低落引以爲憂，所以從學理上來說，中學國文的週課時實在不宜再下降。由於知識與科技的快速發展，爲了適應時代潮流的需要，電腦及資訊一類的新課程，在今天是十分重要的；正因爲新課程的增加，使得國、英、數等主科的週課時受到影響而一直在縮減，這對教育主管當局來說，其實也是感到非常無奈的事；我們只能期盼教育主管當局在修訂課程標準時，必須作全盤而妥善的思考與安排，以避免產生各學科之間彼此排擠或互相壓縮的不良效應。

　　處在今天這個知識爆發的時代，學校的每一門課程當然都很重要，各科也都想要爭取更多的教學時數，以發揮本科的教學功能；然而實際上要增加課時則是困難重重，語文學科的情況自不例外，但是語文的學習又不能忽略，這該怎麼辦呢？眞是一個令人左右爲難的問題。面對這樣的處境，個人認爲語文教師應當把握學生在學的期間，讓他們明瞭語文能力對生活及工作等等的重要性，同時加強培養他們的語文自學能力，以充實學生的語文基本知識，使其具備自我學習的能力，養成自我進修的習慣；如果每個人能把語文的學習視爲自己應該終身永續學習的事情，才能不斷地提升自己的語文程度與能力。

第三節　教學目標

　　教學目標是教學計劃或活動所要達到的境地及希望實現的結果，美國教育學者杜威在《民主主義與教育》中說：「我們有一個目標，就是我們預先看清楚了一條未來的出路，於是我們規定一個計劃去達到它。這時我們一方面隨時注意一切足以幫助我們的資源；另一方面處處看清沿途的荊棘障礙。能使現在的情況和將來的結果產生一種適當的關係，或者把將來的後果和現在已得的結果間產生一種適當的關係，這就是有目的的行為。」（註六）所以教學目標是教師為達成教學任務、學生要實現學習目的所必須瞭解的方向和指標。

　　本節敘述我國近現代中學國文的教學目標，擬區分為：一清末、二民國建立、三新學制頒布、四國民政府、五現階段等五個時期來作介紹。

一、清末時期

　　光緒二十九年十一月（公元1904年1月）頒布的《奏定中學堂章程》，其中「讀經講經」、「中國文學」兩科屬於國文課程，茲將其教學目標列舉如下：

　　㈠讀經講經

註六　《民主主義與教育》一書，公元1916年出版，副題為「教育哲學導論」；民國十七年（公元1928年），上海商務印書館出版鄒恩潤的中文譯本，收於《大學叢書》中；另有王承緒譯本，公元1990年北京人民教育出版社出版。此處轉引自王明通著，《中學國文教學法研究》，頁13～14。

1. 講經者先明章指，次釋文義，務須平正明顯，切於實用，勿令學童苦其繁難；其詳略深淺，視學生之年歲程度而定。

2. 尤不可務新好奇，創為異說，致啓駁雜支離之弊。

3. 至於經義奧博無涯，學堂晷刻有限，止能講其大義；若欲博綜精研，可俟入大學堂後為之。此乃中小學堂講經通例。

㈡**中國文學**

1. 入中學堂者年已漸長，文理略已明通，作文自不可緩。凡學為文之次第：一曰文義，文者積字而成，用字必有來歷（經、史、子、集及近人文集皆可），下字必求的解，雖本乎古亦不駭乎今。此語似淺實深，自幼學以至名家皆為要事。二曰文法，文法備於古人之文，故求文法者必自講讀始，先使讀經、史、子、集中平易雅馴之文，《御選古文淵鑒》最為善本，可量學生之日力擇讀之（如鄉曲無此書，可擇較為大雅之本讀之），並為講解其義法；次則近代有關係之文亦可瀏覽，不必熟讀。三曰作文，以清真雅正為主：一忌用僻怪字，二忌用澀口句，三忌發狂妄議論，四忌襲用報館陳言，五忌以空言敷衍成篇。

2. 次講中國古今文章流別、文風盛衰之要略，及文章於政事身世關係處。其作文之題目，當就各學科所授各項事理及日用必需各項事理出題，務取與各科學貫通發明，既可易於成篇，且能適於實用。

二、民國成立時期

　　民國元年（公元1912年），教育部公布的《中學校令施行規則》規定中學「國文」科的教學目標是：

㈠通解普通語言文字。

㈡能自由發表思想。

㈢略解高深文字。

㈣涵養文學之興趣。

㈤啓發智德。

三、新學制頒布時期

　　民國十二年（公元1923年），全國教育會聯合會所屬課程標準起草委員會復訂刊布《新學制課程標準綱要》，其中有關中學國語的教學目標是：

㈠**初級中學**

　　《初級中學國語課程綱要》規定該課程的目的是：

　　1.使學生有自由發表思想的能力。

　　2.使學生能看平易的古書。

　　3.使學生能作文法通順的文字。

　　4.引起學生研究中國文學的興趣。

畢業最低限度的標準是：

　　1.閱讀普通參考書報，能瞭解大意。

　　2.作普通應文，能清楚達意，於文法上無重大錯誤。

　　3.能欣賞淺近文學作品。

㈡**高級中學**

　　《高級中學公共必修的國語課程綱要》規定該課程的目的是：

　　1.培養欣賞中國文學名著的能力。

　　2.增加使用古書的能力。

3.繼續發展語體文的技術。

4.繼續練習用文言作文。

畢業最低限度的標準是：

1.曾精讀指定的中國文學名著八種以上。

2.曾略讀指定的中國文學名著八種以上。

3.能標點與唐宋八家古文程度相等的古書。

4.能自由運用語體文體發表思想。

四、國民政府時期

㈠初級中學

民國二十一年（公元1932年），國民政府教育部在民國十八年（公元1929年）頒布的《中學暫行課程標準》的基礎上，公布了正式的《中學課程標準》，其中《初級中學國文課程標準》規定的教學目標是：

1.使學生從本國語言文字上，瞭解固有的文化，以培養其民族精神。

2.養成用語體文及語言敘事說理表情達意之技能。

3.養成瞭解平易的文言文之能力。

4.養成閱讀書籍之習慣與欣賞文藝之興趣。

後來，在民國二十五年（公元1936年）、民國二十九年（公元1940年）、民國三十七年（公元1948年）對中學課程標準作了三次修訂，但初級中學的國文教學目標的內容基本上沒有改變。現在將民國三十七年（公元1948年）公布的《修訂初級中學國文課程標準》中所規定教學目標，列舉如下：

1.訓練聽講及閱讀語體文與明易文言文之能力。

2.培養運用國語及語體文表達情意之能力，以切合生活上

之應用。

3.培養閱讀之興趣與習慣。

4.從民族輝煌事蹟及有助國際瞭解之優美文字中，喚起愛
國思想與民族意識，發揮大同精神。

(二)高級中學

民國二十一年（公元1932年），《高級中學國文課程標準》
規定的教學目標是：

1.使學生能應用本國語言文字，深切瞭解固有的文化，以
期達到民族振興之目的。

2.除繼續使學生能自由運用語體文外，並養成其用文言文
敘事說理表情達意之技能。

3.培養學生讀解古書，欣賞中國文學名著之能力。

4.培養學生創造新語新文學之能力。

民國二十五年（公元1936年）、民國二十九年（公元1940年）、民
國三十七年（公元1948年）三次修訂課程標準，高級中學的國文
教學目標都只作文字修改，基本內容則未變。民國三十七年（公
元1948年）的國文教學目標爲：

1.提高閱讀速率及瞭解力。

2.熟練應用語體文及明易文言文表達情意，能作切合生活
上最需要應用最廣之文字。

3.培養閱讀古籍之興趣與能力。

4.從民族輝煌事蹟有助於國際瞭解之優美文字中喚起愛國
家愛民族意識，發揚大同精神。

五、現階段

民國三十八年（公元1949年）國民政府遷臺後，中學課程標

準於民國四十一年（公元1952年）、民國四十四年（公元1955年）、民國五十一年（公元1962年）作了三次修訂。民國五十七年（公元1968年），臺灣地區開始實施九年國民義務教育，此後，國民中學和高級中學的課程標準分別訂頒。

㈠**國民中學**

《國民中學暫行課程標準實施辦法》於民國五十七年（公元1968年）頒布，已歷經民國六十一年（公元1972年）、民國七十二年（公元1983年）、民國七十四年（公元1985年）、民國八十三年（公元1994年）四次修訂；現在根據民國八十三年《修正國民中學課程標準》中的國文教學目標，參考黃錦鋐老師所著《國文教學法》頁30的「國中國文教學目標分析表」，加以整理，列表說明如下：

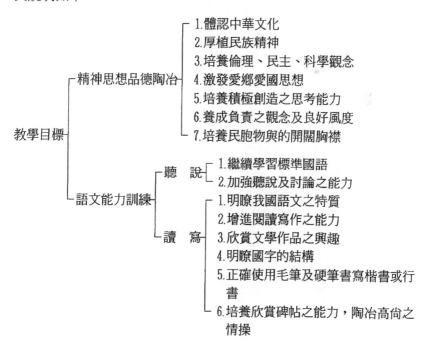

㈡高級中學

民國六十年（公元1971年）頒布《高級中學課程標準》，已經歷民國七十二年（公元1983年）、民國八十四年（公元1995年）兩次修訂；現在根據民國八十四年《修定高級中學課程標準》中的國文教學目標，參考黃錦鋐老師所著《國文教學法》頁31的「高中國文教學目標分析表」，加以整理，列表說明如下：

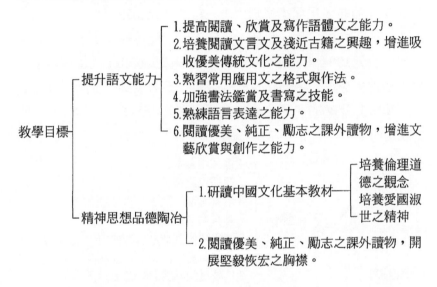

教學目標

提升語文能力
1. 提高閱讀、欣賞及寫作語體文之能力。
2. 培養閱讀文言文及淺近古籍之興趣，增進吸收優美傳統文化之能力。
3. 熟習常用應用文之格式與作法。
4. 加強書法鑑賞及書寫之技能。
5. 熟練語言表達之能力。
6. 閱讀優美、純正、勵志之課外讀物，增進文藝欣賞與創作之能力。

精神思想品德陶冶
1. 研讀中國文化基本教材——培養倫理道德之觀念／培養愛國淑世之精神
2. 閱讀優美、純正、勵志之課外讀物，開展堅毅恢宏之胸襟。

六、小　結

從以上所列各個時期的國文教學目標中，我們可以看出清末民初的中學國文教學完全是以文言文的學習為主。民國十二年（公元1923年）新學制實施後，語體文普遍融入國文教學的內容中，比較上來說，初級中學語體文教材的比例要比高級中學來得大；總體上來說，語體文在中學國文教學內容中的比例，有逐漸增加的趨勢，而文言文的比例則有逐漸下滑的走向。

在語文的主要學習目標上，以往多偏重於閱讀與寫作方面，而語言方面的教學則較為缺乏。現階段的教學目標，大體上能兼顧到聆聽、說話、閱讀、寫作等語文能力的培養，期使學生能夠學以致用，在語言與作文上可以熟練地運用語體來表情達意。文言文的學習，其重點在於閱讀古書的訓練，使學生能欣賞古典文學，以陶冶性情，明瞭傳統文化，以提升人文素養。

在語文教學的相關功能上，以往多側重在啟發愛國思想、發揚傳統文化；當今的教學目標，則強調透過語文的學習，來陶冶學生的精神、思想、品德，以充分發揮語文教學的綜合性功能。

以現階段的中學國文教學目標與過去相互對照，客觀來說，其內容是較為周全完備，具有「後出轉精」的優點。

第四節　教學內容

本節介紹我國近現代中學國文的教學內容，仍然依照第三節所區分的五個時期。

教學內容的趨於完備，也是逐漸發展出來的，所以前四期只略述其梗概，本節的重點放在現階段作詳細的介紹。

早期中學國文的教學內容，多以範文講讀、作文訓練、書法練習為主；近年則頗重視語言能力培養及課外閱讀輔導，並在教材、教法與評量上，力求多元化，以期發揮靈活生動的教學效果。

一、清末時期

光緒二十九年十一月（公元1904年1月）頒布《奏定中學堂章程》，茲將其中有關國文教學內容的規定列舉說明如下：

甲、讀經講經

㈠學生年歲已長，故講讀《春秋左傳》、《周禮》兩經，以備將來學成經世之用。講讀《左傳》應用武英殿讀本，講讀《周禮》應用通行之《周官精義》（其注解係就欽定《周禮義疏》摘要節錄，最便初學寒士）。此兩書即本古注，又不繁冗，最於學者相宜。講《左傳》宜解說其大事與今日世界情形相合者，講《周禮》宜闡發先王制度之善，養民教民諸政之詳備，與今日情形相類可效法者；但解說須簡要。

㈡現在所定讀經講經鐘點，計每星期讀經六點鐘，挑背及講解三點鐘（間日背講一次），合共九點鐘；另有溫經鐘點，每日半點鐘，在自習時督課，不在表內。

㈢因學生皆係高等小學畢業者，故應讀《春秋左傳》及《周禮》兩部，每日讀二百字，每年除各假期外，以二百四十日計算，應讀四萬八千字，五年應共讀二十四萬字，計《春秋左傳》（十九萬八千九百四十五字）、《周禮》全本（四萬九千五百一十六字），合共二十四萬八千四百六十一字。若用黃叔琳《周禮節訓本》（約二萬五千字），則合計不過二十二萬三千餘字，尚有餘力溫習。

乙、中國文學

《奏定中學堂章程》規定中學設置「中國文學」課，第一、二年讀文、作文，相間習楷書、行書；第三、四年同前學年，兼習小篆；第五年讀文、作文，兼講中國歷代文章名家大略。

同時公布的《學務綱要》說：「其中國文學一科，並宜隨時試課論說文字，及教以淺顯書信、記事、文法，以資官私實用。但取理明詞達而止，以能多引經史爲貴，不以雕琢藻麗爲工，篇幅亦不取繁冗。……中小學堂於中國文辭，止貴明通。」

二、民國成立時期

民國元年（公元1912年）十二月，教育部公布《中學校令施行規則》，其中規定：「國文首宜授以近世文，漸及於近古文，並文字源流、文法要略及文學史之大概，使作實用簡易之文，兼課習字。」

民國二年（公元1913年）三月十九日，教育部頒布《中學校課程標準》規定國文課的內容為：第一年講讀、作文、習字（楷書、行書）。第二年講讀、作文、文字源流；習字同前。第三年講讀、作文、文法要略；習字同前。第四年講讀、作文、文法要略、中國文學史、習字（行書、草書）。

民國三年（公元1914年）十二月，教育部頒布《整理教育方案草案》說：「各學校宜置國文於科學的基礎之上，格外注重，尤以適用為主。」「中國國文受八股策論之餘毒，蔓衍流傳，至今未息，其下者並求完篇句而不能；其弊常於今日之學生入學校肄業者見之……今凡擔任國文教授者，對於此著，首宜有自覺心，格外注重養成有條理之思想，並置國文於科學的基礎之上，不可釐而二之；庶各科知識既有收容，而國文之根本觀念，亦能明確措諸實用，方得因應咸宜之妙。」

三、新學制頒布時期

甲、初級中學

民國十二年（公元1923年），全國教育會聯合會復訂刊布《新學制課程標準綱要》，把國文課改稱為「國語課」。中學實行學分制，每學期上課一節為一學分。新學制《初級中學國語課程綱要》規定該課程內容包括：

(一)讀書：1.精讀選文（由教師檢定書本），詳細誦習、研究，大半在上課時直接討論。2.略讀整部的名著（由教師指定數種），參用筆記，求得其大意；大半由學生自修，一部分在上課時討論。

(二)作文：1.定期的作文。2.無定期的作文和筆記。3.定期的文法討論。4.定期的演說辯論。

(三)習字：1.楷書或行書的練習。2.名人書法賞鑒。

乙、高級中學

新學制《高級中學公共必修的國語課程綱要》規定該課程的內容包括：

(一)讀書：分精讀與略讀兩種，都用已經整理過的名著，由學生自己研究。略讀的書，但求瞭解欣賞書中大體；精讀的書，則須有詳細的瞭解，並應注重文學的技術，上課時，由教員與學生討論答問。精讀和略讀，每項暫定八種名著為最低之數。

(二)文法：注重語體文與古文文法的比較的研究。最好是用學生所習的外國文和本國文作文法的比較研究。修辭學不必獨立教學，可於讀書時隨時提出討論。

(三)作文：應注重內容的實質和文學的技術。精讀名著的報告或研究，可代作文。

四、國民政府時期

甲、初級中學

在民國十八年（公元1929年）頒布的《中學課程暫行標準》的基礎上，民國二十一年（公元1932年）制定《中學課程標準》，其中規定初級中學國文的教學內容如下：

(一)閱讀：

　　1.精讀。其教學要點如下：

　　(1)教員對於選文應抽繹其作法要項指示學生，使學生
　　　　領悟文字之體式與其作法。並將其內容及作者生平
　　　　概要敘述，使學生對於全篇有簡括之認識。重在引
　　　　起自學之動機，不必逐字逐句講解。

　　(2)令學生運用工具書籍，如字典、普通辭典、百科辭
　　　　典，人名、地名辭典等，並指導其使用方法。

　　(3)教員於講解前，應先令學生運用工具書籍，查考生
　　　　字、難句及關於人、地、時種種疑問。

　　(4)在選文中遇有初見或艱深之單字及術語應特別提出
　　　　講解。

　　(5)教員在講述後，應指導學生作分析綜合、比較之研
　　　　究，務使透徹瞭解。或提出問題，令學生課外自行
　　　　研究。

　　(6)指導學生於不妨礙他人工作之範圍內，用國音諷誦，
　　　　以養成欣賞文藝之興趣。

　　(7)應令學生將教員所指導之要點及其自習時研究之所
　　　　得，記錄於筆記簿上，以備參考。

　　(8)隨時考查成績，其方法如下：①複講；②問答；③
　　　　測驗；④默寫或背誦；⑤輪流報告及討論；⑥檢閱
　　　　筆記。

　　2.略讀。令學生按個別的興趣與能力，選讀書籍，除定
　　　期刊物外，每學期至少二種。其教學要點如下：

　　(1)設法引起學生讀書之動機，並指示各種閱讀之方法。

　　(2)就學生所讀書籍中，提出問題，令其作有系統之研

究。

(3)提出所讀書籍之參考資料。

(4)令學生在筆記簿上記錄教員所指導之閱讀方法、問
題解答及自習時所摘出之要點或問題討論，以備參
考。

(5)注意學生之閱讀速率與瞭解程度。

(6)應定期或臨時舉行考查成績。

(二)習作：文章作法與作文練習每隔一週，更換教學，其要
點如下：

1.文章作法：

(1)採用適當材料，預使學生自由研究，以便定期在課
室內講解討論。

(2)所舉範圍須與精讀文聯絡比較，使學生獲得充分的
練習與理解。

(3)就學生習作中摘出其文法上、體制上謬誤之實例，
令其改正。

(4)應注重語體文法與文言文法之比較及各種體制之異
同。

2.作文練習：

(1)教授作文方法，應時有變化，略舉數例如下：

①命題─由教員命題或由學生自擬教員擇定之。題
材須取有關於現實生活而偏重記敘描寫並與精讀
文之文體有切實關聯者。

②翻譯文言文為語體文，或翻譯古詩歌為語體散文。

③整理材料─由教員供給零碎材料，令學生作一有
系統之文字。

④變易文字之繁簡—示以簡約文字，令學生就原意演繹，或示以冗長文字令節簡之。

⑤寫生—分學生爲數組，由教員提示事物，實際描寫。

⑥筆記—教室聽講及課外讀書之筆記。

⑦記錄—如日記、遊記、演說及新聞等記錄。

⑧應用文件—書札、契據、章程、廣告，及普通公文程式之習作。

(2)每次練習，必須有個別或共同之批評，改正以前加各種符號，使自行修改。

3. 口語練習：口語練習，於課外行之。或由教師命題指定講說，或由學生自由發表意見，或組織辯論會命題辯論。演說或辯論後，應批評其國音上語法上及理論上之錯誤，予以糾正。

4. 書法練習：除於課內略爲說明用筆結體等外，應注重課外行楷之練習與臨摹，先求整潔，次及美觀。筆記與作文簿亦可作爲考查書法成績之資料。

民國二十五年（公元1936年）修訂中學課程標準，國文科的教學內容未作改動。民國二十九年（公元1940年）修訂中學課程標準，增加了「應用文」；應用文於第三學年酌劃時間講授，並須爲相當練習，以生活日用及簡單函牘爲主。民國三十七年（公元1948年）的《修訂初級中學國文課程標準》規定的教學內容爲：㈠閱讀與精讀；㈡作文練習；㈢演講（使用國語）。

乙、高級中學

民國二十一年（公元1932年）的《高級中學國文課程標準》規定的教學內容爲：

(一)閱讀

1.選文精讀：第一學年對於體制之講授，應注意其特徵及作法；第二學年對於各時代代表作品之講授，應注意其派別及流變；第三學年對於學術思想文之講授，應注意其時代背景及影響。

2.專書精讀：選定精讀之專書，共同的或個別的略講其在歷史上之地位，文學上之價值，作者時代背景，及個人作風等；並指示閱讀方法、分量、時間，及參考書，隨時養成學生運用工具書及參考材料之能力。

3.略讀方法：與專書精讀同。

4.考查方法：隨時考查學生讀書成績，如檢閱筆記，臨時測驗或令其輪流報告及討論等。

(二)作文練習：

1.命題作文：

(1)課室內作文養成學生作文敏捷之習慣與能力。

(2)課室外作文養成學生作文縝密之思想與盡量發揮之能力。

2.翻譯為訓練學生作文技術上之精確計，應注重翻譯。例如：譯文言文為語體文，語體文為文言文，古韻文為語體散文，外國短篇文為中國文言文或語體文等。

3.讀書筆記令學生將讀書心得或疑問等，寫成系統的或片段的筆記，以養成其勤勉審慎之習慣。

4.遊覽參觀之記載養成學生觀察、取材、判斷及描寫之能力。

5.專題研究提出研究題目，由學生搜集資料，試寫論文，應注意其思想之條理與材料之排列等。

6.應用文件，凡宣言、契據、章程、廣告，及其他公文、書札等，皆可令學生習作。

7.文學作品凡小說、詩歌、戲劇，皆可令學生試作。

㈢**辯論術**：應注重辯論之方式，論據之搜集，判斷之正確，敵論之反駁等，以養成學生明晰之頭腦。

民國二十五年（公元1936年）的《高級中學國文課程標準》，規定的教學內容為：

㈠選讀教材之原則應順文學史發展之次第，由古代以至近代，選取各時代中主要作家之代表作品，使學生對於文學之源流及其發展得一有系統之概念。

㈡各體文字仍分為：1.記敘文（包括描寫文）；2.說明文；3.抒情文（包括韻文）；4.議論文；5.小說、詩歌及戲劇；6.應用文；7.文章法則。

㈢乙組之精讀三小時宜講授文學史大綱。

㈣文章法則（包括文法、修辭學、各體文章作法等項），均於略讀時間講授之。

民國二十九年（公元1940年）的《修正高級中學國文課程標準》，規定的教學內容為：

㈠選文精讀：各學年均以文言文為主（第一學年約為七與三，第二學年約為八與二之比例，第三學年全授文言文）。

㈡第一學年以記敘文為中心，第二學年以說明文為中心，第三學年以議論文為中心。現在把各學年各種文體的百分比列表於下：

百分比　文體 學年	記敘文	說明文	抒情文	議論文
一	60％	15％	10％	15％
二	10％	60％	10％	20％
三	20％	20％	20％	40％

㈢文章法則的規定和民國二十五年（公元1936年）相同。

㈣第二、三學年乙組加習之精讀二小時，注重各時代文學作品及國學常識等。

民國三十七年（公元1948年）的《修訂高級中學國文課程標準》規定的教學內容為：㈠閱讀與精讀；㈡作文練習；㈢文法；㈣辯論。

五、現階段

甲、國民中學

㈠範文教學（含語文常識）

1.教材編選之要領：

(1)承接國民小學國語教材編選原則，切合學生身心發展及學習能力。

(2)範文之選材，必須具有語文訓練、精神陶冶及文藝欣賞之價值。

(3)編選範文時，應將三學年六學期所選用之教材，作通盤計畫，按文體比例、文字深淺、內容性質，以單元方式作有系統之編排。

(4)每課範文後，必須有作者介紹、題解（包括文體、

主旨、文章結構）、注釋、問題與討論等項。

⑸插圖宜配合範文旨趣，畫面生動活潑，富啓發性。

⑹選文應注重下列各點：

　　①思想純正，足以啓迪人生眞義，培養國民道德者。

　　②旨趣明確，足以喚起民族意識，配合國家政策者。

　　③理論精闢，足以啓發思想，明辨事理者。

　　④情意眞切，足以陶冶性靈，激勵志氣者。

　　⑤內容合乎生活化、現代化、實用化，足以引起閱
　　　讀興趣者。

　　⑥層次明顯，便於分析者。

　　⑦文字淺近，語調流暢者。

　　⑧韻味雋永，詞句優美者。

　　⑨篇幅適度，便於熟讀深思者。

語文常識，包括語法、修辭法、文章作法、應用文作法、文字基本構造、書法、工具書使用法、標點符號使用法及演說辯論法等。舉凡範文內所具有之材料，應盡量剖析運用，並酌加補充。

課外閱讀之選材，除應符合範文選材之原則外，尤其要注意其可讀性、普遍性，藉以提高學生閱讀興趣。

2.國中國文「範文教學」各學期內容分配表：

文別 ＼ 篇數 學年		第一學年			第二學年			第三學年		
		上學期	下學期	比例	上學期	下學期	比例	上學期	下學期	比例
記敘文	語體文	五篇	四篇	45％	四篇	三篇	35％	二篇	二篇	30％
	文言文	一篇	二篇		二篇	二篇		二篇	二篇	
論說文	語體文	三篇	三篇	25％	三篇	二篇	30％	三篇	二篇	35％
	文言文	一篇	一篇		一篇	二篇		三篇	三篇	
抒情文	語體文	三篇	二篇	25％	二篇	二篇	25％	一篇	二篇	25％
	文言文	一篇	二篇		一篇	二篇		二篇	二篇	
應用文		一篇	一篇	5％	二篇	二篇	10％	二篇	一篇	10％
每學期篇數合計		十五篇	十四篇		十五篇	十四篇		十五篇	十三篇	
每學期語體文分配之比例		80％	70％		70％	60％		50％	40％	
每學期文言文分配之比例		20％	30％		30％	40％		50％	60％	

3.國中國文「語文常識」各學期內容分配表：

項目 ＼ 學年	第一學		第二學		第三學	
	上學期	下學期	上學期	下學期	上學期	下學期
應用文作法（書信、柬帖）	◎					
文字基本構造		◎				
書法		◎				
工具書使用法			◎			
標點符號使用法			◎			
語法				◎		
修辭法					◎	
演說辯論法						◎
備註	文章作法，在每課題解中分別說明，不另單獨成篇。					

4.教學方法

　(1)範文教學，宜指導學生作課前預習，並蒐集相關資料。

　(2)教學時，可指導學生試讀、試講、討論、訂正、補充及整理，以培養其自學能力。

　(3)對於課文之精義及生字、新詞、典故、語法等，均須明白解釋。

　(4)對於閱讀及寫作方法（如審題、立意、用詞、布局等）應詳加指導，範文中如有語文知識，應隨機提示。

　(5)文言文之詞語使用、句法結構，其有異於語體文之處，應舉出語體文比照說明。

　(6)語文常識，應以略讀方式提示篇中要點，指導學生練習應用。

5.教學評量

　A.共同原則：

　(1)國文教學評量，須以本科教學目標為原則。

　(2)教學評量，須根據單元目標、教學內容，及其教材性質訂定之。

　(3)評量內容：記憶、理解、分析、綜合、應用等方面，應力求其完整性。

　(4)評量方式：採用口試、筆試、觀察、量表、作品評量等方式。

　B.範文教學評量：

　(1)方式：①日常考查　　②定期考查。

　(2)內容：就下列各項分別考查

①詞語方面：詞語之意義、生字、難詞之辨析。

②義旨方面：全文主旨、各段要旨，及文中精義。

③章法方面：寫作技巧及課文之分析。

④朗讀方面：讀音之正確及課文情意之表達。

⑤語言方面：從研討問題及生字、難詞、講述全文大意、發表學習心得或感想中考查，並就國語發音、內容條理、語句組織、言語表情以及說話之態度等詳加考核。

　㈡作文教學：

　　1.國中國文「作文教學」每學期各體篇數分配表：

文體 ＼ 篇數學年	第 一 學 年		第 二 學 年		第 三 學 年	
	上學期	下學期	上學期	下學期	上學期	下學期
記 敘 文	二 篇	二 篇	二 篇	二 篇	二 篇	一 篇
抒 情 文	二 篇	二 篇	二 篇	二 篇	二 篇	一 篇
論 說 文	二 篇	二 篇	三 篇	二 篇	三 篇	三 篇
應 用 文	二 篇（書信）	一 篇（書信）	一 篇（申請書）	一 篇（報告）	一 篇（便條）	一 篇（啟事）
習 作 篇 數	八 篇	七 篇	八 篇	七 篇	八 篇	六 篇
批 改 篇 數	七 篇	六 篇	七 篇	六 篇	七 篇	五 篇
共同訂正篇數	一 篇	一 篇	一 篇	一 篇	一 篇	一 篇
備 註	共同訂正之一篇，以「應用文」為宜。					

　　2.教學方法：

　　　⑴作文習作，得以毛筆或硬筆書寫，批改時亦同。

　　　⑵作文命題，應顧及學生之理解能力及表達能力，配

合學生生活經驗、節序或與範文相聯繫。

(3)作文命題後，教師可視情形酌予提示思考方向及寫作要點，或以短時間之討論，以啓發學生之思路，提高寫作興趣。

(4)各種文體之作法，除與範文教學配合外，應作有系統之指導。

(5)教師批改作文，應注意其體裁、題旨、理路、結構、造句、遣詞，以及字體、標點符號之使用等。遇有普遍之錯誤，應於發還時共同訂正。如有不同程度之學生，應作不同之批改。

(6)學生作文，教師應盡速批改發還，每篇應有總評或眉批。如有錯別字應令學生更正後重寫數遍，以加深其印象。

(7)每學年應舉行全校作文展覽一次，以培養學生寫作興趣，增加觀摩切磋之機會。

(8)寒暑假期間，宜鼓勵學生練習課外習作，成績優良者予以獎勵表揚。

3.教學評量：

(1)方式：教師就下列考查項目，評定成績，並酌予個別訂正。

(2)內容：考查下列各項能力

　①內容方面：取材切題，內容充實。

　②結構方面：層次分明，文理通順。

　③修辭方面：措辭恰當，用語生動。

　④文法方面：語法正確，含義明白。

　⑤書寫方面：字體端正，筆畫無誤。

　　⑥標點方面：標點符號使用恰當。

㈢**語言訓練：**

　1.國中國文「語言訓練」各學年項目分配表：

項　　目　　＼　　學年	第一學年	第二學年	第三學年
配合範文內容的討論	◎	◎	◎
課文預習及心得報告	◎	◎	
名人故事講述	◎	◎	◎
時事報告或評析	◎	◎	◎
演說技巧訓練	◎	◎	
三分鐘演講練習		◎	
五分鐘演講練習			◎
辯論規則講解及技巧訓練		◎	◎
辯論練習		◎	◎
備　　註	一語言訓練採隨堂實施方式，不單獨排定時間，教師可隨機實施教學。 二語言訓練要注意措辭、儀態及禮貌，養成良好的風度。		

　2.教學方法：

　　⑴在教學中之問答、討論、敘述及講讀，均為語言訓
　　　練之良機，教師應隨時指正其錯誤。

　　⑵教師可於授課時間內，酌情利用時間，指導學生輪
　　　流作演講、辯論、對話、重述、報告等練習，就其

內容思想、措辭、儀態諸項加以指導。並可利用視聽教具以增加效果。

㈣**課外閱讀：**

1.國中國文「課外閱讀」各學年項目分配表：

項　目　＼　學　年	第一學年	第二學年	第三學年
短篇小說、散文	◎	◎	
小說名著		◎	◎
歷史故事		◎	
青少年讀物	◎	◎	◎
名人傳記	◎	◎	
古今名人書札	◎	◎	
社會學科或自然學科之論著		◎	◎
詩詞作品	◎	◎	◎
備　註	一、課外閱讀每學期以一至二本為原則，利用不作文之週次實施指導。 二、教師得視學生程度，推薦優良讀物供學生選讀。		

2.教學方法：

⑴鼓勵學生閱讀有益之報章雜誌，及各種課外讀物，如短篇故事、散文、傳說、短劇、詩歌等，以增廣見聞。

⑵課外讀物，應選與範文有關且適合學生程度者，每學期以一至二本為原則。

⑶課外閱讀應兼採定時指導與隨機指導兩種方式。

⑷課外閱讀可酌情令學生報告或撰寫閱讀心得，以加深印象。

3.教學評量：

(1)方法：

①於各段定期考查中，附閱讀能力測驗題。

②考查課外閱讀報告。

(2)內容：

①閱讀能力測驗之項目：

a.全文主旨　b.內容事理　c.詞句意義

d.文章作法　e.句讀辨別。

②閱讀報告考查之項目：

a.全文主旨　b.取材手法　c.結構技巧

d.修辭技巧　e.詞句應用　f.讀後感。

㈤**書法教學：**

1.國中國文「書法教學」各學年項目分配表：

項目　　　　　學年	第一學年	第二學年	第三學年
大楷及小楷的習寫、臨摩	◎	◎	◎
常見行書的認識及習寫	◎	◎	
欣賞碑帖	◎	◎	◎
說　　明	㈠繼續小學書法教學，指導學生學習毛筆及硬筆之使用與習寫。㈡書法教學，利用不作文之週次實施。㈢每週必須規定作業，由學生於課外時間習作。作業量由各校國文科教學研究會研商決定。學生之習作經由教師批改後，擇優給予獎勵及展示。㈣第三學年第二學期書法教學彈性實施。		

2.教學方法：

(1)書法以正楷為主，行書為輔，利用不作文之週次實施教學，並指導學生利用課餘時間練習。

(2)文具之使用，執筆運腕之方法，書寫之姿勢，應予指導。學生在作文或記筆記時，如書寫方法或姿勢有誤，應隨時矯正。

(3)教師應視學生用筆習性，選定適當範帖，指導其臨摹。

(4)利用板書或適當機會，指導學生認識、習寫常用行書。

(5)書法練習，每週繳閱一次。

(6)教師可利用書法教學時間，指導學生欣賞碑帖。

3.教學評量：

(1)方法：注重平時考查，評定成績。

(2)內容：考查下列各項能力

　①用筆方面：

　　a.執筆運筆方法得當　b.寫字姿勢正確　c.用墨勻稱　d.善於保管文具。

　②字體方面：

　　a.間架得當　b.形體端正　c.筆順正確。

乙、高級中學

（一）範文教學

　1.教材編選之要領：

　(1)承接國民中學國文科教材編選原則，切合學生身心發展及學習能力。（註七）

　(2)範文之選材，必須具有語文訓練、精神陶冶及文藝

註七　國文教學除本科外，另設「文法與修辭」、「國學概要」、「應用文」、「書法」等選修科目。

欣賞之價值。

(3)編選範文時，應將三學年六學期所用之教材，作通盤計劃，按文體比例、文字深淺、內容性質，作有系統之編排。

(4)每課範文宜附有題解、作者、注釋、賞析、問題討論等項。

(5)選文應注意下列各點：

①思想純正，足以啓導人生意義，培養國民道德者。

②旨趣明確，足以喚起民族意識，配合國家政策者。

③立義深邃，足以體認中華文化，建立民族自信者。

④內容切時，足以培養民主風度及科學精神者。

⑤情味濃厚，足以培養欣賞文學作品之興趣者。

⑥理論精闢，情意眞摯，足以啓發思路、激勵志氣者。

⑦文字雅潔，篇幅適度，足以陶練辭令，便於熟讀深思者。

⑧層次分明，合於理則；文詞流暢，宜於朗誦者。

(6)中國文化基本教材之內容，選編自《論語》、《孟子》、《大學》、《中庸》，力求能深切反映中華文化之精髓，或具有時代意義者；《學》《庸》部分應避免過於抽象、不適合高中講授者。所選各章必須附有注釋、章旨。

(7)課外讀物之選材，宜著重文字難易適中、內容豐富賅博、思想敏銳持平、文學技巧精妙，能由學生自行閱讀吸收，足以補充國文範文教學者。

2.高中國文「範文教學」各學期內容分配表：

篇數　　學年　文別		第　一　學　年			第　二　學　年			第　三　學　年		
		上學期	下學期	比例	上學期	下學期	比例	上學期	下學期	比例
記敘文	語體文	二篇	二篇	30%	二篇	二篇	30%	一篇	一篇	25%
	文言文	唐宋文二篇	唐宋文二篇		唐宋明清文二篇	唐宋明清文二篇		先秦兩漢六朝文二篇	先秦兩漢六朝文二篇	
論說文	語體文	二篇	二篇	40%	一篇	一篇	40%	一篇	一篇	50%
	文言文	唐宋文四篇	唐宋文三篇		唐宋明清文五篇	唐宋明清文四篇		先秦兩漢六朝文五篇	先秦兩漢六朝文四篇	
抒情文	語體文	二篇	二篇	30%	二篇	二篇	30%	一篇	一篇	25%
	文言文	唐宋文二篇	唐宋文二篇		唐宋明清文二篇	唐宋明清文二篇		先秦兩漢六朝文二篇	先秦兩漢六朝文二篇	
韻　文		古詩選一篇	樂府選一篇		唐詩選一篇	宋詩選一篇		詞選一篇	曲選一篇	
每學期篇數合計		十五篇	十四篇		十五篇	十四篇		十三篇	十二篇	
每學年語體文分配之比例		45%			35%			25%		
每學年文言文分配之比例		55%			65%			75%		

3.教學方法：

　(1)範文講讀，宜先指導學生課前預習，明瞭課文大意。

　　講讀時，可酌令學生試讀、試講，再予補正補充。

　(2)各課範文應要求學生熟讀深思，精練雋永之文言文

　　宜要求學生背誦。講讀時並須注意下列各點：

　　①文章體裁及作法。

　　②生字之形、音、義，詞彙之組合，及成語典故之

　　　出處、意義。

　　③文法及修辭。

④全篇主旨、內容精義及段落大意（包括全篇脈絡及結構）。

⑤文學作品之流派、風格及其價值。

⑥有關語體文與文言文之文法異同，必要時可於課前製作比較表，指導學生徹底瞭解應用。

⑦每課講授，宜作課文分析，必要時可繪成課文分析表，指示學生全文之段落作用及前後之相互照應，以培養學生欣賞、寫作之能力。

⑧前項之文法比較表及課文分析表，簡易者亦可指導學生繪製（分析表之繪圖，可參考部頒高中國文科設備標準）。圖表製作優良者，並可列為教具設備之一部分。

⑨教學時並應利用視聽器材，提供學生欣賞，藉以增進其對課文之瞭解。

4.教學評量：

A.共同原則：

(1)國文成績之評量，包括日常考查、平時練習、定期考試等方式，考查學生在範文學習、作文練習、課外閱讀，及書法練習等各方面學習進展之情況。

(2)國文科教學評量須以本科教學目標為原則。

(3)教學評量，須根據各課教學目標、教學內容，及其教材性質訂定之。

(4)評量內容包括記憶、理解、分析、綜合、應用、鑑賞等方面，應力求其完整性。

(5)評量方法：採用口試、筆試、觀察、作品評量等方式。

B.範文教學評量：

⑴方式：①日常考查、②定期考查。

⑵內容：

　　①詞語方面──生字、難詞之辨析，古今字詞義之
　　演變。

　　②旨義方面──文章立義、各段要旨之領會。

　　③章法方面──課文結構及段落呼應之分析。

　　④文法修辭方面──重要文句之文法結構，重要修
　　辭技巧之把握。

　　⑤應用方面──從討論問題中考察語言表達能力、
　　組織能力、對範文之認識程度、在人生修為中之
　　參考價值等項。

㈡中國文化基本教材：

　1.高中國文「中國文化基本教材」各學期教材分配表：

學　年	第　一　學　年		第　二　學　年		第　三　學　年	
	上　學　期	下　學　期	上　學　期	下　學　期	上　學　期	下　學　期
教　材	論語選讀	論語選讀	論語選讀	孟子選讀	孟子選讀	學庸選讀

　2.教學方法：中國文化基本教材以闡明義理、躬行實踐
為主。講讀時宜配合日常生活，盡量發揮義蘊，使學生
透徹領悟，並於動靜語默之間，陶鎔高尚情操、培養健
全人格。

㈢課外閱讀

　1.高中國文「課外閱讀」各學年項目分配表：

項目 ＼ 學年	第一學年	第二學年	第三學年
現代名家詩選		◎	◎
現代名家散文選	◎	◎	
現代名家小說選	◎	◎	◎
古典詩歌	◎	◎	◎
古典小說	◎	◎	◎
本國名人傳記	◎	◎	
外國名人傳記		◎	◎
名人書牘札記	◎		
勵志作品		◎	◎
社論、時事評論			◎
學術思想性論著			◎
社會學科或自然學科論著		◎	◎
說明	1.註明◎者，表示可視教學需要優先選擇。 2.一、二年級課外閱讀每學期以一至二本為原則，三年級以每學期一本為原則，得視實際情況酌量增加。 3.每學期課外閱讀學生交讀書報告一份，列入每學期規定作文篇數中計算。其文體可視課外閱讀之種類，歸入記敘文、論說文、抒情文或應用文中統計。除一年級上學期外，讀書報告之指導、討論，可利用非作文課之時段施行。		

　　2.教學方法：

　　(1)教師宜指導學生盡量利用課外時間閱讀課外讀物，其閱讀指導要點如下：

　　①先看敘文（或卷頭語）、凡例（或編輯大意）、目錄。

　　②依次概覽全書（分段落或章節）。

　　③查考生字、生詞。

　　④複閱並深究內容（包括全篇結構及其精義）。

⑤閱讀報告，每學期一篇，亦可在假期中習作。

　(2)課外讀物，由教師統一指定全班學生閱讀同一書籍，或分組交換閱讀不同書籍，以便相互研討。

3.教學評量：

　(1)方式：考查課外閱讀報告。

　(2)內容：

　　①報告之格式及作法。

　　②對課外閱讀教材之掌握。

　　③對課外閱讀教材之重點摘要介紹。

　　④對課外閱讀教材內容之分析評論。

　　⑤對課外閱讀教材之閱讀心得感想。

　　⑥報告本文之結構。

　　⑦報告本文之修辭。

(四)作文教學

　1.高中國文「作文教學」每學期各體篇數分配表：

文體 ＼ 篇數／學年	第一學年		第二學年		第三學年	
	上學期	下學期	上學期	下學期	上學期	下學期
記敘文	二篇	二篇	二篇	二篇	二篇	一篇
論說文	三篇	二篇	三篇	三篇	四篇	三篇
抒情文	二篇	二篇	二篇	二篇	二篇	一篇
應用文	讀書報告一篇	便條請柬名片一篇	書信一篇			
習作篇數	八篇	七篇	八篇	七篇	八篇	五篇
批改篇數	六篇	五篇	六篇	五篇	六篇	三篇
共同訂正篇數	二篇	二篇	二篇	二篇	二篇	二篇

　　2.教學方法：

　　　⑴作文練習，由教師命題，間可指導學生自由命題。

　　　⑵學生作文，教師應有計劃指導各種文體之寫作，及審題、立意、運材、布局、措辭等方法技巧。

　　　⑶作文題目務求適合學生理解及寫作能力，並配合生活環境，與課文密切聯繫。

　　　⑷教師批改學生作文，應注意內容題旨之切合、章法結構之謹嚴、文法修辭之適當，以及標點符號之運用，錯別字之訂正等。遇有全班共同之錯誤，應於適當時間作綜合之指導訂正。

　　　⑸學生作文簿可備兩本，輪流使用。每次作文，教師宜於二週內批改發還，俾學生得反覆玩索，細心領會，以求進步。如有優良作品，並可公布傳閱。

　　3.教學評量：

　　　⑴方式：於平時就下列項目考查評量，並酌予個別指導訂正。

　　　⑵內容：

　　　　①文字方面——書體端整，無錯別字。

　　　　②標點方面——標點符號使用適切。

　　　　③文法方面——文法正確，合乎準則。

　　　　④修辭方面——措辭恰當，靈活生動。

　　　　⑤內容方面——立義精當，取材切題，情景交融，事理兼顧。

　　　　⑥結構方面——結構完整，段落分明，層次有序，前後呼應。

　　　　⑦篇幅方面——長短適中，無冗贅拖沓之累，亦無

殘缺脫漏之病。

㈤書法教學

1.高中國文「書法教學」每學期項目篇數分配表：

篇　　學 　　數　年 文體	第　一　學　年		第　二　學　年		第　三　學　年	
	上學期	下學期	上學期	下學期	上 學 期	下 學 期
大　　楷	八　篇	七　篇	八　篇	七　篇	自由練習	自由練習
小　　楷	八　篇	七　篇	八　篇	七　篇	自由練習	自由練習
說 明	1.大楷每篇28字（每格約 8 公分見方），小楷每篇96字（每格約3公分見方），利用課外寫作、指導。 2.各家碑帖不拘，可由學生就個性所近自行選擇，唯必須用心練習，認真書寫。					

2.教學方法：

(1)學生練習書法，應用毛筆臨摹碑帖，字體以楷書、行書為主。楷書務求用筆端正，結構完整；行書則求其筆勢貫串，神氣完足。第一、二學年每週交習作一篇，大、小楷隔週輪流練習，一週交大楷28字（每格約8公分見方），次週交小楷96字（每格約3公分見方）。第三學年自由練習。學生有興趣者可鼓勵多加練習。

(2)書法練習紙宜採單張、質地良好、適合書寫者。

3.教學評量：

(1)方法：注重平時考查，評定成績，並酌加指導。

(2)內容：

①字跡端正。　②點畫遒勁。　③間架穩妥。

④筆勢自然。 ⑤墨色勻稱。 ⑥神氣完足。

第五章　我國近現代中學國文教科書的發展

第一節　概　說

一、教科書釋義

　　課程標準（大陸稱爲「教學計畫」或「教學大綱」）明確規定各學科的教學目標、課時分配及教學內容等；教學內容的具體化，我們稱之爲「教材」。狹義的教材，是專指教科書，而廣義的教材則不限於教科書，舉凡教師教學參考用書、講義、學生學習手冊、掛圖、模型、年表、音像視聽媒體、電腦教學軟體等都是；在諸多的教材之中，又以教科書最爲主要。

　　教科書是根據課程標準（教學計畫或教學大綱）的要求，按照年級的層次，專門爲教師教學、學生上課學習和課後復習而編的書，是教學活動中所採用的主要教材，有特定的範圍，有組織的編排，可以使學生得到對某一學科的基本知識和共同概念。（註一）

二、我國「教科書」一詞的起源

　　我國古代的學校教育，對於在學年限、年級、年齡和程度，

註一　以上論述參考呂達著，《課程史論》，頁9，及朱紹禹主編，《中學語文教材觀》，頁9。

沒有嚴格的規定，也沒有建立起相互銜接的課程制度，而且課程的設置還沒有完全科學的分科，所以就沒有具備教科書意義的語文教材。專供兒童集中識字用的《三字經》、《百家姓》、《千字文》、《千家詩》及各類《雜字》；掌故性、故事性很強的《兔園冊》、《幼學瓊林》、《龍文鞭影》；進行語言文字方面「小學」教育的《字體蒙求》、《文字蒙求》；古文選本中的《古文關鍵》、《文章軌範》、《東萊博議》、《古文觀止》，以及《四書》、《五經》等，都是清末新式學制建立以前各學塾採用的語文讀物。這些讀物在我國歷史上相當長的時間內，曾對當時的倫理思想教育、知識教育和語文教育，發揮了一定的作用；但這些讀物內容上背離現實性，編排上欠缺科學性，都不能算是合乎教學規律的語文教科書。（註二）

公元1877年（光緒三年）5月10日至24日，第一屆在華基督教傳教士大會在上海召開，爲了推進教會學校的發展，會上由狄考文、林樂知等人發起成立基督教學校教科書編纂委員會（亦稱「益智書會」）；曾先後編輯算學、泰西歷史、地理、宗教、倫理等教科書，如《教會三字經》、《耶穌事略五字經》、《福音識字課本》、《舊約識字課本》等，除供教會學校使用外，也贈送各地傳教區私塾使用；到公元1890年（光緒十六年）共自行編輯教科書書50種，審定合乎學校用書48種。我國「教科書」之名即從此開始。

第二節　清末小學語文教科書舉例

註二　李杏保、顧黃初著，《中國現代語文教育史》，頁38。

　　我國近代教科書的編纂，最早是從民間學校與書局自編的小學語文教科書發展起來的，所以在探討中學語文教科書之前，我們追本溯源，需要先瞭解清末小學語文教科書的情況；本節擬以南洋公學的《蒙學課本》、上海三等公學堂的《字義教科書》、無錫三等公學堂的《蒙學讀本》、上海澄衷學堂的《字課圖說》、商務印書館的《最新國文教科書》等五書為例，來介紹清末小學的語文教科書。（註三）

一、南洋公學的《蒙學課本》

　　光緒二十三年（公元1897年），南洋公學在上海成立。師範生陳懋治、杜嗣程、沈慶鴻等自編的《蒙學課本》三編，可視為我國第一本自編的教科書。此書以常識為內容，以語文為形式，仍延續過去教育沒有嚴格分科的傳統；行文雖為文言體，但文字已較為通俗，很注意語言文字的一般教學規律，是我國語文教科書的雛型。

　　《蒙學課本》分初編、二編、三編，共三冊。初編為入門之書，主要目的在於識字；傳統字書，以單字為務，字與字之間並無意義上的聯繫；《蒙學課本》初編則以「兩名相聯」為原則，由聯字而綴句而成文，使童子能以貫串之理而加深理解。它既將具有並列意義的兩字，如天和地、日和月相連組詞；也將原無並列意義的兩字，如人和身、牛和毛相連組詞，繼而擴展為三字、四字，乃至九字、十字的相連，逐漸接句而成文。為提高學童識字效益，編纂者在編寫過程中堅持兩條原則：第一，專取平常見

註三　本節的論述，取材於王建軍著，《中國近代教科書發展研究》，頁
　　　92—112。

聞的事物，演以通俗文字，使童子能由已知達於未知，通過文字學習達到擴充知識的目的，因而採用文字以通用爲原則，做到雅俗兼採，過雅過俗，都不適用；第二，聯字成句，以語言習慣爲依據，凡倒裝句法，及文中所有語中所無之字，概不採用，對一字多義者，只隨正文解其本義，不必多引他義，以免迷罔難記。

　　二編課文以片段爲主，全書凡130課，其中故事60課，物名實字30課，淺說瑣記30課，通用便函10課。所選內容，「皆家人瑣屑之談，几席凡近之語」，以貼近社會生活，便於兒童理解。爲加強教育效果，編纂者借鑑泰西教育以德育、智育、體育爲三大綱的做法，所編故事屬德育者30課，屬智育者15課，屬體育者15課；至於德育內容，對傳統教材所宣揚的二十四孝之類，編纂者認爲「牛涉迂誕，尤不足以爲教，故概不登錄」，而是「大半譯自西書，略加點竄」。對實字課文和淺說瑣記課的內容，編纂者堅持通俗常見的原則，既爲多識之助，亦備學文之式，使學童達到遇物能書的目的，而非以談物理、詳古訓爲目的。全書體例，採用錯綜式，即每故事兩課，便間以雜字一課，淺說瑣記一課。最後50課，則在每日課後再加便函一課，以引起兒童興趣，令其不生厭倦之情。每課體例，則先列生字，再列正文；每課之末設思考題，或問本課大意，或問餘義。

　　三編體例大致與二編相同，全書共130課，包括入塾勸勉語及通用書信等內容。

　　從整體上看，《蒙學課本》與《三字經》、《百家姓》、《千字文》等傳統蒙學教材有很大的不同，它改變了傳統教材「不二字」的弊端，採用了符合口語習慣的雙音聯詞；它改變了傳統教材「文字語言離爲二物」的弊端，而主張「文語同次」，實際上已意識到語體文的重要了；它改變了傳統教材內容「或高遠難

行，或簡淡乏味」的弊端，從形式和內容上都盡量符合兒童心理，接近日常生活，以求實用；它吸取了西方教育的某些長處，編寫仿英、美教科書體例，選材亦多譯自英文讀本，已經體現出時代特色。然而整套課本不按學制編纂，也沒有插圖和教學參考用書輔助，其粗糙與缺陷則是很明

二、上海三等學堂的《字義教科書》

　　光緒二十二年（公元1896年），鍾天緯借上海經正書院舊址，創辦三等公學。鍾天緯辦學，力倡新法教授；他深感我國宿儒的教法，艱深枯燥，事倍功半，因而致力於探索一條由淺入深的識字途徑，因此編寫《字義教科書》。

　　《字義教科書》又稱《蒙養鏡》，全套課本分十二冊，列字義、歌謠、喻言、故事、智慧、格言、女鑑、經餘、格致、史略、文粹、詞章十二個專題。本書以字義為篇首，採取集中識字的方法，力圖「將初學蒙養之功，十年縮作二三年。」《字義教科書》按字的語法意義分類，分為實字、形容字、稱謂字、動作字、發語字、幫助字、接連字、語助字、呼聲字九類，類似一本字義語法書；而對每個字，則用白話文解釋詞義，並進行組詞，以幫助學童加深理解，又類似今天的字典。這樣的編寫法，較之傳統字書，更適合初學兒童的身心特點，貼近兒童的語言習慣；在這個基礎上，隨講隨讀，兼溫字義，使兒童感受到讀書的快樂而不覺其苦。這是我國近代第一部用語體文編寫教科書的讀本。

三、無錫三等公學堂的《蒙學讀本》

　　光緒二十四年（公元1898年），吳眺、俞復、丁寶書、杜嗣程等創辦無錫三等公學堂，他們每天自編一課，隨編隨教，五年

共自編《蒙學讀本》七編，每編50至80篇課文不等。這套教科書的編者根據兒童的心理特點，內容按由淺而深的原則編排，兼具思想性與知識性，且附有圖畫；雖然沒有擺脫語文、常識混然編制的傳統規矩，但以專門的語文內容來分編成書，卻是孕育語文教科書的一項新舉措。

本書前三編，主要以小學低年級兒童為對象，以兒童「遊戲習慣之事」，如擊球、捕蟬、釣魚這一類兒童易於接觸聞見的事理為題材，並多用講故事的形式和附有圖畫，借以引發兒童讀書的興趣。其間亦旁及地理、歷史、物理等方面的知識，以擴充兒童的知識量。在編寫手法上，還注意吸取傳統蒙學教材的某些手法，採用整齊、押韻的詩歌形式。

第四編專重德育，全編以《論語‧弟子》為綱目，採用故事形式，將中國歷史上的修身故事，並譯有東西前哲懿行，組成文章；每課還示以「指歸」，闡明「良知良能」的普遍意義。

第五編專重智育，主要是採用古代諸子中的寓言故事，每課設有答問，剖理精晰，以訓練兒童的思維能力。

第六編是記敘文，內容多半是新撰的，有一二十篇選自《資治通鑑》，如赤壁之戰、淝水之戰等。在編排上，前半部分課文重修辭，以奧衍富麗之文，寫遊戲習慣之事，為兒童讀《史》、《漢》巨篇之引。後半部課文重達理，即以遊戲習慣之事命題，演為議論之文，是學習作論斷文的引導。

第七編是議論文，內容也多半是新撰的，所選之文則採用《史》、《漢》、《通鑑》最有興會之文，暨《左》、《國》、周秦諸子雋美之篇，以及唐、宋迄近代名家論說。

由於這套教科書來自教學實際，所以其質量遠勝於南洋公學的《蒙學課本》。它的內容廣泛，形式新穎活潑，並附有類似教

學參考書的《文法書》，所以在當時受到教育界的普遍歡迎；光緒二十八年（公元1902年），經京師大學堂管學大臣審定，由文瀾書局石印，定為「尋常小學堂生徒用教科書」。同年，俞復等人創辦文明書局，重印此書，三、四年間，已印十餘版，成為清末新學制頒布時最為盛行的小學教科書。

四、上海澄衷學堂的《字課圖說》

《字課圖說》的編者，為上海澄衷學堂的教員劉樹屏。他深感傳統教育違背教學規律，認為傳統教材「其施也悖，其求也佛。不責以日用行習之常，而反語以性與天道高遠難行之旨，不循循焉師尼山善誘之術，而性束縛以立之威。」因此，他注意結合兒童心理特點，於光緒二十七年（公元1901年）編成《字課圖說》一書，以助兒童識字教育。

《字課圖說》專為小學堂訓蒙而作，共選淺近字3000餘，皆世俗所通行。但對近代出現的化學元素字，如鋅、錳、鉑、鉀之類，則由於其「屢見譯本化學書，不能省也」，所以也收錄其中。全書編排按詞性分類，共分名、代、動、靜、狀、介、連、助等類。每類中又把意義相關的字編在一起，按天文、地理、人事、物性之屬性分別編排。

識字之序，按淺深分為二級；先淺後深。淺者定為初級，計選一千數百字；深者定為次級。每字以說為主，兼有插圖，或摹我國舊圖，或據譯本西圖。每字先注音，後釋義。釋義又分為「簡說」和「詳說」兩種：「簡說」為為10歲以下兒童而設，釋音直接注音某，釋義務以一語剖析之；「詳說」為11歲以上學生而設，釋音注切音，釋義則先釋本義，次釋引申義、假借義。

《字課圖說》最大的特點，乃在於借解說與插圖幫助兒童識

字。它從讀音到字義，一一兼顧，並照顧了不同年齡的兒童之需要，這無疑對識字教學是有利的。其缺點是分類未盡妥善，注解也多有不妥之處。

此書於光緒二十七年（公元1901年）由上海鴻寶書局出版，線裝十六開本，八冊，共四卷。光緒三十三年（公元1907年）第四次重印時縮印為三十二開本。

五、商務印書館的《最新國文教科書》

清末的自編教科書發展到一個新階段，應數商務印書館所編的《最新國文教科書》最具代表性了。

張元濟、高夢旦、蔣維喬、莊俞等人為編好這套教科書，他們首先著手研究了當時已出版的各種教科書的優缺點，而整理出下列幾項編寫原則：

第一，第一冊教科書所採用之字，限定筆畫。規定五課之前，限定6畫；十課之前，限定9畫，以後漸加至15畫為止。

第二，教科書採用之字，限於通常日用者，不取生僻字。

第三，第一冊中五課以前之生字，每課不得超過10字。全冊中每課生字，必須在以後各課中再出現兩次以上。

第四，規定各冊字數，第一冊每課從8字至40字，第二冊每課從40字至60字，三冊以後，不為嚴格限制，聽行文之便，若文長，則分為二課。

第五，所選材料應廣泛，不偏於一隅。各冊60課中，約計理科、歷史各占15課，地理9課，修身、實業各7課，家事、衛生、政治、雜事共7課。各課排列，將各種材料彼此交互錯綜，前後聯絡。

第六，各課皆附精美之圖畫，圖畫布置須生動而不呆板，處

處與文字融洽，且文字與圖畫皆在全幅之內，不牽涉後頁。

　　第七，每出一冊，皆按三段教授法次序加入練習、問答、聯字、造句等內容，并另外編輯教授法，供教員使用。

　　正由於這種嚴謹與科學的精神，在編者們集思廣益的努力下，使《最新國文教科書》的效果不同凡響；光緒三十年（公元1904年）十二月，該書第一冊出版，未及數月，行銷10餘萬冊。以後二至十冊，在兩年內也陸續完稿出版。繼十冊初小國文教科書出版後，商務印書館又接編高小國文教科書八冊，其中第一、二冊程度與初小第九、十冊相銜接，以下漸漸高深；文字則自撰者半，選擇古書及名家文者半。從光緒三十二年（公元1906年）著手編輯，至光緒三十四年（公元1908年）全數竣工。

　　《最新國文教科書》是我國近代第一套形式和內容都比較完善的教科書。它的內容從居家、處世、治事等方面取材，以兒童周圍事物立意，注意農業、工業、商業等實用知識，及尺牘、賬冊、契約等日常應用知識。它竭力宣揚我國的悠久文化和表彰古代聖賢的嘉言懿行，在編寫方法上，它照顧到知識的邏輯順序，照顧到兒童的年齡特點，各課皆附有精美的圖畫，以引起學生的興趣，增強學習的效果；為使教師教學有所依據，並按冊編有教授書。這一些成果，表明我國近代自編教科書已進入一個新的階段。

第三節　清末中學語文教科書舉例

　　在清末，中學語文教科書的編纂和出版比小學要晚一些，而且數量也比較少；究其原因，除了改革的複雜和艱難等因素外，只有在新編纂的小學語文教科書普遍使用後，才能觸動課程體系

和教材結構，促使中學語文教科書的誕生。（註四）據《奏定學堂章程》規定，中學堂課程中與語文性質相關的爲「讀經講經」、「中國文學」兩門；其時，也有學堂開設過「詞章」課，但沒有看到使用過什麼教科書；「讀經講經」用傳統的儒家經典作教材，偶爾也另編教材，如國學保存會就曾編過《經學教科書》五冊；「中國文學」中較有名氣的，當爲劉師培編的《中國文學教科書》、林紓編的《中學國文讀本》、吳曾祺編的《中學國文教科書》等三書。黎錦熙先生曾對這時期的中學語文教科書作過這樣的評論：「清末（二十世紀開始時）興學，坊間始依欽定課程編印國文教科書；中學以上，所選大率爲『應用的古文』（胡適氏用以稱桐城派者），其高者亦不出姚氏《古文辭類纂》等書之旨趣與範圍。」（註五）

一、劉師培的《中國文學教科書》

　　劉師培的《中國文學教科書》，預計編十冊，僅完成第一冊（有三十六課），光緒三十二年（公元1906年）由國學保存會印行。此書「先明小學之大綱，次分析字類，次討論句法章法篇次，次論古今文體，次選文。」（第一冊序例）這樣的編法，別具一格，打破了歷來文學讀本純粹是選文薈粹的成規。

註四　鄭國民著，《從文言文教學到白話文教學──我國近現代語文教育的變革歷程》，頁118。

註五　黎錦熙、王恩華著，《中等學校國文選本書目提要》，國立北平師範大學文學院民國二十六年（公元1937年）六月出版。此處轉引自鄭國民著，《從文言文教學到白話文教學》，頁118。

　　劉師培編這套教科書，很重視文字學基礎知識的介紹。他在第一冊序例中特別強調說：「編輯國文教科書，首明小學，以為析字之基。」「夫小學之類有三：一曰字形；二曰字音；三曰字義。小學不講，則形聲莫辨，訓詁無據，施之於文，必多乖舛。」「故劉彥和有言：『集字成句，集句成章。』又謂：『觀乎《爾雅》，則文義斐然。』」「此編於古今音讀訓詁之學，各分條例……非惟為國文入手之階梯，且為讀周漢古書者之門徑。」

　　劉師培編《中國文學教科書》，顯然不取就以選文來編文學讀本的隨意鑑賞方式，而遵循可以規範與效法的語言文字學的途徑。他主張用字音推字義，用古語明今言，用今言通古語，昌明我國固有的學術；這種以深厚國學根柢為著眼點的「文學教育觀」，為「中國文學」課程的誕生就探索了一條從語言文字入門的教學途徑。然而他的「文學教育觀」卻有其守舊消極的一面，他認為「庶古代六書之教，普及於國民，此則區區保存國學之意也」；國學保存會出版這套教科書，宗旨也在於「尊經」、「存古」，實際上是適應了清末守舊派的需要。這本教科書由於思想內容的局限性，在當時的影響並不大，「中國文學」的課程名稱不久也被「國文」取代了。（註六）

二、林紓的《中學國文讀本》

　　林紓是一位根柢深厚的古文家，竭力反對白話文；他的文學情趣偏好及特殊的語文觀，充分反映在他於光緒三十四年（公元1908年）與福建侯官吳曾祺《中學國文教科書》幾乎同時在商務

註六　取材於樓觀壽、忻葆撰稿，「1906年劉師培編《中國文學教科書》印行」，載於《中國現代語文教育百年事典》，頁21—22。

印書館出版的《中學國文讀本》裡。相對而言，林紓的《中學國文讀本》不如吳曾祺的《中學國文教科書》注重教學規範。

《中學國文讀本》全書共十冊。按文學史時期逆推選文：一、二冊清文；三冊明文；四冊金元文；五冊宋文；六冊唐文；七冊六朝文；八冊漢文；九冊秦文；十冊周文。

這套國文讀本有兩個顯著特點：

一是各冊選文往往集中於林紓認定的該時代的主要代表作家。例如第二冊清文，共選文30篇，曾國藩文就獨占占13篇。第六冊唐文，共選文47篇，其中選韓愈文20篇，柳宗元文7篇。對於選文為什麼要這樣集中於少數代表作家，林紓於第六冊序文中曾作如下解釋：「余嗜唐文，至此二家，無復旁及，故於是集之成，二家之文，據十之七。雖嗜好之偏，然文之正宗，亦不能外此而他求。」對於他為什麼認定韓、柳兩家為代表作家，序文中也有清楚的申述；關於韓文，他讚賞說：「獨昌黎之文，理蓄於中，文肅於外，篇同而局不復，則先後處置之適宜也。語激而詞不囂，則吐吞研練之出於自然也，或千旋百繞，而不病其繁細。或東伏西挺，而愈見其奇倔。」關於柳文則推崇說：「至柳州之文，則華山之石，一拔萬仞，其上珍松古柏，奇花異卉，皆間出重巒疊巘之間。蓋其澤古深，故伏彩潛發……」對於韓、柳文章作為範文，值得學生們反覆「涵泳」，「追尋、仿效」，序中也作了明白的提示：「為文而不師古人，直不燭而行闇。……然則師古人者宜何師？曰亦師其醇於理，精於法，工於言，神於變化者而已。凡是數者，求之古人，或不可得兼，兼者惟昌黎乎！」

二是林紓為各篇文章所作的評議甚為精當。林紓本人是位古文高手，深悉文章之三昧，所以他的評議往往能畫龍點睛，一語破的。評議的內容兼及文義和作法，措辭也飽含感情，極富文彩。

茲舉韓愈《馬說》一文的評語，以示一斑。

文首評：「筆筆凌虛，不肯一句呆說。將吐復茹，欲伸即縮，昌黎絕調。」

文中評：「馬之千里者五字，破空叫起，奇壯而洪，即插入不知二字，令人掃興。雖昌黎自寫牢騷，然千古才人遭際，亦往往如此也。」

文尾評：「策、食、鳴三語，仍挺接名材，無盡枉屈意，盡此三語中。忽接入天下無馬四字，將天下英雄一筆抹倒。此處宜繼以不平之詞，顧乃以澹宕之筆出之，蕭閑中卻帶無數深悲極慟矣。」習作者如深研此等精當的評議，當可於讀書作文兩途均獲登堂入室的門徑。（註七）

三、吳曾祺的《中學國文教科書》

吳曾祺評選的《中學國文教科書》，於光緒三十四年（公元1908年）九月由商務印書館印刷發行。這是我國語文教育獨立設科以來第一套中學堂用的國文教科書。

本書的主旨，吳氏揭示為「專以助人精神興趣，而仍不戾於繩尺者為主。」在安排全書結構時，編者獨出心裁地採用了按文學史時期逆推選文的辦法：選用「國朝文」—即「清朝」的文章計143篇；第二冊，選用「金文」10篇、「元文」20篇、「明文」97篇；第三冊，選用「五代」至「宋」詩文140篇（首）；第四冊，選用「晉」至「唐」的詩文176篇（首）；第五冊，選用自「周秦」至「三國」詩文130篇（首）。在每一冊的卷首，編者均寫有一篇

註七　取材於樓關壽、忻葆撰稿，「1908年林紓編《中學國文讀本》印行」，載於《中國現代語文教育百年事典》，頁28—29。

例言,較爲詳備地闡述各冊所選作者與作品的理由。

爲了適用於教學,本書不選藻美的詞賦,而存應用之韻文;不拘於文以載道之說,而擴充採輯範圍,尤爲重於經世文字。編者認爲,「昔人有言,動曰文以載道。而沿其說者,則云非有關係者不作;理固至正而不可易。然道亦何常之有,精粗大小皆道也。譬如書一事,則必有事理;紀一物,則必有物理。理之所在,道之所在也。豈言心言性言三綱五常以外,皆無所謂道乎?即以關係而言,人之一身,其足以免於飢寒者,最爲有關係,何以菽粟稻粱以爲飽,而不聞其廢八珍;布帛絲絮以爲溫,而不聞其棄五彩。則似關係之說,亦不免失之太拘」。又認爲:「數千年來,事勢推遷,凡施設方略,宜於古者,不必其宜於今。故集中所錄論治之文,只按其一時得失爲斷。其不合於近事者,讀者當自辨之。」由於「既未敢慕好古之名,亦不欲蹈宥今之誚」,整體來說,本書的取材範圍較寬;五冊選文700餘篇,約三四十萬言,可說是洋洋大觀。

在編寫體例上,此書也頗見特色。譬如:每編之中,書眉加以細批,題下略述評語,概言其命意所在,間及其經營結構之法,而不過於刻畫,旨在啓發學生實際有所受益。且每集之首,有例言一篇,綜論其時文學之淵源,文章之優劣,頗多獨到之處,可使學生獲得一些基本的文學史知識。這書的確是清末編得較好的一套國文教科書。

但從選材和教學的角度考慮,此書則有兩點不足之處。一是教材的去取之間,似未盡善:金、元、明三朝,文之工者,不可多觀,然爲合成一集之故,不得不降格相從;而唐、宋之文,反因篇幅所限,不予多選;至於諸子百家、《國語》、《國策》,一概摒而不錄,也殊不可解。二是全書材料過多,似非中學五年

所能卒業；中學堂的中國文學課時，依奏定章程，每星期不過4小時，即以8小時而論，除去習字、作文，亦不過5小時可以讀文；五年以200星期計之，約有1000小時，以1000小時讀古文700餘篇，雖天資聰穎者，也恐不能成誦；如果要學生深入領會理解，那更是難以如願。（註八）

第四節　民國以來的中學語文教科書

一、民初時期（註九）

㈠文言文教科書舉例

　　民國成立後，又有一些中學語文教科書的出版，但在選文內容和編纂體例方面跟清末時沒有多大的改變。其中影響較大的兩套教科書，是民國二年（公元1913年）商務印書館出版、許國英編的《共和國教科書國文讀本》四冊，和中華書局出版、謝无量編的《新制國文教本》四冊。阮眞先生對這一時期的中學語文教科書曾作如下的評論：「這時代在民國元年至民國八年五四運動以前。中學國文教師，還是一般老先生。所教的文章，仍然不外乎《古文觀止》、《東萊博議》，有的兼教《左傳》，教科書有商務許國英編的《中學國文讀本評注》，中華謝无量編的《國文教本評注》。這兩種教科書，除了略選經史子書的文章以外，多

註八　取材於忻葆撰稿，「1908年吳曾祺評選中學堂《國文教科書》印行」，載於《中國現代語文教育百年事典》，頁26—27。

註九　本時期所介紹的內容乃參考鄭國民著，《從文言文教學到白話文教學》，頁119—121。

是古文。學校教學多用選文，或在教科書中選教。」（註一〇）孫俍工先生也曾根據自己親身經歷說，五四運動以前中學語文教材，「據我自己所經歷的，大都不外以下四種的文章：㈠《古文辭類纂》、㈡《昭明文選》、㈢《經史百家雜鈔》、㈣唐、宋各家底詩。」（註一一）

㈡白話文教科書的出現

相對於白話文逐漸進入小學語文教科書的過程來說，中學白話語文教科書的出現比較倉促。民國九年（公元1920年），由洪北平編的中等學校用《白話文範》四冊，由商務印書館出版。所選的文章大多數是當時報紙雜誌發表的白話文，也選了一些古代的白話小說、詩歌和語錄等。這是專選語體文作為中學語文課本最早的一套教科書。當時商務印書館對此書所作的廣告說，「近來中等學校，很提倡白話文，但是沒有適用的教本，取材也很困難，這部書是南開大學教員洪北平、何仲英兩位先生選輯的，有古名賢程顥、程頤、朱熹及現代教育家蔡元培、胡適、錢玄同、梁啟超、沈玄廬、陳獨秀諸先生的著作，不但形式上可得白話文的模範，就是實質上也都是有關新道德新知識新思想的文字，並且和中等學校的程度很合，另編《參考書》，凡是考據解釋和語文的組織法，都詳細說明，還有新文談若干條載在後面，好算一

註一〇　阮眞著，《時代思潮與中學國文教學》，載民國二十四年（公元1935年）《中華教育界》第22卷第1期；此轉引自鄭國民著，《從文言文教學到白話文教學》，頁119。

註一一　孫俍工著，《文藝在中等教育中的位置與道爾頓制》，載《教育雜志》第14卷第12號；此轉引自鄭國民著，《從文言文教學到白話文教學》，頁119。

種破天荒的教科書了！」（註一二）另外，與《白話文範》同一年出版，朱毓魁編、中華書局出版的《國語文類選》（民國十年七月版的中華書局新教育教科書高小用《國文讀本》的封面上的廣告說：「這書是選集現在最流行國語文，分文學，思潮，婦女，哲理，倫理，社會，教育，法政，經濟，科學十類，做的人有胡適蔡元培……人等都是新文學大家。」）與前者遙相呼應，發揮了推波助瀾的作用；它雖然不太符合教科書的體例，但對當時想教和學白話文的教師和學生們提供了較詳備的參考資料。

倪文錦先生說：「應該指出，白話語文教材的出現，在當時不僅僅是一種語言形式的簡單變更，或是新文化的象徵，它同樣也體現了科學發展的需要。如果說在新式教育萌芽之際，膚淺的科學知識尚能借助文言加以傳播，那麼隨著科學的發展，科學知識的急劇增長，文言的消極阻礙作用便日益明顯了。這一點就連當時的國學大師梁啟超也痛感『言文不一致，足以阻礙科學之進步』。因此，白話語文教材的誕生使『言』『文』長期分離的語文教學進入了言文合流統一的新時代。這一方面顯示出教材語文與學生口語接近，易為學生所接受，同時也反映了教材編寫與時代發展、社會需求之間的緊密聯繫。」（《語文教育展望》，頁116。）

二、新學制頒布時期（註一三）

註一二　民國九年（公元1920年）九月商務印書館在《新法國語教科書》
　　　　封面上的廣告。

註一三　本時期所介紹的內容乃參考鄭國民著，《從文言文教學到白話文
　　　　教學》，頁121—125。

㈠初級中學語文教科書舉例

中學語文教科書的出版，眞正呈現繁榮的景象是從民國十一年（公元1922年）新學制實行開始的。新學制實行後的五年裡，共出版了八種初中語文教科書，經過考察可以把它們分爲三類：

第一類（選文完全是語體文），如—

1.初級中學《國語文讀本》六冊，孫俍工、沈仲九編，民國十一年上海民智書局出版。

2.新中學教科書《初級國語讀本》三冊，沈星一編，民國十三年中華書局出版。

第二類（選文完全是文言文），如—

1.新中學教科書《初級古文讀本》三冊，沈星一編，民國十二年中華書局出版。

2.現代初中教科書《國文》六冊，莊適編，民國十三年商務印書館出版。

第三類（選文是文言和語體文混合），如—

1.新學制初中《國語教科書》六冊，顧頡剛、葉紹鈞、周予同等編，民國十二年商務印書館出版。按：此書第一、二冊語體文約占十分之七，第三、四冊語體、文言各半，第五、六冊文言文占十分之七；這套課本是最早把文言和語體選文混合編排的，其比例也比較適當。

2.《文言對照國文讀本》三冊，秦同培編，民國十二年世界書局出版。按：此書編輯宗旨言：「本書供初級中學國文教科之用。選古今合宜適當之文，一一附以語體文，以謀講解自修之便利。」

3.《國文讀本》三冊，國立北京師大附屬中學選輯，民國十四年編印。按：此書每冊選文五六十篇，語體、文言合選。

4.《初中國文選讀》十一冊，北京孔德學校編，民國十五年該校出版。按：此書每冊爲一類，從第五冊以後，每冊選文基本上是語體，如第五冊是新詩，第七冊是今人白話小說。

從民國十六年（公元1927年）到民國二十一年（公元元1932年）正式課程標準實施之前，初中語文課本編纂的情況，大致形成如下的格局：完全是語體文編的課本幾乎沒有，純粹是文言文編的也是極少數，而文言、語體合編的則居大多數。經過對從民國十八年到二十一年所出版的初中語文教科書的統計（活葉文選不包括在內），這四年間共出版十五種初中語文課本，其中十一種是文言、語體合編，一種是純粹的文言文，另外三種沒有明確的說明，現在無法查實。以下對十一種合編的課本進行分類，分析其文言和語體選文所占的比例：

第一類（初中一年級白話文占四分之三，二年級占二分之一，三年級占四分之一），如—

1.基本教科書初級中學用《國文》六冊，傅東華、陳望道編，民國二十年商務印書館出版。

2.新中華初中教科書《國語與國文》，朱文叔編，民國十八年中華書局出版。

3.初級中學《國文讀本》六冊，北平師大附中國文研究部編，民國二十一年附中國文叢刊社印行。

4.初級中學《混合國語教科書》六冊，趙景深編，民國十九年上海北新書局出版。

5.基本教科書初級中學用《國文教本》六冊，周頤甫編，民國二十一年商務印書館出版。

第二類（初中一年級白話文占百分之九十，二年級白話文占百分之八十五，三年級占百分之八十），如—

1.《國文評選》三集，王靈皋編，民國二十年上海亞東圖書館出版。按：這套書不但文言文所占比例極少，而且其所選文言文都是近代人所作。

2.初級中學《國文教科書》六冊，孫俍工編，民國二十一年上海神州國光社出版。按：此書各冊選文主要是白話文，文言文數量極爲有限。

第三類（初中一年級白話文占十分之七，二年級十分之六，三年級十分之五），如——

1.初級中學《開明國文讀本》六冊，王伯祥編，民國二十一年上海開明書店出版。

第四類（不注重文言和白話的比例，就內容或文體相近的文章若干篇編爲一組，每組文言和白話互見，因此各冊文言和語體文的比例不一），如——

1.《初中國文教本》六冊，張弓編，民國十九年上海大東書局出版。按：全書共分十五組，選文一百九十篇，每冊分組數、選文數不一，如第一冊，分「常態的生活」和「變局的應對」兩組，選文三十七篇；第二冊分四組，選文四十三篇。

2.新學制中學國文教科書《初中國文》六冊，江蘇省立揚州中學國文分科會議編，民國二十年南京書店出版。

3.新亞教本《初中國文》六冊，陳椿年編，民國二十一年上海新亞書店出版。

此外，值得注意的是，這時期出版了一些活葉文選，使教師能按照實際情況，根據內容、文體等自由地選擇，進行教學，方便靈活，不受限制。有些活葉文選白話文所占的比例也較多，例如開明書店曾在民國二十年選編七百餘篇的活葉文選，語體文占了一半。

(二)高級中學語文教科書舉例

新學制頒布後，語體文也進入了高中語文教科書。民國十三年（公元1924年）商務印書館出版了由吳遁生、鄭次川編的新學制高中國語讀本《古白話文選》二冊和《近人白話文選》二冊。另外，繼民國十四年（公元1925年）穆濟波編的新中學教科書《高級古文讀本》三冊之後，次年他編的《高級國語讀本》三冊，由中華書局出版，三冊的選文全是現代人的文章。

儘管這時文言、語體合編的高中語文教科書還沒有出現，但我們可以看到，白話文或作為補充讀物、或作為學生自修用，已經進入高中語文教學；這打破了文言一統天下的局面，是後來白話文正式進入高中語文教科書的先聲。當選文完全是文言的中學語文教科書打開大門，讓白話文進入後，語體、文言合編的教科書就面臨著語體和文言選文應該各占多少比例的問題，因為當時教育主管部門沒有對這方面作出明確的規定，各家書局只有各自去作探索。

從民國十六年（公元1927年）到民國二十一年（公元元1932年）正式課程標準實施之前，高中語文教科書的選文，文言文還是居於不可動搖的地位。通過對這一時期所出版的八種高中語文教科書的統計，除了兩種因資料有限無法判斷外，其餘六種的情況如下：

第一類（此類教科書完全選編文言文），如—

1.高級中學用《新中華國文》六冊，沈頤編，民國十九年中華書局出版。

2.《高中國文》二冊，柳詒徵、王煥鑣編，民國二十一年南京鍾山書局出版。

第二類（此類教科書的選文以文言文為主，選編少量近人的

文章和白話文），如一

　　1.新學制高級中學教科書《國文讀本》四冊，江恒源編，民國十七年商務印書館出版。

　　2.《高中國文》三冊，朱劍芒編，民國十八年世界書局出版。

　　3.高級中學《國文教科書》，孫俍工編，民國二十年神州國光社出版。按：以上三種教科書，語體文是次要的，所占比例極少。

　　4.《高中國文》六冊，羅根澤、高遠公編，民國二十一年北平文化學社出版。按：此書各年級文言和語體有明確的比例，一年級語體文占四分之一，二年級語體文占五分之一，三年級語體文占六分之一。

三、正式課程標準頒布後（註一四）

㈠初級中學語文教科書舉例

　　五四運動以前，國文教材全是文言文。五四運動前後，白話文興盛起來；民國十一年（公元1922年）實行新學制以後，白話文在國文課本中取得了合法的地位。以民國十八年（公元1929年）的《中學暫行課程標準》為基礎，於民國二十一年十一月（公元1932年）修訂後正式公布的《中學課程標準》明確規定了初、高中國文教科書語體文與文言文的比例。《初級中學國文課程標準》規定：「語體文與文言文並選，語體文遞減，文言文遞增。各學年分量約為七與三、六與四、五與五之比例。」這一規定，在民國二十五年（公元1936年）和二十九年（公元1940年）的兩次修

註一四　本時期所介紹的內容乃參考鄭國民著，《從文言文教學到白話文教學》，頁126—128。

訂中均未改動；民國三十七年（公元1948年）的《修訂初級中學國文課程標準》未作這方面的規定。

正式課程標準頒布後，新出版的初中語文教科書，一般都符合教育部的規定，否則就無法通過教育部的審定，不能出版使用；所以這時期出版的課本，文言和語體的比例基本一致；這也說明了這時期的中學語文教材，尤其是初中語文教科書已漸趨成熟。

從民國二十二年到二十四年（公元1933年—1935年），各書局出版的初中語文教科書，比較流行的有下列十三種：

1.初級中學《國語教科書》六冊，戴叔清編，民國二十二年一月上海文藝書局出版。

2.復興初級中學教科書《國文》六冊，傅東華編，民國二十二年五月商務印書館出版。

3.新課程標準適用《初中國文讀本》六冊，朱文叔編，民國二十二年七月中華書局發行。

4.《初中國文選文》六冊，羅根澤等編，民國二十二年八月北平立達書局出版。

5.《初中國文教科書》六冊，馬厚文編，民國二十二年八月上海光華書局出版。

6.《實驗初中國文讀本》六冊，沈榮伶編，民國二十三年三月上海大華書局出版。

7.《初中當代國文》六冊，江蘇省教育廳選編，民國二十三年六月上海中學生書局出版。

8.初級中學《國文教科書》六冊，孫怒潮編，民國二十三年七月中華書局發行。

9.初級中學教科書《國文》六冊，葉楚傖編，民國二十三年七月中華書局發行。

10.《活葉文選》六冊，民國二十三年六月北平東亞書局出版。

11.《初中國文》六冊，李蘭坡編，民國二十三年八月天津百城書局出版。

12.初級中學《國文讀本》六冊，民國二十三年年八月北平師大附中國文叢刊社出版。

13.初中國文科教學自修用《國文百八課》六冊，夏丐尊等，民國二十四年六月開明書店出版。按：本書實際出版四冊。

以上十三種課本，沒有一種是完全由文言文或語體文編纂的。這表明經過前一時期的探索，人們已經形成了基本共識，就是完全使用文言文和語體文課本都是行不通的，必須把兩者結合起來。對於各年級的文言和語體選文的比例問題，因爲正式課程標準已經明確規定，這些課本基本上都遵循規定，即一年級語體文占十分之七，二年級占十分之六，三年級占十分之五。這樣的比例在上一時期出版的課本中就已出現，所以不能否認在前階段人們按著各種比例進行的嘗試，是爲形成這個統一的認識積累了經驗，奠定了基礎。

總之，到了正式課程標準頒布時，語體文在初中語文教科書裡已經取得了「合法的地位」，而且規定了明確的比例。我們可以按照上面敘述的線索勾畫出整個發展的過程：

民國9年之前	民國9至11年	民國11至21年	民國21年以後
文言文——	甲、文言文 乙、語體文 →——	甲、文言文 乙、文言、語體合編→ 丙、語體文	文言、語體合編

從以上的分析，我們可以瞭解，到正式學制頒布時，中學語文教科書基本上已完成了歷史轉變的過程，開始進入成熟階段。突出的特徵主要表現在以下幾方面：第一，在初中階段，純粹的

語體文和文言文課本幾乎都不被接受，語體和文言混合的教科書基本已被公認；第二，各年級語體和文言的比例經過十餘年的探索，已經形成了共識；第三，大多數課本在編纂體例方面都具有課文、注釋、課後練習等。

㈡高級中學語文教科書舉例

正式課程標準頒布後，各書局出版的高中語文教科書主要有以下十種：

1.新學制中學國文教科書《高中國文》六冊，江蘇省立揚州中學編，民國二十二年七月南京書局出版。

2.《高中國文選本》六冊，羅根澤等編，民國二十二年八月北平立達書局出版。

3.新課程標準《杜韓兩氏高中國文》六冊，杜天縻、韓楚原編，民國二十二年八月世界書局出版。

4.《高中當代國文》六冊，江蘇省教育廳編，民國二十三年一月上海中學生書局出版。

5.《高中國文讀本》三冊，劉勁秋編，民國二十三年五月中華書局發行。

6.復興高級中學教科書《國文》六冊，傅東華編，民國二十三年八月商務印書館出版。

7.復興高級中學《國文課本》六冊，何炳松編，民國二十四年四月商務印書館出版。

8.新課程標準適用《高級中學國文》六冊，葉楚傖編，民國二十四年五月南京正中書局出版。

9.新課程標準《實驗高中國文》六冊，沈維鈞編，民國二十四年六月上海大華書局出版。

10.《高中混合國文》六冊，趙景深編，民國二十四年八月上

海北新書局出版。

　　這三年出版的十種高中語文課本，基本上是以文言文為主，編入了少量的白話文。各年級的文言和語體的比例大多沒有系統的安排，各個書局所選入的白話文數量也不一樣；只有《杜韓兩氏高中國文》例外，此書各冊的文言、語體比例比較明確，高一語體文占百分之二十五，高二語體文占百分之十五，高三語體文占百分之五。儘管各書局的課本在選文和編纂上各不相同，但都遵照新課程標準的規定，第一學年是以文體為綱，第二學年是文學源流，第三學年是學術思想，使這時的課本增添了整齊一致的色彩，這在高中語文編寫史上還是第一次；同時也為後來「一個大綱、多種課本」打下了基礎。底下附「新學制頒布前後中學國文教科書語體文與文言文比例表」，以供參考：

出版年分	書　　名	編　者	出　版　處	總冊數	總課數	語　體　文		文　言　文	
						課數	百比分	課數	百分比
光緒34年 1908年	中學國文教科書 （中學五年制用）	吳曾祺	商　務 印書館	5	701			701	100％
民國 3年 1914年	新制國文教本 （中學四年制用）	謝无量	中華書局	4	321			321	100％
民國12年 1923　年	新學制初級中學教科書《國語》 （初中三年制用）	葉紹鈞 等	商　　務 印書館	6	260	95	36.5％	165	63.5％
民國22— 23年 1933— 34年	復興初高中國文 （中學六年制用）	傅東華	商　　務 印書館	12	469	137	29.2％	332	70.8％
民國26年 1937年	新編初高中國文 （中學六年制用）	宋文瀚	中華書局	12	508	139	27.3％	369	72.7％

說明：本表乃根據姚富根所編「中學國文課本文言文和白話比例表」
　　　（載於《中國現代語文教育百年事典》頁244—245）。

四、國定本中學語文教科書的問世（註一五）

　　民國二十九年（公元1940年）國民政府教育部關於《中學國文課程標準》的修訂，是繼民國十八年（公元1929年）《中學課程暫行標準》頒布後的第四次制訂，目的是要使「中學教育適應抗戰建國之需要；這是一個適應戰時教育的課程標準。在教材的選用上，修訂的新標準增加了文言文的比重，以此「喚起民族意識與發揚民族精神」。

　　民國二十九年的《中學國文課程標準》頒布後，國民政府基於抗戰以來教科書的印刷、運輸發生很大的困難和大批學校急需教材等原因，下令取消教科書的「審定制」，實行教科書的「部編制」。陳立夫先生當教育部長時，把原設於教育部的中小學教科書編輯委員會歸併到國立編譯館，改設教科用書組，由陳部長親自兼任館長，統一籌劃和組編中小學各科的「部編」教科書。民國三十一（公元1942年），部編中學《國文》（或稱「國定本」）問世，被指定為全國各中學「統一」用書。這套部編教材由方雲阜、羊達之等人編輯，經朱家驊、陳果夫、陳布雷、梁實秋等黨政要人和一些著名學者的審核，名義上由「七家聯合供應處」（商務、中華、正中、世界、大東、開明、文通等七家）發行，實際上是由正中書局主持印發。這套部編教材除了部分傳統的名篇選文之外，還收錄國民政府及其要員的一些文稿、講話等，如蔣中正委員長的《新生活運動的目的》等。這套教材自民國三十一

註一五　本小節所介紹的內容乃參考顧黃初主編，《中國現代語文教育百年事典》，頁253。

年（公元1942年）編出初中第一冊，至民國三十五年（公元1946年）才全部編完初中六冊，前後歷時五年。抗戰勝利後，教育部仍規定各地採用這套部編教材。

　　附錄：光緒31年至民國38年（公元1905至1949年）出版的中
　　　　　學語文教科書

　　說　明：

一、本表主要依據鄭國民所編的《1902年至1935年年版的中小學語文教科書》（載於《從文言文教學到白話文教學》頁135～151），並參考張中原、張德平整理的《近現當代主要語文教科書目錄》（載於朱紹禹主編的《中學語文教材概觀》頁441～459）、姚富根所編的《中學國文教科書》（載於《中國教育大事典（1840～1949）》頁245～246）等資料增訂而成。

二、教科書一套數冊，往往不是一次出齊，再加上有些書重印的版次及時間未能作明確的記載，是以各家著錄的出版時間會有所出入，令人莫衷一是；本表所記錄的出版時間，基本上是以第一冊首印的時間爲準。

三、冊數欄有加（　）符號者，代表實際出版冊數。《近現當代主要語文教科書目錄》沒有注記冊數，本表冊數欄空白者，其書大抵皆出於此。

四、清末以來，我國內憂外患頻仍，舊時的教科書頗多毀損散佚，今日整理編目實在蒐羅匪易，其中遺漏錯誤自必不少，容日後當再訂補。（如載於《中國現代語文教育百年事典》頁962～996，金傳富、周梅珍、竺邊所選輯的《中小學語文教科書舉要（1902～1978）》，筆者一時失察未及採錄。）

本國紀元公　元	書　　　　名	冊數	編　　者	出　版　處
光緒31年 1905 年	中學教科書《國學講義》	三編	江起鵬	新學會社
光緒32年 1906 年	《中國文學教科書》	十(一)	劉師培	國學保存會
光緒34年 1908 年	《中學國文讀本》	十	林　紓	商務印書館
	《中學國文教科書》	五	吳曾祺	商務印書館
宣統 1年 1909 年	《中學國文示範》		繆文功 蔡國瑨	中國圖書公司
	《國文新教科書》			樂群書局
民國 1年 1912 年	《中華中學國文教科書》	四	劉法曾 姚漢章	中華書局
民國 2年 1913 年	《重訂中學國文讀本》	八	林紓評選 許國英重訂	商務印書館
	《中學新國文》	四	陸　基	中國圖書公司
	《共和國教科書 國文讀本》	四	許國英編纂 張元濟等校訂	商務印書館
民國 3年 1914 年	《共和國教科書文字源流》（中學校用）		張元純 莊慶祥	商務印書館
	《共和國教科書中國文學史》（中學校用）		王夢勇	商務印書館
	《共和國教科書國文讀本評注》（中學校用）		教育部審定	商務印書館
	《共和國教科書國文讀本》（中學校用）		教育部審定	商務印書館
	《新制國文教本》	四	謝无量	中華書局
	中學用《新制國文教本》	四	謝　蒙	中華書局
	《中等學校國文讀本》	四	謝无量	長沙宏文圖書社

民國 4年 1915 年	《文法略要》	一	劉慶祥	商務印書館
民國 5年 1916 年	中學用《國文自修書輯要》		沈恩孚	中華書局
民國 9年 1920 年	中等學校用《白話文範》	四	洪北平 何仲英	商務印書館
	《國語文類選》	四	朱毓魁	中華書局
	《中學國文課本菁華》	四	翰飛、鄒弢	上海土家灣 印書館
民國11年 1922 年	《中等學國語文》		馬國英	中華書局
	《中學適用國音》		蔣鏡英	中華書局
	《中學白話文範》	一	何仲英	商務印書館
	初級中學《國語文讀本》	六	孫俍工等	上海民智書局
	《歷代文選》	四	繆而紓	雲南教育廳
民國12年 1923 年	新學制初級中學教科書 《國語》	六	顧頡剛、葉紹 鈞（聖陶）、 周予同	商務印書館
	新中學教科書《初級古文 讀本》	三	沈星一	中華書局
	《中學國語文讀本》	四	秦同培	世界書局
	《初中適用言文對照國文 讀本》	三	秦同培	世界書局
	《高中適用評注國文讀本》	三	秦同培	世界書局
民國13年 1924 年	新學制《初中國語》	六	范善祥等	商務印書館
	新中學教科書《初級國語 讀本》	三	黎錦熙等	中華書局
	現代初中教科書《國文》	六	莊 適	商務印書館
	新學制高中國語讀本	二	吳遹生	商務印書館

	《近人白話文選》		鄭次川	
	新學制高中國語讀本《古白話文選》	一	吳遁生鄭次川	商務印書館
	《中國文學源流》	一	胡毓寰	商務印書館
	新中學教科書《國學必讀》	二	錢基博	中華書局
	《新編國文讀本》	六卷	雷　縉	上海掃葉山房
民國14年1925　年	《國文讀本》	三	國立北京師大附屬中學	
	高中用新中學教科書《古文讀本》	三	穆濟波	中華書局
	新中學教科書《高級國語讀本》	三	穆濟波	中華書局
	《中國文藝叢選》	二	蔣善國	商務印書館
	《周秦諸子選粹》	一	劉永濟	泰東圖書局
民國15年1926　年	《初中國文選讀》	十一	北京孔德學校	北京孔德學校
	初級中學《應用文》			文化學社
	《古文源流》	二	李繼煌	商務印書館
民國16年1927　年	《中等應用文》		張　須	商務印書館
	新學制高中國語讀本《詞選》	一	胡　適	商務印書館
	《初中女子模範文讀本》		張振鏞印鸞章	世界書局
民國17年1928　年	《初中國語文讀本》		孫俍工	民智書局
	初中用《新時代國語教科書》	六	胡懷琛	商務印書館
	新中華教科書初級中學用《國語與國文》	六	朱文叔	中華書局
	新學制高級中學教科書《國文讀本》	四	江恆源	商務印書館

	《時代文錄》	二	瞿兌三	北平廣業書局
	《開明活葉文選》			上海開明書店
民國18年 1929 年	《初中國文》	六	朱劍芒	世界書局
	《南開中學國文教本》 （初中用）	六	天津南開中學	天津南開中學
	《南開中學國文教本》 （高中用）	六	天津南開中學	天津南開中學
民國19年 1930 年	中等以上學校用 《中國文學史綱》		歐陽溥存	商務印書館
	初級中學《混合國語教科 書》	六	趙景深	北新書局
	現代初中教科書《國語》	六	莊 適	商務印書館
	《初中國文教本》	六	張 弓	大東書局
	《高中國文》	六	朱劍芒	世界書局
	高級中學用《新中華國文》	六	沈 頤	中華書局
	中等學校適用《國文讀本》		北平文化學社	北平文化學社
	《北新活葉文選》		趙景深	北新書局
	《世界活葉文選》		劉大白	世界書局
	《百城活葉文選》		天津百城書局	天津百城書局
	《高中活葉文選》		譚丕模、管彤	北平書局
	《國學研究》	一	洪北平	民智書局
民國20年 1931 年	基本教科書初級中學用 《國文》	六	傅東華 陳望道	商務印書館
	《初中國文指導書》	六	朱劍芒等	世界書局

《初中國文》		石　泉	北平文化學社
《語體文學讀本》	三	戴淑清	上海文藝書局
《中學生文學讀本》	六	洪　超	上海開華書局
《初中國文讀本》	六	北平師大附中	北平文化學社
新學制中學國文教科書《初中國文》	六	江蘇省立揚州中學	南京書店
基本教科書初級中學用《國文》	六	傅東華陳望道	商務印書館
初級中學《北新文選》	六	趙景深	北新書局
《初中應用文教本》		胡懷琛	大華書局
高級中學《北新文選》	六	姜亮夫	北新書局
高級中學《國文教科書》		孫俍工	神州國光社
新學制中學國文教科書《高中國文》	六	江蘇省立揚州中學	南京書店
《開明文選類編》			開明書店
《國學文選類纂》	一	錢基博	商務印書館
《國文評選》	三集	王霸皋	上海亞東圖書館
民國21年1932年 《初中國文》	六	朱劍芒	中華書局
《初級中學國文讀本》	六	北平師大附中國文研究部	北平師大附中國文叢刊社
基本教科書初級中學用《國文教本》	六	周頤甫	商務印書館
《初級中學混合國語教科書》	六	趙景深	北新書局
新亞教本《初中國文》	六	陳椿年	上海新亞書店

	書名	冊	編者	出版社
	初級中學《創造國文讀本》	六	徐蔚南	世界書局
	初級中學《國文教科書》	六	孫俍工	神州國光社
	《語體文學讀本》	三	戴淑清	文藝書局
	《初中國文讀本》	六	羅根澤等	北平文化學社
	《民智歷代文選》	四	汪馥泉	民智書局
	《高中國文》	二	柳詒徵	南京鍾山書局
	高級中學《北新文選》	六	姜亮夫	上海北新書局
	《高中國文》	六	朱劍芒	中華書局
	初級中學《開明國文讀本》	六	王伯祥	開明局店
	高級中學《國文教科書》	六	孫俍工	神州國光社
	《高中國文讀本》	六	羅根澤 高遠公	北平文化學社
	《當代文學讀本》	六	上海樂華圖書公司	上海樂華圖書公司
	中國紙料精校詳注《活葉國文》	八	北平君中書社	北平君中書社
	《東亞活葉文選》	八	北平東亞書局	北平東亞書局
	《國學菁華》	二	高蘇垣	百城書局
	《唐人小說》	一	汪辟疆	神州國光社
民國22年 1933 年	初級中學《國語教科書》	六	戴淑清	文藝書局
	復興初級中學教科書《國文》	六	傅東華	商務印書館
	新課程標準用《初中國文讀本》	六	朱文叔	中華書局
	《初中國文選本》	六	羅根澤 高遠公	北平立達書局
	《初中國文選本注解》		崔新民等	北平立達書局

《朱氏初中國文》	六	朱劍芒	世界書局
《初中國文教科書》	六	馬厚文	上海光華書局
基本教科書《初中國文》	六	陳望道等	商務印書館
初中用《文言對照國文讀本》		秦同培	世界書局
《初中國文教本》	六	張　弓	大東書局
《初級中學文選》		周樂山	廣益書局
《初級中學應用文》		張鴻來	北平文化學社
《高中國文選本》	六	羅根澤等	北平立達書局
新課程標準《杜韓兩氏高中國文》	六	杜天縻 韓楚原	世界書局
新學制中學國文教科書《高中國文》		徐美公 孫雨廷	南京書店
《北新文選》	八		北新書局
《國文讀本》	六	志成中學	震東印書館
《國文研究讀本》	十二	史本直	大衆書局
民國23年 1934　年	《實驗初中國文讀本》	六	沈榮伶等	上海大華書局
	《初中當代國文》	六	施蟄存等	上海中學生書局
	新課程標準適用初級中學《國文教科書》	六	孫怒潮	中華書局
	新生活初中教科書《國文》	六	周　祜等	大東書局
	初級中學教科書《國文》	六	葉楚傖	南京正中書局
	《初中國文》	六	李蘭坡	天津百城書局
	初級中學《國文讀本》	六	北平師大附中	師大附中國文叢刊社
	初中用《朱氏初中國文》	六	朱劍芒	世界書局

	《初中當代國文》	六	江蘇省教育廳	上海中學生書局
	《高中當代國文》	六	江蘇省教育廳	上海中學生書局
	《高中國文讀本》	三	劉勁秋等	中華書局
	復興高級中學教科書《國文》	六	傅東華	商務印書館
	復興高級中學《國文課本》		何炳松	商務印書館
	《高中國文選》	六	姜亮夫	北新書局
	《開明國文講義》	六	夏丏尊等	開明書店
	《活葉文選》	六		北平東亞書局
	《君中活葉國文》	十六	李　時	北平君中書社
民國24年 1935　年	初中國文科教學自修用《國文百八課》	六 (四)	夏丏尊 葉紹鈞	開明書店
	新課程標準《初中國文教科書》	六	顏友松	上海大華書局
	新課程標準適用《初級中學國文》	六	葉楚傖	南京正中書局
	《初中精讀國文範程》		潘尊行	國立編譯館
	復興高級中學《國文課本》		何炳松	商務印書館
	新課程標準適用《高級中學國文》	六	葉楚傖	南京正中書局
	新課程標準《實驗高中國文》	六	沈維鈞等	上海大華書局
	《高中混合國文》	六	趙景深	上海北新書局
	《高中國文補充讀本》	一	鄭業建	商務印書館
	《標準國文選》	三卷	馬厚文	大光書局
	《國文副讀本》	三	孫怒潮	中華書局
民國25年 1936　年	《蔣氏高中新國文》		蔣伯潛	世界書局

民國26年 1937 年	《初中國文教本》 第 1、2 冊	一二	夏丏尊 葉紹鈞	開明書店
	新課程標準《初中新國文》		蔣伯潛	世界書局
	《新編初中國文》	六	宋文瀚 朱文叔	中華書局
	《新編高中國文》	六	宋文瀚 張文治	中華書局
	《中學國文補充讀本》		王雲五 張寄岫 等	商務印書館
民國27年 1938 年	《戰時初中國文》		汪馥泉	廣州救亡出版部
民國28年 1939 年	《中等國文讀本》		育才學堂編譯 所 陳東極、 許朝貴	上海文明書局
民國30年 1941 年	部定《初中混合國語》		趙景深	北新書局
	《初中國文》		教育總署 編審會	新民印書館
民國31年 1942 年	部編初級中學《國文》	六	方雲阜 羊達之	正中書局等七家 聯合供應處
	《初中北新文選》		姜亮夫 趙景深	北新書局
民國32年 1943 年	《開明新編國語讀本》		葉紹鈞等	開明書店
民國33年 1944 年	《開明國文講義》		葉紹鈞等	開明書店
民國34年 1945 年	《初中國文甲編》		方雲阜等	國立編譯館
民國35年 1946 年	《開明新編國文讀本》 （甲種本）（供初中生自 修、補充用白話讀本）	六	葉紹鈞、周予 同、郭紹虞、 賈必陶	開明書店
	《開明新編國文讀本》（ 乙種本）（供初中生自 修、補充用文言讀本）	三	葉紹鈞、徐調 孚、郭紹虞、 賈必陶	開明書店
	《中學活頁國文選》			東北書店
民國36年 1947 年	《中學國文副讀本》		宋志誠	上海日新出版社
	《中學應用文示範》		譚正璧	世界書局

民國37年 1948　年	《初級中學國文》		傅東華	商務印書館
	《初中中華文選》		宋文瀚	中華書局
	《中學基本國語》		朱公振	世界書局
	初中適用《國文精選》		汪懋祖	正中書局
	《初中國文》		徐世瓏、陳子展、羅根澤	國立編譯館
	《開明新編高級國文讀本》（供高中生及自修者用白話讀本）	六	朱自清 呂叔相 葉紹鈞	開明書店
	《開明文言讀本》（供高中生及自修者用文言讀本）	六	朱自清 呂叔相 葉紹鈞	開明書店
民國38年 1949　年	《新編初中精讀文選》		王任叔等	文化供應社

五、國民政府遷臺後教科書編印的概況（註一六）

　　臺灣省於民國三十四年（公元1945年）十月二十五日正式光復，先是臺灣省行政長官公署教育處（後改為教育廳）於九月間，擬訂「臺灣省中小學教材編印計畫」，作為教材編印的依據；十一月，成立「臺灣省中學、國民學校教材編輯委員會」。民國三十五年八月，「中小學教材編輯委員會」擴充為「臺灣省編譯館」。民國三十六年七月，「臺灣省編譯館」改組為「臺灣省教育廳編審委員會」。

註一六　本小節所介紹的內容乃參考曾濟群著，《我國國立編譯館之功能探討》，此文載於《各國教科書比較研究》，頁105—137。

　　民國三十八年（公元1949年）十二月，國民政府遷移臺北。民國四十二年（公元1953年），小學教科書的編輯工作復歸於國立編譯館，負責編印國語、算術、社會、自然等科，至於勞作、美術、音樂等仍由臺灣省教育廳編印，民間書局亦發行補充教材。本年初，中央指示加強民族精神教育，編輯初、高中國文、公民、歷史、地理四科標準本教科書；國民黨中央委員會組成標準教科書委員會負責推動；民國四十三年，中央委員會將標準教科書的編印工作移交教育部接管，國立編譯館奉命編輯上項四科教科書，共計三十七冊。

　　民國五十七年（公元1968年）二月，蔣中正總統頒發「革新教育注意事項」，作以下明確的指示：「今日我國各級學校，不論小學、初中、高中之課程，教法與教材，希根據倫理、民主、科學之精神，重新整理，統一編印。」教育部遵照此一指示，決定將國民中小學教科書，一律由國立編譯館主編，實施精編精印。在五十七學年度以前，初級中學各科教科用書的編印，除了國文、公民、歷史、地理四科標準本教科書，係由國立編譯館統編統印外，其餘各科教科書，均係採用審查制，即各書局根據部頒初級中學各科課程標準，編輯各科教科書，送經國立編譯館審查合格後印行；自五十七學年度起，為配合九年國民義務教育的延長，提出精編精印的目標，逐年由國立編譯館編輯。

　　民國六十年（公元1971年）二月，教育部為配合九年國教的實施，修訂高級中學課程標準，國立編譯館乃奉命新編高中三民主義、國文、公民與道德、歷史、地理及地球科學等六科教科用書。

　　國民中學課程標準，於民國六十一年（公元1972年）正式頒布，迭經民國七十二、七十四年、八十三年三次修訂。民國六十

年（公元1971年）後，高級中學課程標準迭經民國七十二、八十四年兩次修訂。原則上，每逢課程標準修訂，各科教科書的內容也都跟著重新修編。

民國七十六年（公元1987年）七月十五日，臺灣地區解除戒嚴令，各項政策與法令隨之逐漸鬆綁。根據教育部核定的「改進高中暨國民中小學教科用書編輯方式實施要點」，從七十八學年度起（公元1989年8月）逐年開放中小學藝能、活動類科與升學考試無關之選修科目，由民間書局編輯，惟須送經國立編譯館審定，並核定書價後，始得發行。有關教科書的審定，國立編譯館參照日本、南韓與新加坡等國家之例，聘請學科專家、課程暨心理學者、教育（學校）行政人員及現職優秀之教師組成各類科教科用書審定委員會，採共議作業方式實施，以確保送審教材之品質。教科書統編二十年後，又開始採統編與審定並行制。

近年來，根據「一綱多本」的原則，（註一七）中小學教科書已經全部開放由民間書局編輯，送請國立編譯館審定，經審查通過後，由各學校自行選擇採用。各審定版教科書，國民小學於八十五學年度起（公元1996年8月）開始使用，高級中學於八十八學

註一七　呂達著，《課程史論》，頁509：「（中國大陸）於1963年頒發的《全日制中學暫行工作條例（草案）》曾規定：根據國家統一的教學計劃和教學大綱，地方教育行政部門、學術研究機關、學者可以編寫教材，作爲全國通用教材的補充；但是，由於沒有對教材編審制度進行相應的改革，這一規定並沒有眞正實行開來。1986年9月，國家對現行的教材編寫制度進行了重大改革，實行編、審分離，正式成立了全國中小學教材審定委員會及各學科教材審查委員會，執行對教材的審查和審定職能。這一改革爲切實保證在統一要求，統一審定的前提下，編寫多種不同風格的教材，眞正實現「一綱多本」的改革，提供了現實的基礎。」

年度起（公元1999年8月）開始使用，國民中學於九十一學度起（公元2002年8月）開始使用。

　　有關教科書開放的利弊得失，由於目前尚處於起步或試行階段，雖然各種正、反意見不斷被提出，但現在仍難以遽下定論。伍振鷟先生爲《各國教科書比較研究》一書所作的序言中，有一段評論頗爲扼要中肯，現在轉引於下，以提供省思；伍先生說：「就我國的情況而論，解嚴之前，因受主觀與客觀條件的限制，有關教科書的編印，係採『國定本』與『審定本』並行的制度，由國立編譯館主其事，並由臺灣書店統籌供應。行之有年，於教科書內容的審查、價格的穩定、時效的掌握等，自有其成效的一面。然解嚴之後，形勢改變，開放之聲四起，似乎過去所存在的所有關於教科書的問題，如意識型態、行政效率，與民爭利等，均可一掃而空。唯開放雖屬勢所必然，但事實究非全如理想。以本學年度（世明按：指七十八學年度）所發生的事例爲證，有少數書商以未送審之教科書，印上「審定」字樣，向學校推銷。這些未經審定的教科書，其內容、印刷，甚至促銷手法，據說都跟目前流行的補充教材類似。更無論其是否符合課程標準、有利學生學習、增加家長負擔，以及影響教育風氣。」

第五節　兩岸三地現階段的中學語文教科書

一、臺灣地區

㈠國民中學的審定版國文教科書

　　九十一學年度（民國九十一年八月）起，審定版的國民中學國文教科書從一年級開始使用，這是根據教育部於民國八十九年（公元2000年）九月公布的《國民中小學九年一貫課程暫行綱要》

編寫的課本。國中審定版教科書目前僅第一冊問世，而且還沒普遍流通，筆者所見未遍；現在以康軒文教事業公司的版本爲例，來介紹新版國文教科書的特色。

　　康軒版《國中國文》教科書，是配合學生的學習心理與能力來編纂的。在六冊的規畫中，每冊各選用一些名家的作品作爲課文，並安排爲若干單元；逐步漸進地讓學生認識各種文學的體裁、各類作品的風格，學習遣詞造句的技巧、表情達意的層次，以體會作者精闢的見解、眞切的情意，並欣賞文章深厚的韻味。（註一八）就已經出版的第一冊來看，全書共分爲四個單元（有十課），及「應用文」、「選讀」兩部分，現在將其目次列舉如下：

註一八　參閱康軒版《國中國文》第一冊首頁《編者的話》。

第四單元　古典詩歌

　第十課　絕句選

　　編末有附錄三種：一教學重點分布表；二文法總表；三圖片來源及索引。

　　在編排的體例上，每一課都有「學習重點」、「課前預習」、「題解」、「認識作者」、「課文、注釋」、「課文欣賞」、「問題討論」、「語文常識」、「延伸閱讀書目」等項。

　　在版面設計上，採十六開本彩色印刷，字體大小適當，並配以豐富插圖，以引起學生閱讀的興趣。

　㈡**高級中學的審定版國文教科書**（註一九）

　　臺灣地區中小學教科書的開放，原先要從國小、國中、高中循序而進，但因政策的關係卻跳過國中，先開放高中，所以審定

―――――――――――

註一九　本節的內容取材於《一場教材盛宴―各家高中國文編者座談會》，此文載於《國文天地》，第16卷第8期（總188期），頁4―12，民國九十年一月出版。

版的高中國文教科書搶先於八十八學年度（民國八十八年八月）起就開始使用，其中較為著名的六家出版社為三民書局、大同資訊公司、正中書局、南一書局、龍騰文化、翰林出版社。

　　審定版的高中國文教科書，是依據教育部於民國八十四年（公元1995年）十月修正發布的《高級中學國文課程標準》編輯的，全套六冊，選文共八十三篇。每一課編寫的體例，除了「題解」、「作者生平」、「課文」、「注釋」、「賞析」等之外，都針對語文能力訓練，做各種設計，如翰林、龍騰的「應用練習」；大同資訊的「應用與練習」、「寫作練習」、「延申閱讀」；正中的「課外閱讀文選」；三民的「語文階梯」讀本；而南一的「語文綜合練習」分甲「語文認知能力」、乙「語文表達能力」兩項，教師可因材施教，學生可由易而難循序增進其語文程度。此外，三民版採學習單元架構，有助於教師統整教學，學生可得到整體學習效果；而大同資訊在教師用書上採眉批式教學重點整理，方便教師作教學準備。在版面設計上，各家教科書都採用十六開大本彩色印刷，配上豐富插圖以幫助學生對課文的瞭解，舊時部編本字體太小、版式單調的缺點已不復見。

　　還有各出版社都不計成本，製作了許多輔助教學的教材，例如介紹課程內容的投影片、測驗題庫光碟版、詩詞吟唱的CD等等；三民書局為了教師上課的方便，則製作圖卡提供教師使用；龍騰出版社提供作家身影的錄影帶；南一書局為保存傳統的大鼓說書，還遠赴大陸天津等地訪問耆宿；另外也有延伸的讀本，如龍騰的「高中國文延伸學習讀本」、三民的「語文階梯」、大同資訊的「國學小百科」、「成語詞語彙粹」等，足見各家在競爭之間，製作教材的用心。然而面對多元而豐沛的國文教學資源，教師如何靈活來調配運用，以產生良好的教學效果，將是一項重大的考

驗，否則再多再好的教材反將變成沉重的負擔。底下附印徐美加所編的《各家高中國文篇目對照表》以供參考，此表原載於《國文天地》第16卷第8期（民國90年1月出版），頁13—18。

　　附「各家高中國文篇目對照表」（表見頁150～155）：

二、大陸地區

　　大陸於1986年（民國七十五年）9月成立全國中小學教材審訂委員會及各學科教材審查委員會，實行編、審分離制度，在「一綱多本」的原則下，除了人民教育出版社的通用版外，地方教育行政部門、學術研究機關、學者也可以編寫教材，所以今天大陸的中小學語文教材呈現多種不同風格的面貌。這裡擬以人民教育出版社的通用版爲例，分別介紹初中與高中的語文教材。

　　㈠**初級中學語文教科書**（註二○）

　　人民教育出版社中學語文室編著的《九年義務教育三年制初級中學教科書（試用修訂本）‧語文》，是根據北京教育部2000年頒發的《九年義務教育全日制初級中學語文教學大綱（試用修

註二○　本節的內容取材於《九年義務教育三年制初級中學教科書（試用修訂本）‧語文》第一冊書前的《說明》。

各家高中國文篇目對照表

第一冊

製表者：徐美加

（此表統計至八十九年十二月十五日止，其後若有更動則以各版本為準）

	三民	大同資訊	正中	南一	龍騰	翰林
第一課	傷仲永｜王安石	浸淡讀書｜梁實秋	春夜宴從弟桃花園序｜李白	哲學家皇帝｜陳之藩	我從小喜歡種樹｜廖玉蕙	師說｜韓愈
第二課	短論二章 與他「同情」失敗的價值｜曾昭旭／靜夜｜張曉風	師說｜韓愈	師說｜韓愈	師說｜韓愈	師說｜韓愈	師說｜韓愈
第三課	古詩選 結廬在人境｜陶潛	賞月｜李白	翡冷翠在下雨｜林文月	翡冷翠在下雨｜林文月	一對金手鐲｜琦君	再別康橋｜徐志摩
第四課	現代詩選 錯誤｜鄭愁予／七尺布｜蘇紹連	長干行｜李白	杷人憂天錄｜吳晟	種樹郭橐駝傳｜柳宗元	黃岡竹樓記｜王禹偁	請孟嘗君迪吉｜王繼
第五課	師說｜韓愈	浮生隨筆二則｜白居易	張衡傳｜司馬光	三峽｜余秋雨	墨池記｜曾鞏	黃岡竹樓記｜王禹偁
第六課	黃州快哉亭記｜蘇轍	訓儉示康｜司馬光	訓儉示康｜司馬光	余秋雨｜余秋雨	與元微之書｜白居易	春夜宴從弟桃花園序 請孟嘗君記｜李白
第七課	姑蘇滄西小丘記｜柳宗元	遊褒禪山記｜王安石	捕蛇者說｜柳宗元	煆囚論｜歐陽脩	故鄉的野菜｜周作人	黃州新建小竹樓記｜王禹偁
第八課	柳侯祠｜余秋雨	新詩選 夢與詩／雕刻意象／立場／向紀弦過	義田記｜錢公輔	義田記｜錢公輔	春夜宴從弟桃花園序｜李白	柳宗元｜柳宗元
第九課	福爾摩沙｜陳冠學	避暑錄話｜王安石	散戲｜洪醒夫	揚柳｜豐子愷	談擺脫｜朱光潛	黃州快哉亭記｜蘇轍
第十課	墨池記｜曾鞏	訓儉示康｜司馬光	新詩略說 柳宗元｜柳宗元	觀潮｜周密	留侯論｜蘇軾	方山子傳｜蘇軾
第十一課	金石錄後序｜李清照	困綠記｜陸蠡	新詩選 再別康橋／吹簫者｜徐志摩	平都借冊｜羅貫中	林沖夜奔｜施耐庵	生活的藝術｜梁實秋
第十二課	父王｜顏崑陽	黃州快哉亭記｜蘇轍	困綠記｜陸蠡	逃暑錄 避暑錄話｜王安石	黃州快哉亭記｜蘇軾	明湖居聽書｜劉鶚
第十三課	六國｜蘇軾	疊說｜林景熙	與元微之書｜白居易	一樣「稿仔」（節錄）｜賴和	現代詩選 再別康橋／吹簫者｜徐志摩 鄭愁予	一樣「稿仔」（節錄）｜賴和
第十四課	留侯論｜蘇軾	明湖居聽書｜劉鶚	縱囚論｜歐陽脩	教戰守策｜蘇軾	現代詩選 再別康橋 鄭愁予	現代詩選 再別康橋／鄭愁予 柳宗元
第十五課	小說選 打電話｜柏楊／變｜林雙不	六國論｜蘇洵	古詩選 涉江采芙蓉／凜凜歲云暮｜佚名	欽馬長城窟行｜佚名	古詩選 迢迢牽牛星 陶淵明／飲酒之五 陶淵明	古詩選 迢迢牽牛星／詠史詩之一｜左思

第二冊

課次	三民	大同資訊	正中	南一	龍騰	翰林
第一課	一夕「情」話　黃永武	生命固付而充實　王溢嘉	遊褒禪山記　王安石	幽幽基隆河　郭鶴鳴	海灘上種花　徐志摩	哲學家皇帝　陳之藩
第二課	樂府詩選 陌上桑 長歌行　佚名	岳陽樓記　范仲淹	春天的聲音　王家祥	岳陽樓記　范仲淹	山中與裴秀才迪書　王維	傷仲永　王安石
第三課	與元微之書　白居易	種地瓜　楊逵	述居　元結	六國論　蘇洵	火車與稻田　阿盛	黃州快哉亭記　蘇轍
第四課	深夜的嘉南平原　陳芳明	墨池記　曾鞏	箕盤　琦君	現代詩選 錯誤 一棵開花的樹　鄭愁予 席慕蓉	赤壁之戰　司馬光	給母親梳頭髮　林文月
第五課	諫太宗十思疏　魏徵	琵琶行并序　白居易	談美—從一棵古松談起　朱光潛	與林荊州書　李白	我和書　吳魯芹	讓太宗十思疏　魏徵
第六課	燭因論　歐陽脩	用奇謀孔明借箭　羅貫中	五代史記一行傳敘　歐陽脩	祭歐陽文忠公文　王安石	岳陽樓記　范仲淹	寧內褲的棋手　簡媜
第七課	春夜宴從弟桃花園序　李白	三戒并序　柳宗元	黃州新建小竹樓記　王禹偁	訓儉示康　司馬光	琵琶行并序　白居易	與元微之書　白居易
第八課	夏之絕句　簡媜	醉翁亭記　歐陽脩	媽媽，看這一片槃花　蕭蕭	與元微之書　白居易	方言眼標準語　趙元任	錯誤　鄭愁予
第九課	蚊帳客　杜光庭	生日禮物　林文月	明湖居聽書　劉鶚	明湖居聽書　劉鶚	醉翁亭記　歐陽脩	六國論　蘇洵
第十課	花和尚大鬧桃花村　水滸傳	六國　蘇洵	始得西山宴遊記　柳宗元	握手　梁實秋	呼蘭河傳選（二則）　蕭紅	范進中舉　吳敬梓
第十一課	夢溪筆談選　沈括	獨冷翠山居閒話　徐志摩	岳陽樓記　范仲淹	始得西山宴遊記　柳宗元	劉姥姥進大觀園　曹雪芹	義田記　錢公輔
第十二課	聲說　林景熙	教戰守策　蘇軾	論買東西　林語堂	媽媽的手　琦君	題焦太子丹傳後　李翱	教字人生　吳魯芹
第十三課	我們對於一棵古松的三種態度　朱光潛	樂府詩選 長歌行 飲馬長城窟行　佚名	與韋論捕盜書　陸游	陌上桑　佚名	樂府詩選 飲馬長城窟行 關山月　李白 佚名	長千行　李白
第十四課	萬鴉飛過廢田　洪素麗	短歌行　曹操	陌上桑　佚名		長千行　李白	

第三冊

課次	三民	大同資訊	正中	南一	龍騰	翰林
第一課	原才｜曾國藩	臺灣通史序｜連橫	諫太宗十思疏｜魏徵	黃州快哉亭記｜蘇轍	左忠毅公軼事｜方苞	左忠毅公軼事｜方苞
第二課	歡迎與送信｜傅佩榮	左忠毅公軼事｜方苞	始得西山宴遊記｜柳宗元	聽聽那冷雨｜余光中	正眼看西方｜龍應台	縱囚論｜歐陽修
第三課	鬱永河台灣採硫｜連橫	魯智深大鬧桃花村｜施耐庵	沙原隱泉｜余秋雨	芙蕖｜李漁	始得西山宴遊記｜柳宗元	白玉苦瓜｜余光中
第四課	腳印簡興｜阿盛	新詩選 錯誤、等你，在雨中｜鄭愁予 余光中	虯髯客｜杜光庭	廉恥｜顧炎武	秋聲賦｜歐陽修	琵琶行并序｜白居易
第五課	報刊一丈書｜宗臣	廉恥｜顧炎武	廉恥｜顧炎武	范進中舉｜吳敬梓	墨池記｜曾鞏	墨池記｜曾鞏
第六課	廉恥｜顧炎武	晚遊六橋待月記｜袁宏道	原毀｜韓愈	琵琶行并序｜白居易	柳子厚墓誌銘｜韓愈	項脊軒志｜歸有光
第七課	獄中上母書｜夏完淳	尚節亭記｜劉基	黃生借書記｜袁枚	愛廬小品選二則｜黃永武	閒情偶寄選二則｜張岱	三峽（節錄）｜余秋雨
第八課	小王子｜周芬伶	賣月｜鍾理和	新詩選 成品行、水墨微笑｜洛夫 余光中	李龍眠畫羅漢記｜黃淳耀	我與書畫的緣份｜蔣勳	赤壁賦｜蘇軾
第九課	琵琶行并序｜白居易	浮生隨筆二則｜沈復	赤壁賦｜蘇軾	留侯論｜蘇軾	答司馬諫議書｜王安石	廉恥｜顧炎武
第十課	赤壁賦｜蘇軾	病梅館記｜龔自珍	知止｜張繼高	知止｜張繼高	大鐵椎傳｜魏禧	賣柑者言｜劉基
第十一課	上樞密韓太尉書｜蘇轍	范進中舉｜吳敬梓	黃州快哉亭記｜蘇轍	臺灣通史序｜連橫	曾國藩日記選｜曾國藩	楊柳｜豐子愷
第十二課	送董邵南序｜韓愈	義田記｜錢公輔	西湖遊記二則｜袁宏道	孔乙己｜魯迅	楊柳｜豐子愷	貢柑者言｜劉基
第十三課	髻｜琦君	祭十二郎文｜韓愈	雅舍｜梁實秋	賣柑者言｜劉基	魚｜黃春明	始得西山宴遊記｜柳宗元
第十四課	小書｜雷驤	送杜少府之任蜀川、月夜、送友人｜王勃 杜甫 李商隱	原才｜曾國藩	送友人上｜李白 崔顥 王維	風箏｜魯迅	始得西山宴遊記｜柳宗元
第十五課	唐詩選 蜀相、無題、石壕吏｜杜甫 李商隱	唐詩選	唐詩選 登高、九月九日憶山東兄弟｜杜甫 王維 白居易	唐詩選 旅夜書懷、走馬川行奉送封大夫出師西征｜杜甫 岑參	唐詩選	唐詩選 山行、黃山行樓、石壕吏｜杜牧 杜甫

第四冊

課次	三民	大同資訊	正中	南一	龍騰	翰林
第一課	左忠毅公軼事／方苞	假如動物會說話／羅葉	台灣通史序／連橫	送董邵南序／韓愈	客至與自由／胡適	台灣通史序／連橫
第二課	劉老老進大觀園／紅樓夢	十一月的白芒花／楊牧	水仙／李漁	救字人生／向陽	送董邵南序／韓愈	散戲／洪醒夫
第三課	原君／黃宗羲	始得西山宴遊記／柳宗元	夜登桐君山／邵遠夫	赤壁賦／蘇軾	項脊軒志／歸有光	晚遊六橋待月記／袁宏道
第四課	送薛存義序／柳宗元	正氣歌并序／文天祥	六國論／蘇洵	口技／蒲松齡	野櫻／楊牧	祭妹文／袁枚
第五課	現代詩選 贈李白／李魁賢	奕喻／錢大昕	玉想／張曉風	正氣歌并序／文天祥	郁離子選 良桐、組父／劉基	正氣歌并序／文天祥
第六課	宋詩選 寄黃幾復、書憤／范成大、黃庭堅、陸游	宋詩選 明妃曲、寄黃幾復、觀書有感／王安石、黃庭堅、朱熹	左忠毅公遺事／方苞	病梅館記／龔自珍	晚遊六橋待月記／袁宏道	娃梨／蒲松齡
第七課	醉翁亭記／歐陽脩	方寸田園／琦君	回家了／冰心	散戲／洪醒夫	坤輿客傳／佚名	夏之絕句／簡媜
第八課	岳陽樓記／范仲淹	赤壁賦／蘇軾	武技／蒲松齡	指喻／方孝孺	勞山道士／蒲松齡	指喻／方孝孺
第九課	遊戲者／心岱	黃生借書說／袁枚	病梅館記／龔自珍	劉老老／曹雪芹	前赤壁賦／蘇軾	留侯論／蘇軾
第十課	黑與白 虎姑婆／廖鴻基	跛腳天助和他的牛／洪醒夫	用奇謀孔明借箭／羅貫中	醉翁亭記／歐陽脩	原君／黃宗羲	泰士錄／宋濂
第十一課	訓儉示康／司馬光	北投硫穴記／郁永河	海洋朝聖者／夏曼·藍波安	報到一丈青／宗臣	我要再回來唱歌／鄭愁予	柏克萊精神／楊牧
第十二課	張中丞傳後敘／韓愈	台灣古典詩選／沈光文、丘逢甲、鄭用錫	正氣歌／文天祥	問候天空／簡媜	現代詩選 薔薇地圖、恢復我們的姓名／吳晟、莫那能	張中丞傳後敘／韓愈
第十三課	祭妹文／袁枚	正氣歌／文天祥		宋詩選 明妃曲、紅梅、觀書有感／王安石、蘇軾、朱熹、陸游	宋詩選 泊船瓜洲、出潁口初見淮山、寄黃幾復／王安石、蘇軾、黃庭堅	宋詩選 和子由澠池懷舊、書憤、觀書有感／蘇軾、朱熹、陸游
第十四課	日本的女人／夏小舟	諫太宗十思疏／魏徵	宋詩選 題竹石牧牛、寄黃幾復、觀書有感二首／黃庭堅、朱熹、陸游			

第五冊

出版社	第一課	第二課	第三課	第四課	第五課	第六課	第七課	第八課	第九課	第十課	第十一課	第十二課	第十三課
三民	典論論文 曹丕	開燈看電視 鄭寶娟	出師表 諸葛亮	陳情表 李密	詩經選 碩鼠	勸學 荀子	雞儒者 韓非	過秦論 賈誼	一桿稱仔 賴和	紅頭繩兒 王鼎鈞	燭之武退秦師 左傳	關雎說趙太后 戰國策	詞選 浪淘沙(簾外雨潺潺)—李煜／一翦梅(紅藕香殘玉簟秋)—李清照／破陣子(醉裡挑燈看劍)—辛棄疾
大同資訊	蜘蛛之絲 芥川龍之介	莊子選 庖丁解牛／澡梁之辯 莊周	桃花源詩并序 陶潛	水經江水注 酈道元	新詩選 冷熱飲販賣機／嘗試 馮紹迺	陳情表 李密	典論論文 曹丕	失去的森林 許達然	蘭亭集序 王羲之	與陳伯之書 丘遲	你的耳朵特別名貴 余光中	燭之武退秦師 左丘明	詞選 虞美人／水調歌頭 李煜 蘇軾
正中	琴瑟 詩經	燭之武退秦師 左傳	勸學 荀子	明湖 王鼎鈞	關雎說趙太后 戰國策	賞月 鍾理和	莊子寓言選 庖丁解牛／澡梁之辯 莊周	諫逐客書 李斯	淳于髡優孟傳 司馬遷	此時有聲勝無聲 朱炎	出師表 諸葛亮	典論論文 曹丕	宋詞選 定風波／賀新郎 蘇軾 李清照 辛棄疾
南一	桃花源記 陶淵明	馮諼客孟嘗君 戰國策	我是一枝粉筆	出師表 諸葛亮	詩經選 蒹葭 葭蕼	典論論文 曹丕	焦念 龍應台	世說新語選 謝太傅寒雪日內集／支公好鶴／魏武嘗過曹娥碑下／王子猷居山陰 劉義慶	燭之武退秦師 左傳	蘭亭集序 王羲之	戰士，乾杯！ 黃春明	諫逐客書 李斯	宋詞選 念奴嬌(大江東去)／聲聲慢(尋尋覓覓)／醜奴兒(少年不識愁滋味) 蘇軾 李清照 辛棄疾
龍騰	古詩選 蒹葭 詩經	沙窩子野舖 司馬中原	出師表 諸葛亮	先秦神話寓言選 夸父追日／齊桓公好服紫／王子獻訪友 山海經 列異傳 韓非子 世說新語	軼晉六朝小說 定伯賣鬼／管寧割席 列異傳 世說新語	憶兒時 張繼高		遺民列傳序 范曄	馮諼客孟嘗君 戰國策	諫逐客書 李斯	聽聽那冷雨 余光中	現代詩選 港十四行集之十六 馮至	宋詞選 念奴嬌／雨霖鈴／念奴嬌(赤壁懷古) 柳永 蘇軾
翰林	桃花源記 陶潛	諫逐客書 李斯	出師表 諸葛亮	世說新語選 殷仲堪儉食／詠絮之才／坦腹東床／絕妙好辭 劉義慶	過秦論 賈誼	雁 白荻	禮記 成王高宴飲／大同世界／進學之道 戴聖	萬攜飛過磨田 葉葭	典論論文 曹丕	出師表 諸葛亮	魯智深大鬧桃花村 施耐庵	馮諼客孟嘗君 戰國策	詞選 浪淘沙／念奴嬌(赤壁懷古)／醜奴兒(書博山道中壁) 李煜 蘇軾 辛棄疾

第六冊

出版社	第一課	第二課	第三課	第四課	第五課	第六課	第七課	第八課	第九課	第十課	第十一課	第十二課
三民	老子選（天下皆知美之為美、三十輻共一轂、小國寡民）、莊子選（混沌開竅、魚樂之辯、匍傻承蜩、見金不見人）		諫逐客書—李斯	與陳伯之書—丘遲	情采—劉勰	漁父—屈原	曲選（哨生草、般涉調）—睢景臣	范進中舉—吳敬梓	施與受—張老師	鴻門宴—司馬遷	桃花源記—陶淵明	邯曉的月光—白先勇
大同資訊	詩經選 蒹葭—詩經	楚辭選 橘頌—屈原	三月合歡雪—陳列	勸學—荀子	內外儲說選—韓非	出師表—諸葛亮	樹—林耀德	鴻門宴—司馬遷	馮諼客孟嘗君—戰國策	大同與小康—禮記	湖濱散記選—梭羅	曲選（秋思、醉東風）—馬致遠
正中	橘頌—屈原	韓非子內外儲說選—韓非	早年讀書生活記趣—琦君	察傳—呂氏春秋	韓詩外傳選—韓嬰	欣賞與刺激—錢穆	觀花選—劉向	大同與小康—禮記	北戴河海濱的幻想—徐志摩	與陳伯之書—丘遲	桃花源記—陶潛	元曲選（酹江月、山坡羊、朝天子）—喬吉、馬致遠、徐再思
南一	藝術與同情—宗白華	勸學—荀子	陳情表—李密		檀弓選—禮記	現代詩選「茶的情詩」「麥當勞」、午餐時間—張錯、羅門	卜居—屈原	與陳伯之書—丘遲	水經江水注—酈道元	林沖夜奔—施耐庵	先秦寓言選—莊子	元曲選（大德歌、沉醉東風、遊園）—關漢卿、白樸、湯顯祖
龍騰	少司命—楚辭	鄭伯克段于鄢—左傳	庖丁解牛—莊子		與吳質書—曹丕	登樓賦—王粲	李夫人傳—班固	過秦論—賈誼	八通關種種—陳列	前進—賴和	菜園—沈從文	散曲選（大德歌、落梅風、沉醉東風、塞鴻秋）—關漢卿、馬致遠、白樸、張可久
翰林	國殤—屈原	從你美麗的流域—張曉風	陳情表—李密		韓非子選—韓非	容忍與自由—胡適	勸學—荀子	燭之武退秦師—左傳	看大—王鼎鈞	鴻門宴—司馬遷	庖丁解牛—莊子	元曲選（南呂一枝花、沉醉東風（漁父）、寶花（懷古））—關漢卿、白樸、張可久

訂版）》的精神，在原《九年義務教育三年制初級中學教科書（試用本）‧語文》的基礎上修訂而成的。

這次修訂的指導思想是，聯繫生活，扎實、活潑、有序地全面提高學生的語文素養，培養學生正確理解和運用祖國語言文字的能力，發展學生的語感和思維，養成學習語文的良好習慣；在教學的過程中，努力開拓學生的視野，注重培養創新精神，提高文化品位和審美情趣，培養社會主義道德品質，有利於發展健康個性，逐步形成健全人格。

為了體現多樣化並顯示階段性，初中語文的學習過程分為三個階段，教學重點和編排方式各不相同。

第一階段（第一、二學期）：聯繫生活，著重培養一般的語文能力，課文按照其反映的生活內容分類編排。

第二階段（第三、四學期）：聯繫生活，著重培養記敘、說明、議論的能力，課文按照其反映的生活內容兼顧表達方式編排。

第三階段（第五、六學期）：聯繫生活，著重培養初步欣賞文學作品的能力，課文按照其反映的生活內容兼顧文學體裁編排。

三個階段，貫穿一條主線，就是指導學生通過語文基本實踐，逐漸加深認識學習語文與生活的關係。

三個階段體現著互相銜接、逐步遞進的學習程序。第一階段，先指導學生從整體上學習和把握運用語文的能力。第二階段，進而分解為三種表達方式，使學習得到提高和逐步加深。第三階段，從文章的學習過渡到初步欣賞文學作品能力的培養。這樣，由簡及繁，由淺入深，符合語文學習的規律。

語文學習必須與生活密切聯繫。語文是交際工具，是文化的重要組成部分，是用來反映生活並服務於生活的。聯繫生活學習語文，既「導流」，又「開源」，有利於學生生動活潑地、主動

地學習，有利於學以致用和學文育人。

現在以第一冊爲例，來說明其內容的編排。

第一冊的閱讀課文分六個單元，每個單元五課，按照課文反映的生活內容，由近及遠進行編排。單元內容的順序是：一家庭生活，二學校生活，三自然景物，四想像世界，五古代生活，六古代生活。

全冊中，教讀課文十五課，每課一般用兩至三課時。課文前面有預習提示，後面有練習。預習提示或者提供背景材料，或者針對課文的重點和難點提出一些啓發性問題，引起學生的思考（不要求回答）；同時提出一些字詞，要求學生利用工具書去理解和掌握。練習的意圖分別爲：幫助學生從總體上把握課文，學習課文最精彩之處，通過動口動手來應用課文中學到的東西，通過聯想、比較等進行擴展閱讀。

自讀課文十五課，每課一般用一課時。少數課文也可讓學生課外閱讀。自讀課文的提示中所提的問題也是爲了啓發學生思考，不要求學生回答。課文後的練習，要求學生在自讀過程中選做。課文注釋從簡，有些生字生詞，由學生自查工具書解決。

以上教讀及自讀課文屬於範文系統，約占全書篇幅的三分之二，其餘助讀系統、作業系統、知識系統合計約占三分之一，現在將全書的篇目列舉於下，以供參考。

大陸初中國文　目　錄
閱　讀

寫作、口語交際

語文實踐活動

注：篇目前沒有標號的是教讀課文，標有＊的是自讀課文。

　　㈡**高級中學語文教科書**（註二一）

　　人民教育出版社語文二室所編的《高級中學課本·語文》，是根據國家教育委員會1990年（民國79年）制訂的《全日制中學語文教學大綱》（修訂本）的基本要求，貫徹降低難度、減輕負擔、提高質量的原則，在1987年版全日制高級中學語文課本的基礎上修訂而成的。

　　這次修訂的指導思想是：

　　1.在初中的基礎上，進一步提高學生的現代語文的閱讀能力、寫作能力和聽說能力，使學生初步具有文學鑒賞能力和借助工具書閱讀淺易文言文能力。讓學生扎扎實實地學習語文基礎知識，認認真真地培養語文基本能力，生動活潑地發展智力。

　　2.重視思想品德教育和國情教育。在語文教學的過程中，潛移默化，培養學生的社會主義道德情操、健康的審美情趣和愛國主義精神，提高學生的社會主義覺悟。

　　3.著重建立現代語文讀寫能力的訓練序列。知識點和訓練點少而精，求實效。縱向注意循序漸進的序列，橫向注意互相滲透，互相促進。突出重點，由易到難，以簡馭繁。課本體系要體現綜合性、序列性、實用性，易教易學。在訓練過程中，注重培養學生的自學能力。

　　以下說明各冊教科書的編纂體例：

　　1.課本的內容有：⑴議論文、記敘文、說明文的讀寫知識和能力訓練；⑵聽說的知識和能力訓練；⑶文學鑒賞的知識和能力訓練；⑷文言文的閱讀知識和能力訓練；⑸現代漢語的重點知識和能力訓練；⑹相應的附錄（如現代漢語詞語表、文言常用實詞

註二一　本節的內容取材於《高級中學課本·語文》第一冊書前的《說明》。

表、應用文例文等）。

2.三年六冊共有37個單元，141篇課文。單元分配如下：

冊次 ＼ 文體 單元數	議論文	記敘文	說明文	散文	詩歌	小說	戲劇	文言文	小計
第　一　冊	1	2	1	1				2	7
第　二　冊	1	2	1	1				2	7
第　三　冊	1	1				2		2	6
第　四　冊	2				1	1	1	2	7
第　五　冊	1				1	1		2	5
第　六　冊	1	1	1		1			1	5
小　　　計	7	6	3	2	3	4	1	11	37

3.每一單元有下列三個項目：(1)單元教學要點、(2)課文、(3)單元知識和訓練。

(1)單元教學要點：主要從閱讀和寫作著眼，指明全冊單元的教學要點，這裡把六冊的「課本單元教學重點一覽表」附印於下，以供參考。

冊	單元	文體	單　元　教　學　要　點
第	一	記敘文	一寫景狀物的一般要求 二寫作專項訓練：觀察和認識 三聽說訓練：復述
	二	記敘文	一敘事寫人的方法 二寫作專項訓練：根據材料提煉中心 三修改文章：中心的深化

	三	議論文	一把握觀點和材料的關係 二精讀和略讀
一	四	說明文	一抓住特徵說明事物
	五	散　文	一散文的景和情 二理解文章的詞語
	六	文言文	一怎樣學習文言文 二掌握和使用工具書
冊	七	文言文	一誦讀的要領
	附　錄		一現代漢語詞語表 二文言常用實詞表 三簡化字總表
	一	記敘文	一記敘文的材料 二寫作專項訓練：聯想和想像 三修改文章：材料的選擇和剪裁
第	二	記敘文	一記敘文的構思 二寫作專項訓練：安排好結構 三聽說訓練：採訪和答問
	三	議論文	一圍繞中心論點展開論述 二理解文章的句子 三聽說訓練：討論
二	四	說明文	一按合理順序說明事物 二速讀
	五	散　文	一散文的形和神

	六	文言文	一、學習文言實詞應該注意的幾點㈠ 二、學習文言實詞應該注意的幾點㈡
冊	七	文言文	一、學習文言虛詞應該注意的幾點 二、常見文言虛詞的用法㈠ ——之其而則或乃既即
		附　錄	一、現代漢語詞語表 二、文言常用實詞表
第	一	議論文	一、論證的結構和方法 二、修改文章：結構的調整 三、聽說訓練：演講
	二	記敘文	一、夾敘夾議 二、把握文章的思路 三、寫作專項訓練：安排好段內層次
	三	小　說	一、小說的人物形象、環境 二、比較閱讀
三	四	小　說	一、小說的情節和主題
	五	文言文	一、詞的活用 二、常見文言虛詞的用法㈡ ——以於雖然若為惟因
冊	六	文言文	一、斷句 二、常見文言句式 ——判斷句、被動句、疑問句、否定句
		附　錄	一、現代漢語詞語表

			二文言常用實詞表
第四冊	一	議論文	一辯證的分析 二寫作專項訓練：修飾詞句 三修改文章：段內層次的調整
	二	議論文	一議論文的語言 二聽說訓練：辯論
	三	戲　劇	一戲劇衝突和戲劇語言 二研究性閱讀
	四	詩　歌	一現代詩歌鑑賞
	五	小　說	一中國古代小說的特點
	六	文言文	一常見文言虛詞的用法㈢ 　　——蓋所者安何故且遂
	七	文言文	一文言文的翻譯 二省略和倒裝
		附　錄	一現代漢語詞語表 二文言常用實詞表
第	一	議論文	一文學評論的特點 二專題閱讀 三寫作專項訓練：綜合運用表達方法 四聽說訓練：口頭報告
	二	詩　歌	一古代詩歌的優秀傳統 二語言和語境

五	三	小　說	一小說的鑑賞 二修改文章：詞句的推敲
	四	文言文	一學點古代文化常識
	五	文言文	一常見文言虛詞的用法㈣ ——也哉矣耳焉乎已夫
冊		附　錄	一現代漢語詞語表 二文言常用實詞表 三應用文例文
第	一	議論文	一雜文的特點 二議論文閱讀、寫作綜合訓練 三聽說訓練：即席發言
	二	記敘文	一記敘文閱讀、寫作綜合訓練
六	三	說明文	一說明文的語言 二說明文閱讀、寫作綜合訓練 三修改文章：綜合修改
	四	詩　歌	一古代詩歌的鑑賞
	五	文言文	一文言文閱讀綜合訓練
冊		附　錄	一我國的現代文學 二我國的古代文學 三現代漢語詞語表 四文言常用實詞表

(2)課文：

每單元有3—4課。分講讀課文和自讀課文兩種。

講讀課文：一般是2篇。體現單元教學要點，編有預習提
　　　　　示，思考和練習。

自讀課文：1—2篇，學生自讀、自測，培養和檢驗學生
　　　　　的閱讀能力，編有自讀提示和練習題（側重
　　　　　語言訓煉）。各單元的第三篇是課內自讀課
　　　　　文，配合講讀課文教學；第四篇是課外自讀
　　　　　課文，不提教學要求。

(3)單元知識訓練：

編配跟本單元相關的基礎知識和訓練，涉及閱讀、寫作、
聽說、文體、語言等方面，加強重點訓練，不求面面俱
到，根據需要安排少量的參閱材料。「基礎知識」主要
供學生自學；教師進行適當指導，不要增加內容。

　單元中的基礎知識，教學時要從整體著眼，既要分階段有重
點地教學，又要引導學生掌握系列知識，滲透到其他相關的單元
教學中，融會貫通。

　現在將第一冊的篇目列舉於下，以供參考：

第一單元　記敘文

第二單元　記敘文

　　注：篇目前不標符號的是講讀課文，標有＊的是課內自讀課文，標有
　　　△的是課外自讀課文。

三、香港地區

　　香港的教科書也採用審查制，中學語文教科書是由各出版社組織人員根據香港教育署頒布的《中學中國語文科課程綱要》編撰，然後送交教育署審查，批准後印刷，供學校和教師選用；但教材的精讀篇目由教育署規定，教材編寫人員只能自主選編略讀教材及課外讀物。香港的中學為五年制，本國的語文課程稱為「中國語文」；中四、中五年級時，加授「中國文學」課程。這裡擬以麥美倫出版社的版本為例，來介紹香港中學的本國語文教科書。

㈠中學中國語文課本（註二二）

香港教育署課程發展議會於1990年（民國七十九年）頒佈《中學中國語文科課程綱要》，其中規定的教學目標是：「一培養學生閱讀、寫作、聆聽、說話和思維等語文能力，提高學生學習本科的興趣，並使學生有繼續進修本科的自學能力。二藉著本科的教學，啓發學生的思想，培養學生的品德，增進學生對中國文化的認識，並加強學生對社會的責任感。」麥美倫出版社於1991年（民國八十年）開始出版的中學《中國語文》課本，是爲實現這個教學目標，遵照《課程綱要》的有關規定及《中學中國語文課本編纂指引》所確定的原則編寫的。全書共十冊，供中學一至五年級使用，每學期一冊。

爲達到《課程綱要》所規定的語文教學目標，本書以精讀教學爲主體，全面進行閱讀、寫作、聆聽、說話的訓練。思維能力、自學能力的培養，對學生思想品德的教育，貫穿在讀、寫、聽、說的訓練過程中。各項語文基本知識的教學，與語文訓練緊密配合，爲提高學生的語文能力和文化素養服務。各種語文能力的訓練和語文基本知識的教學在本書中的安排，既注意各個年級有所側重，又注意各個年級之間的銜接連貫，大體上有一個由淺入深、循序漸進的編排系列，力求使教學內容豐富多采，形式生動活潑，具有科學性、適應性、實用性和趣味性。

本書按照《課程綱要》規定的精讀課文篇目編排成冊，中一至中三每冊編入十六篇至十八篇課文，中四、中五每冊編入五篇至八篇課文。中一至中三各冊的課文按單元編排；單元的組成，

註二二　本節的內容取材於麥美倫版《中國語文》第一冊書前的《編纂說明》。

以表達方式和文體為主，同時兼顧課文的內容；每個單元前面有對本單元課文的文體特點、表達方式和思想內容等的簡要提示。中四、中五各冊的課文，按《中學中國語文課本編纂指引》規定的次序編排。

　　每篇精讀課文的教學內容，依次包括下列九項：

　　1.教學重點：針對每篇課文的特色，在課文前端，從表現手法、語言運用和思想內容幾個方面提示本課的教學重點；每篇課文的教學重點分別體現在預習提示、課文研討和應用練習等教學環節中。

　　2.作者：對作者的生平、主要成就、重要著作及作品風格等作介紹。

　　3.題解：對課文的出處、寫作背景、課文內容和寫作特點作簡要的提示。

　　4.課文：每篇課文均以課程發展議會提供的版本為依據，再同其他版本相校讎，務求字句、分段和標點準確無誤。在課文編排方面，採用對頁編排的方式，使課文與注釋排在一起，以利學生對照查閱；另外把文言課文完整地重覆一遍，以利學生閱讀。

　　5.注釋：課文中艱深難懂的字、詞、句、方言、俚語和古語等均用語體加以注釋。需加注音的字，則採用漢字直音（粵音）標注；另外每冊書後備有普通話注音的索引，作為補充。

　　6.預習提示：旨在培養學生自學的能力，本書各篇課文的預習提示，包括下列三個方面——

　　(1)在閱讀方法上給予學生指導。

　　(2)在默讀或朗讀課文，並借助注釋，瞭解課文大意的基礎

上，啓發學生思考，爲下一步研討課文打下基礎。

(3)讓學生在預習過程中動手查檢工具書和有關資料。

7. 課文研討：這是精讀教學的一個主要環節。在學生預習的基礎上，教師採用提問或討論的方式，引導學生深入鑽研課文；課文研討依次分爲下列幾項——

(1)內容討論：探討課文的內容和主旨、段意及對內容的評價。

(2)篇章研究：研討課文的文體特點、篇章結構和表現手法等。

(3)語言揣摩：領會課文中某些詞語、句子的深層含義，體味課文在遣詞造句的妙處和修辭的技巧，學習標點符號和常見文言虛詞的用法。

(4)改文例析：列舉作者修改文章的例句，或課文中某些可以作進一步修改的詞句，透過分析、比較，使學生懂得「文章不厭百回改」的道理，提高辨別優劣的能力，養成修改文章的習慣。

8. 應用練習：旨在鞏固、加深在課文研討中所獲的知識，並學以致用；既突出課文的教學重點，又兼顧練習內容的豐富性和練習形式的多樣性。應用練習包括下列各項內容——

(1)說話與聆聽：有複述課文大意、朗誦課文或背誦片段、講述故事、討論問題、發表見解等形式。

(2)語言運用：包括漢字字形辨認、用字組詞、詞義辨析、詞語比較、選詞填充、詞語替換、用詞造句、句子仿作、句式變換、句子辨識、句子續寫和各種修辭手法的辨認等。

(3)章法學習：包括劃分段落並概括段意、編寫課文結構提綱、填寫課文結構層次表等項內容。

(4)修改訓練：本項練習與課文研討中的「改文例析」相呼應，透過對一些有語病的句子作修改的訓練。

(5)閱讀理解：本項練習盡可能向課外延伸，選取與課文的內容和寫法相似，或內容相近而寫法不同，或內容不同而寫法相似的文章，作為閱讀的材料，透過分析、比較，加深學生對課文及同類文章的寫法的理解。

(6)文章習作：以閱讀教學中學到的有關文體和表達方法的知識為指導，寫作同類體裁的文章。這種練習有命題作文，也有劃定範圍，由學生自行擬題的作文。每篇習作都有詳細的作文提示，從選材、立意、構思到表達方式等均給以具體指導。此外，還有其他類型的寫作練習，如寫片段、看圖作文、鋪寫、縮寫、文言文改寫等。實用文的寫作練習，則按《課程綱要》規定的內容，依其難易程度，分別安排在各冊中，與其他各類文章習作穿插進行。

9.文化知識：配合每個單元的教學內容，在單元之後編入一篇文化知識短文，供學生自學，內容涉及中國的風俗、習慣、制度、文學、藝術、語言、文字等，以增進學生對中國傳統文化的認識，並增強本書的知識性和趣味性。

本書各冊後面均有附錄，供學生參考和查檢之用。附錄的內容，除各冊語文教學重點分佈表外，還包括漢字、詞匯、語法、修辭等方面的知識。

在版面設計上，本書採十六開大本彩色印刷，圖文並茂，使課文內容能更加直觀形象地顯示出來，以利學生理解，並提高閱

讀興趣。底下列舉第一冊的篇目，以供參考。

第一單元

第二單元

第三單元

第四單元

第五單元

第六單元

㈡中學中國文學課本（註二三）

　　麥美倫版的中學《中國文學》課本第一冊於1992年（民國八十一年）11月出版，這是根據香港教育署課程發展委員會於1986年（民國七十五年）頒佈的《中學中國文學科課程綱要》和《中學中國文學科課本編纂指引》編寫的。課文篇目和「文學常識」悉依該《課程綱要》的規定。

　　在體例上，按照時代先後和文體性質，組成十五個單元；「文學常識」分別編配於各單元之內，並與課文構成有機的聯繫。全書分為四冊，依次供中四、中五年級使用；每學期使用一冊。

　　第一冊包括先秦詩歌、散文，漢代傳記文學、樂府民歌和魏晉南北朝五言詩、駢文六個單元（十篇）。

　　第二冊包括唐詩和唐宋散文二個單元（九篇）。

　　第三冊包括唐宋詞、元曲和明清小說三個單元（十篇）。

　　第四冊包括現代詩歌、散文、小說和戲劇四個單元（六篇）。

　　在項目上，各單元都由四個基本部分組成：甲、學習重點；乙、課文；丙、文學常識；丁、單元複習重點。

　　甲、學習重點：依據教學目標，並視課文特色而定；或注重

―――――――――――――――

註二三　本節的內容取材於麥美倫版《中國文學》第一冊書前的《編纂凡例》。

內容精華的體味，或注重文體、風格的認識，或注重寫作技巧的探究，以作爲教學各階段所環繞的中心。

乙、課文：學習課文，設有預習、課堂教學和複習三個階段；基於三個階段的實際需要，各課設計如下欄目——

1.作者：扼要介紹作者的名號、時代、個性、經歷、重要著述、文學風格、文學地位，以及與課文有關的事蹟。

2.解題：解釋課題的意義，分析課題的內涵，說明寫作動機和時代背景。

3.注釋：對不易理解的詞語，用簡潔的語體予以注釋；對不易理解的文句，作必要的點示；對不易讀準的字，用漢字直音（粵音）標注，另外每冊書後備有普通話注音的索引，作爲補充。

4.預習要求：提出適當的問題，供學生自讀課文以後思考、求答，以爲深入理解、欣賞和討論的基礎。

5.分析和欣賞：就課文的內容和主旨、文體特點和寫作技巧等項，給予簡明扼要和富有啓發性的論析；比較複雜的課文，增加結構提綱一項，以作爲賞析、探究的指引。

6.討論問題：所列問題，包括內容探討、技巧分析、文筆欣賞、文體辨識和風格特色的體認等，力求少而精，重點突出。題後均附有「提示」，或介紹必備的知識，或提供思考的線索，爲課堂討論創造方便的條件。

7.應用練習：設計的項目有——課文問題、箚記、改寫、撮要和作品評述等。對「改寫」練習，附有簡要的「提示」；對「作品評述」，也提供一定的資料。

丙、文學常識：這是課本的重要組成部分，本書按照《課程綱要》的有關規定和同學們的實際水準，以精簡扼要

和淺易的原則編撰，並與課文的相關欄目呼應。爲了闡明見解，有的酌引課文以外的詩文片斷，且作注釋或語譯。

丁、單元複習重點：根據「文學常識」設計，兼及課文的比較練習；包括問答題、文學知識和修辭技巧的表解等項。本欄只供複習思考用，而不要求作答。

在版面的設計上，悉同《中國語文》課本。底下列舉第一冊的篇目，以供參考。

四、小　結

　　近年來，兩岸三地對於中學課程與教材的革新，可以說是不遺餘力；尤其對語文教科書的編纂更是精心策劃，不斷在推陳出新，稱得上琳琅滿目，令人目不暇給；但由於彼此的交流仍受到某些因素的限制，個人所蒐集的資料還只是零星的片段，難以窺其全豹，再加上有些改革仍處於初步進行的狀態，也不能遽下定論，所以有關三地語文教科書異同的比較、優劣的分析，一時還無法進行，此事只得俟之異日。本章的寫作，只就兩岸三地現階段的語文教科書作取樣介紹，先求初步的認識，以備將來再從事深入的研究。

　　雖然要作比較是有困難，但整體來看，語文教科書的發展趨勢，已經出現下列一些共同的特點：

　　第一，從文體的角度看，教材已由單一的文言文發展為文、白混編或分編，並以白話文為主。

　　第二，從選文的角度看，教材已由只選傳統的名家名篇發展爲既照顧到傳統名篇，更注意選用反映時代精神和時代氣息的文章。

　　第三，從課文的編排方式看，教材已由傳統的按時代爲序的「直線」式，發展爲由淺入深、循序漸進、螺旋上升的「圓周」式。

　　第四，從課文的組合形式看，教材已由孤立的單篇文章的羅列堆砌，發展成按一定的教學要求，具有一定聯繫的單元組合。

　　第五，從編輯意圖看，那種只重文學教育、文藝欣賞、輕視或忽視語文應用的傳統觀念已受到衝擊，而研究規律、兼顧文學性與實用性，並以實用爲主的教材觀已初露端倪。

　　第六，從結構成分看，單一的範文系統已發展成範文系統、知識系統、作業系統和助讀系統的綜合。（註二四）

註二四　以上六個特點，引自倪文錦、歐陽汝穎主編，《語文教育展望》，頁118。

第六章　現階段中學國文教學評析

第一節　傳統學習方法不宜偏廢

一、資訊科技對學習的利弊

(一)電腦輔助語文教學的新趨勢（註一）

結合資訊科技的電腦輔助教學已經成為新時代的教學方式，其功效也因為硬體的改進與軟體的發展而日益顯著；應用電腦輔助教學，主要是利用電腦所具備的這幾項特性：

1.準確性高。

2.執行速度快。

3.記憶容量大，可以永久保存並可隨機存取資料。

4.螢幕畫面出現的多樣式可引起學習的注意與興趣，進而促進瞭解與反應。

5.邏輯架構清楚，可以符合課程單元作層次性的介紹，或重複、或隨機運用。

所謂資訊科技，是指所有使用科學技術來製作、獲取、儲存、操作、綜合、溝通與展示數據資訊的各種方式，這些方式包括文字、圖表、動畫、影像和音響等。

資訊科技（包括多媒體和網路技術）能提供接觸面寬闊通暢、直接觀察形象的交互式學習環境，有利於激發學生的學習興趣和

註一　本節取材於倪文錦、歐陽汝穎主編，《語文教育展望》，頁62—64。

進行商量對話與共同學習。此外，資訊科技能提供圖文音像並茂的多種感官綜合刺激，有利於情境創設和大量知識的獲取與保存。資訊科技還能按照文本，在互聯網上，組織建構知識庫、訊息庫。這不只有利於學生的主動發現，主動探索，也有利於學生發展聯想思維和建立新舊知識之間的聯繫。因此，資訊科技對學生認知結構的形成與發展，即促進學生關於當前所學知識的意義建構是非常有利的。

　　學習工具的革命，必然引起教學模式的變革。二十世紀九〇年代以後，隨著多媒體網路技術的日益普及，以「學」為中心的教學設計理論逐漸發展起來。它強調以學生為中心，要求學生由外部刺激的被動接受者和知識的灌輸對象，轉變為訊息加工的主體及知識意義的主動建構者；也要求教師由知識的傳授者與灌輸者轉變為學生主動建構意義的幫助者與促進者。這就意味著教師應當在教學過程中採用全新的教育思想與教學模式，徹底摒棄以教師為中心，強調知識傳授，把學生當作是知識灌輸對象的傳統思想與教學模式。

　　電腦輔助語文教學的新模式誕生於二十世紀末期，但目前還不是很成熟，而且有突然當機的顧慮，需要不斷加以完善和發展；然而它代表了國際語文教學的某種新趨勢，所以一直受到人們的關注。未來電腦輔助語文教學的發展，從學習心理的觀點與教學功能而言，必須伴隨著傳統教學的主流前進，讓資訊科技輔助傳統教學，同時讓傳統教學利用科技，相輔相成，才能發揮教育的最大功效。

㈡過分依賴電腦的弊端

　　由於電腦具有直觀、快速、便利等種種優點，再加上教育當局的重視與提倡，現在學生使用電腦日益普遍，卻因為過分依賴

電腦，開始出現一些弊端。根據《聯合報》記者邱恬琳在臺北的採訪報導，臺北市立百齡高中國文老師徐美慧表示，因為教育政策重視 e 化，學生寫字及寫作的機會減少，缺乏筆順練習，寫錯字的機會頗高，文句也不通順；臺北市立大同高中國文老師鍾美珠認為，在追求快速的過程中，學生逐漸膚淺化，對問題的看法不深入。（見民國九十一年七月二十一日《聯合報》）

　　兩位老師所指陳的弊端，可以說是一針見血；另外，公職臨床心理師柯俊銘先生也提出警告說：「現代人過度依賴科技產物，需要記憶與用腦的機會減少，長期下來，腦機能會跟著退步」，他於民國九十一年四月十五日在《中國時報》的「醫藥保健」版，發表《凡事省麻煩──小心腦機能退化》的專文說：

　　「據外電報導，近來日本20至30歲間的青年族群罹患健忘症者有增多趨勢。症狀的擴散，嚴重影響個人社會職業功能，甚至部分患者因故遭公司開除，造成身心調適的困難。專家認為，如此年輕卻出現老人的專利─健忘，恐怕是過度依賴科技產物的結果，畢竟五年前類似的案例鮮有所聞。

　　例如現代人算數常依賴計算機，寫信靠電腦文書處理系統，開車有衛星導航幫忙，連電話通訊錄都可以輸入手機，完全不須背誦。ＩＴ產品的普級化，雖然帶給人們生活的便利，但凡事習慣使用工具代理，相對的也減少記憶與動腦的機會，長期下來，終將導致腦機能的退化，也無怪乎有越來越多的人在簡單的計算、繪圖與讀寫能力上表現低落。故其建議最好的治療方法便是返璞歸真，有空盡量多鍛鍊腦力，如動筆抄寫文章或嘗試心算等都能緩解病情的惡化。

　　其實這樣的懷疑並非無中生有。諾貝爾獎得主 Gerald Edelman 曾提出著名的「神經進化論」，即在腦部發展的早期階

段，神經元根據基因遺傳的指令，在腦中特定的通道自由運行。有些神經元會分化增生或死亡，有些則固定於某位置，並與周遭的神經元產生連結，形成複雜的大腦迴路（circuitry）。其反應了個人遺傳特質與生活經驗，最重要的是迴路連結的強弱取決於其是否經常被使用。

神經連結可以處理感官刺激的輸入，對外在環境作出有效的行為反應。而沒有發揮功能的神經元則會相繼死亡，就像是自然淘汰（natural selection）般，只留下最能因應需求的神經元。個體重複越多的活動（如打網球、背書等），與其相關的神經元便越是活躍，無形中強化了其所組成的神經連結，並形成緊密的迴路。所謂「用進廢退」，若凡事都貪圖方便，過於簡略操作步驟，結果反而會忽略了大腦迴路的使用，神經連結將不再具適應性，且會逐漸萎縮、消滅，我們也將失去其所負責的能力或變得生疏。

…………要避免腦力變差，除持續學習，參與各類活動，吸收新知外，更要多身體力行，善用我們的智慧，活化思考、勤動腦筋解決問題。如此，相信科技的進步與腦力的開發、精進將會是相得益彰。」

二、傳統學習方法的特點與作用（註二）

㈠習慣的特點

傳統學習方法，注重日常習慣的培養。所謂習慣，是由於長時間的經驗或重複訓練，在後天養成的一種比較穩固的、不易改變的行為傾向。語文學習習慣是影響語文學習成效的一個重要因素，同時它也是語文學習的一項重要內容；語文學習不僅要學到

註二　本節取材於佟士凡著，《語文學習論》，頁41—44。

語文知識，提高語文表達能力，同時也要養成正確的學習態度和習慣，掌握科學的學習方法；例如早起背誦詩文、每天寫日記或讀書筆記的習慣，等等。

習慣一般具有以下特點：第一，它不是先天具有的，而是後天養成的，是培養和訓練的結果；第二，它是一種比較穩固的、不用意志控制的、帶有自覺性的定型化傾向，一旦形成就成爲一種定勢，不會輕易改變；第三，它是一種行爲傾向，是具體的、可見的，屬於行爲的範疇，它與人的思想意識有密切關係，但並不屬於思想意識的範疇。

形成習慣的生理機制，是一定的情景刺激和人的某些有關的行爲動作，在大腦皮層所形成的穩定的暫時神經聯繫系統。心理學認爲，習慣的形成有三種訓練方式，即：服從訓練、強化訓練、認知訓練。

服從訓練，是一種帶有強制性的訓練，不管受訓者願意與否，都必須服從訓練的要求，按照規定的行爲方式去做，經過多次重複使之形成習慣。服從訓練的目標，大多是社會的規範和道德行爲。例如，有位學生的字寫得不好，自己還不肯練，於是他父親就規定他兩天必須練習兩頁小字，否則不許休息；這樣經過一段時間，這位學生的字有了很大的進步，不但得到老師的表揚，他也養成了練字的習慣。

強化訓練，是一種不帶強制性的訓練，是一種有意識的行爲的強化，即對受訓者身上自發地出現的一些良好行爲採用各種方式加以鞏固和加強。例如，老師發現某位同學看書時有畫重點的習慣，於是老師就表揚他讀書用心，並教給他一些掌握重點的要領，以後還經常抽閱他的讀書筆記，及時鼓勵，介紹給同學們效法。至於對待不良的習慣，強化訓練的方法不是訓斥和懲罰，而

是加以弱化，使其逐漸消退。

認知訓練，是一種以自覺性為基礎的訓練，通過受訓者的學習和認知，使其認識到所訓練的特定行為的意義、緣由和作用，從而形成適當的動機，以便自覺地去進行訓練，並形成習慣。它注意受訓者的具體情況、目的、興趣和行為的整體性，比較適用於學習習慣的培養和訓練。例如，多數學生都不喜歡寫週記，經過老師的說明和指導，明瞭了寫週記的意義和目的，便自覺地、主動地寫週記，老師又隨時給予指導和鼓勵，後來學生養成了寫週記的習慣，一週不寫就像少點什麼似的。

以上三種訓練方式各有特點，只有對它們進行綜合運用，才是最有效的途徑。

㈡習慣的作用

習慣是由比較穩定的暫時神經聯繫系統形成的一種定型化的行為傾向，因此它對人的行為有著巨大的影響，俗話說「習慣成自然」，就表明了習慣對於人的行為的作用。學習上的習慣，實際上就是形成的一些「學習定勢」，如每天練字，每天寫日記，每天看新聞報導，以及讀書的方式、寫字的要領，等等，這些一旦形成習慣，就會變成一種自動自發的行為，哪怕遇到困難和障礙，也不需要意志的約束，就會自動去克服，從而使習慣的行為方式得以實現。

好的習慣，可以使人形成良好的品質，促進學習和事業的成功；然而壞的習慣只會形成壞的品質，將嚴重阻礙人的進步。有人說「習慣勢力是最可怕的勢力」，這說的是壞習慣一旦形成後，對學習的影響是很大的，從這句話也可以瞭解到壞習慣的反作用是多麼嚴重。

對於學習來說，習慣既是學習和訓練的結果，又是新的學習

或新的習慣形成的基礎。因此，要想有效地進行學習，就要養成作為其基礎的某些習慣；而且只有養成好的習慣才能取得好的學習效果。不然，不好的行為方式一旦習慣化了，就很難矯正過來。所以語文學習的一項重要內容，就是要養成良好的語文學習習慣。

三、養成良好的語文學習習慣（註三）

養成良好的語文學習習慣，既是促進語文學習，提高學習效率的重要因素，又是語文教學的一項重要任務，因此在語文學習中必須給予高度的重視。這正如葉聖陶先生在《中學生》雜志《復刊詞》中所說的：「凡是好的態度和好的方法，都要使它化為習慣。只有熟練得成了習慣，好的態度才能隨時隨地表現，好的方法才能隨時隨地應用，好像出於本能，一輩子受用不盡。」良好的語文學習習慣是通過一系列的模仿，多次的重複，有意識的甚至是帶有強制性的練習，以及與壞的學習習慣作矯正等學習過程和訓練過程而逐步形成的。

在中學階段，養成良好的語文學習習慣主要包括以下幾個方面。

㈠朗讀、背誦的習慣

1.朗讀

朗讀是語文訓練的一項重要內容，在各種讀的能力的培養中，朗讀是處於首要的地位。這不僅因為朗讀是默讀、速讀等各種讀法的基礎，而且朗讀有助於培養使用國語的能力和口頭表達能力，同時朗讀還有利於加深對文章內容的理解。特別是中文的語言節律性比較強，書面語言的組合往往帶有一定的音韻要求，不單學

註三　本節取材於佟士凡著，《語文學習論》，頁44─63。

習詩詞是如此，就是學習一般性的文章也是如此，尤其是文言文，作者在寫作時不光考慮語句是否通順，還要考慮讀起來是否上口。另外像對偶、排比、反複之類句式的韻律特點就更為突出了。因此，我們在學習語文時，只有通過朗讀才能把中文的節律性表達出來，也才能更好地體會到作者所創造的意境。

古人在學習中是十分重視朗讀的，每篇文章都要反複朗讀，所以常用「書聲琅琅」來形容良好的學習狀況。我們今天的國文課程雖然較偏重語體文，但也應重視朗讀，特別是中學階段，要把朗讀能力作為一種基本功來訓練。這就需要培養朗讀的習慣，堅持每天都能利用一點時間，放聲朗讀所學的課文或詩詞。在朗讀時當然要掌握正確的方法和要領，剛開始時要克服害羞的心理，放開聲音朗讀（當然要注意選擇環境，以免影響他人）。凡事都有個從不會到會的過程，如果始終覺得自己讀不好，怕人譏笑而不讀，那就永遠也學不會朗讀。其實學習本身就是一種美德，一般人對於好學者是不會譏笑的；如果能堅持練習，時間久了不但可以提高讀的水準，還可以成為一種良好的習慣。

2.背誦

背誦能豐富人的知識儲備，特別是對於學習運用語文、充實詞彙更是十分必要。國文課本中選入了大量膾炙人口的名篇佳作，在語言的運用上都是極有功夫的，如果我們能把其中的某些篇章或精彩的片段背誦下來，無論對口頭表達或是寫作，都會大有幫助的。古人說「熟讀唐詩三百首，不會作詩也會吟」，道理就在於此。

青少年正是精力充沛，記憶力最強的時期，這時背下來的東西，記得非常扎實，甚至會終身不忘，受用無窮。許多名家學者，對於一些名篇佳作，能夠出口成誦，都得益於青少年時期的背誦。

到了中年以後，雖然也可以背誦一些東西，但遺忘較快，很難持久。因此，青少年應充分利用這一大好時機，多背誦一些名篇，並且養成勤於背誦的習慣，每遇妙語佳句便把它背誦下來，這樣不但能豐富儲備，養成良好的學習習慣，而且還能提高記憶能力。

㈡寫讀書筆記的習慣

寫讀書筆記是前人治學的一個好經驗，古今的文人學者都有寫讀書筆記的習慣。古人所說的讀書要「眼到、口到、心到、手到」，其中的「手到」，即指寫讀書筆記而言。晉朝的左思寫了著名的《三都賦》，轟動洛陽，人們爭相傳抄，一時之間使得紙張匱乏，留下了「洛陽紙貴」的典故；然而他年少時學習並不好，因受父親責備，而發憤讀書，他在室內經常接觸的地方都掛上紙筆，邊讀邊想，隨時記錄，日積月累，終於有了真才實學，為日後的成就奠定了堅實的基礎。我國清朝學者顧炎武，他寫了一部《日知錄》，其實就是一部讀書筆記；有了寫讀書筆記的習慣，就能積累豐富，博學多才，用時信手拈來，左右逢源。

一般的人對讀過的書，日子一久便印象模糊，甚至像沒讀過一樣；有的雖然有點印象，但只剩東鱗西爪，隻言片語，派不上用場，倍感「書到用時方恨少」；就是因為讀完了便丟開，沒有作讀書筆記的緣故。所以人們常說「好記性不如爛筆頭」，就是這個道理。有的學生覺得寫讀書筆記太麻煩，占用的時間也多，因此心裡總是有些犯嘀咕。可是真想學點東西，就不能怕麻煩，必須有不辭勞苦的精神才行；其實若養成了習慣，隨讀隨記，也不會占用太多的時間，就不會覺得很麻煩。

寫讀書筆記的好處很多，對語文學習的作用更大。

首先，寫讀書筆記可以幫助我們廣泛搜集、積累知識；零星的知識經過長期積累、整理，有的就可以成為系統的理論。讀書

筆記的積累對學習語言和寫作更是十分重要，平時所摘記的精闢論述、典故範例、格言警句、精彩片段、統計資料等，不但能豐富自己的語言和知識，還可以為寫作提供材料和借鑑。

其次，寫讀書筆記有助於培養勤於思考的習慣，既然要寫筆記，讀書時就必須動腦思索，考慮書中提出的問題，歸納書中的觀點，整理自己的看法，找出需要記下來的內容，並且對書中的內容進行賞析、評議、質疑，甚至從中受到啟發而創新。

第三，寫讀書筆記有助於對所讀內容的理解和消化。一般的讀書，看過就算了，而寫讀書筆記，有時就不能只看一遍，重要處可能要反覆看上許多遍，這樣必然會加深對內容的理解，並留下較深的印象，不容易忘記。

第四，寫讀書筆記也有利於書面表達能力的提高。寫讀書筆記，在吸收的同時還要輸出，把文字寫到紙面上，這樣就要費一番斟酌，對文字要認真加以組織。特別是在書上寫批語，由於空間有限，必須用詞妥貼，語言精練才行，這樣也可以養錘煉字句的工夫，提高語文的運用能力。

第五，寫讀書筆記還可為日後的學習和研究提供線索。把讀書筆記保存下來，以後如果遇到相關的問題，可以翻閱所作的筆記，從中找到有關的線索，進行比較、對照、歸納、總結以至創發，提出自己的觀點和見解，這也就是在「做學問」。

寫讀書筆記的方式，常見的有以下幾種：

1.書中標注。這是一種不需要準備筆記本，直接在書中以符號標記重要的、有用的、應注意的字、詞、句、段，或者把自己的看法、感想、疑問、評論、受到的啟迪等，簡明扼要地寫在書中「天頭」、「地腳」或兩邊的空白處。

2.摘錄筆記。書中標注法只能用於自己的書，借來的書則不

能標注，可以把書中重要的內容、基本觀點、精闢論述、生動描繪、先進成果、格言警句、成語典故、珍貴資料等摘抄下來，寫成摘錄筆記。

3.**提要筆記**。這是一種整體的、宏觀式的筆記方法，即在讀書時，將書中的基本內容用綱要的形式進行摘錄，或用自己的語言加以概括的筆記方法。

4.**心得筆記**。心得也就是讀後感，就是將讀書時產生的體會、感受、啓迪或疑問、不同的見解等記載下來。

5.**卡片式筆記**。這也可以稱之爲活頁式筆記。它採用小型單頁的形式，靈活方便，可分門別類存放，有利於進行研究比較，也便於使用和查閱，是積累資料的好方式。

(三)**獨立思考的習慣**

學習是繼承前人寶貴知識遺產的過程，但這種繼承不能是簡單的照抄照搬，因襲模仿，那樣人類的知識就會像一桶倒來倒去的水，越倒越少；必須在繼承的同時，在前人的基礎上有所發現與創造，才能產生更多的知識。但是要在學習中有所發現，有所創造，就必須獨立思考。

孔子早在兩千多年前就指出「學而不思則罔」，認爲光學習而不獨立思考就會迷惑不解。思考是掌握知識的中心環節，也是進行科學研究，有所發現，有所創造的前提。我們在讀書時，感覺和知覺只能感知書中的字、詞、句、段，而對各部分之間的聯繫，段意的概括，中心的提煉，技巧的分析，則必須進行思考；如果要從裡面提出新的問題，新的看法，則更需要思考，特別是獨立思考。讀書時如果只是被動地接受書中的觀點，這樣，不論讀多少書，只能是在自己的頭腦中裝進一些別人的思想，而不能形成自己的思想；並且由於他人各種思想的矛盾和雜亂，則很難

形成清晰的思維，這就是孔子所說的「罔」。在讀書時只有善於獨立思考，才能對他人的思想進行分析，從中汲取有益的東西，並把它變成自己思想體系的一部分，這樣就不會造成思想的混亂，也才能有所發現，有所創造，所以孟子說：「盡信書，則不如無書。」（《孟子‧盡心》）

　　所謂獨立思考，就是不做書的奴隸，不做單純的知識「儲存器」，要站在書上去讀書，要敢想，敢說，敢於有自己的見解，不迷信權威。王充主張「好博覽而不守章句」（《論衡‧別通》），「不守章句」就是不迷信，自己動腦筋。當然，要養成獨立思考的習慣並不是一件很簡單的事，有時必須絞盡腦汁；不過一旦理出頭緒，找到真諦，將會領略到無窮的樂趣。也可能費了很大的力氣，反覆思考，得到一個新的認識，然而卻在別的書中發現有人早就提出來了；對此，似乎有些遺憾，但仍然是值得珍惜的，因為從自己頭腦中得出的真理，是自己思想的一個有機組成部分，對它的理解和把握遠比從別人那裡接受過來的要深刻得多，牢固得多。

　　如何培養獨立思考的習慣呢？

　　首先，必須破除一些不應有的思想障礙，這就是自卑心理、膽怯心理和懶惰心理。有些學習基礎較差的學生，往往懷疑自己的創造能力，這是不應該的；只要能克服自己的自卑情緒，讓潛在的創造能力得以發揮，人人都可以有所發現、創造。膽怯心理就是缺少勇氣，往往迷信權威，不敢有自己的見解，這是獨立思考的大敵；青年人必須有敢想、敢說的勇氣，要有志氣、有抱負，破除迷信，去追求真理。懶惰也是獨立思考的障礙，只有勤奮思考才能創出新意；人的頭腦越用越靈，不用就會像閒置的機器一樣，生鏽停滯。

其次，要培養質疑精神。質疑就是提出問題。思考從發現問題開始，並圍繞著問題展開的。因此，引起思考的最好方法，就是多問幾個爲什麼。我國古代的學者總結治學的經驗，認爲質疑是追求新知的開始。明代學者陳獻章說：「疑而後問，問而後知，知之眞則信矣。故疑者進道之萌芽也。」又說：「疑者，覺悟之機也，一番覺悟，一番長進。」所以必須用懷疑的眼光、發現的眼光去學習別人的東西，這樣在學習中思想就會活躍起來。

第三，要培養分析綜合能力。分析就是分解，即是深入到文章的內部分解剖析，將各部分的個別特徵區分開來，並加以比較和鑑別，從而對學習的內容有深入透徹的瞭解和認識。綜合則是在分析的基礎上，把各個部分聯繫起來加以認識，也就是把彼此有關的個別部分與特徵聯繫起來，從本質上和整體上加以把握，對所學的內容系統化。分析理解的過程，就是對所學內容消化理解的過程，必須積極動腦才能完成，這將有助於培養獨立思考的習慣。

最後，培養獨立思考的習慣還要注意克服不良的思維定勢，防止思想的僵化。所謂思維定勢就是一種固定的思維模式，表現在學習上就是學習動機、態度、方法、策略等方面長期形成的固定模式和習慣。這種定勢有好、壞之分，好的思維定勢可以使學習和解決問題變得容易、迅速；不良的思維定勢則會束縛人的思想，使思想囿於固定的框框內，難以有所發明和創造。爲了克服不良的思維定勢，我們必須學會多元思維，努力突破現成的模式；特別是當思考處於山窮水盡的地步時，就要跳出原有的模式，多變換幾個角度去思考，從而找到一個柳暗花明又一村的新天地。

㈣使用工具書的習慣

工具書除了字典、辭典外，還包括年鑑、地圖、圖鑑、目錄、

索引、百科全書等等；它是語文學習中不可缺少的助手，不但可以幫助識字、解詞，而且可以查出典故，提供文獻資料，解決學習中遇到的某些疑難問題。所以有人把工具書稱之為「無聲的老師」、「案頭顧問」。養成使用工具書的習慣，對於語文學習是非常必要的；不然的話，讀書時遇到不認識的字、不懂的詞語或不清楚的問題，也不查找，或亂蒙一氣，結果讀了之後毫無心得，有時還會曲解書中的原意。想要克服這種不求甚解的毛病，必須養成使用工具書的習慣，語文學習才能有所長進。

　　工具書的種類很多，內容和用法也不盡相同，要善用工具書並養成習慣，就要弄清其類別，熟練掌握各種工具書的使用方法和用途。常用工具書大體有以下幾類：

　　1.字典、辭典類。這是學習中最常用的工具書，用來給字詞注音、辨形、釋義和說明用法的；一般字典、辭典的編排方式，主要有兩類：

　　　　(1)按部首編排的方式：如《國民常用標準字典》（正中書局）、《國語日報辭典》（國語日報社）、《辭源》（臺灣商務印書館）、《辭海》（臺灣中華書局）。

　　　　(2)按注音符號順序編排的方式：如《國音字典》（正中書局）、《重編國語辭典》（臺灣商務印書館）。

　　此外，還有專門性的辭典，例如有關人名、地名、動物、植物、地質、礦物、教育、文學、成語等等的專門辭典。

　　2.年鑑。一年發行一次，載錄時事資料的刊物，如《中華民國年鑑》（行政院新聞局）。

　　3.表譜、圖錄類。這是匯集某一方面的資料，用表格或圖片等形式編排而成的工具書；表譜，如《中國歷史紀元年表》（木鐸出版社）、《歷代名人年里碑傳總表》（臺灣商務印書館）；

圖錄，如《中國歷史地圖集》（中華地圖學社）。

4.書目、索引類。書目是指示讀書門徑，提供研究資料線索的工具，如國家圖書館所編的《全國新書資訊月刊》。索引又名「引得」（Index），我國舊時稱為「通檢」，這是把書的內容，逐一摘引，分類編排，注明冊數、頁數，以便讀者檢索，如哈佛燕京學社所編的64種《引得》。

5.百科全書。這是結合各方面的知識編輯而成的一套知識寶庫，依其內容可分為綜合性、專門科目及特定對象等三類的百科全書；如《中華兒童百科全書》（按注音符號順序編排、臺灣書店）、《幼獅少年百科全書》（按條目首字筆畫為序編排、幼獅文化事業公司）。

㈤勤學好問的習慣

「天才出於勤奮」、「業精於勤荒於嬉」，這是大家熟知的名言。然而對於大多數青少年學生來說，真正能做到勤奮好學的還是很不容易的；因為青少年正在成長之中，天真好動，比較貪玩，一玩起來就顧不了學習；還有的因受社會不良風氣影響，不愛學習。但是要學好語文，就必須嚴格要求自己，同惰性作戰鬥，養成勤奮好學的習慣。克服貪玩和惰性並不是簡單的事情，必須要有堅強的毅力；一開始可先採取些必要的措施，如給自己定出每天必須完成的學習任務：讀多少書，寫多少字，堅持寫讀書筆記等；任務的數量要適當，既有利於學習，又不致成為負擔，經常堅持就可以克服惰性，並養成習慣。我國古代大書法家王羲之練習寫字，「臨池學書，池水盡墨」，終於成為「書聖」。荀子在《勸學》中說：「騏驥一躍，不能十步；駑馬十駕，功在不舍。鍥而舍之，朽木不折；鍥而不舍，金石可鏤。」只要有「不舍」的精神，不但可以取得卓越的成就，而且也可以養成良好的習慣。

　　勤奮好學還有一件很重要的事就是「多問」，這也是歷代學者在學習中總結出來的寶貴經驗。古人把學習稱之爲「學問」，意思是既要學又要問。王充說：「不學自知，不問自曉，古今行事，未之有也，……故智能之士，不學不成，不問不知。」（《論衡・實知篇》）因此，在求學的過程中，人們無不把「問」作爲向知識進軍的嚮導。凡是不懂的、有疑惑的、把握不準的，都隨時隨地要問，向老師問，向同學問，向家長問，向一切可能瞭解情況的人問，甚至向弟弟妹妹問；眞正做到像孔子所說的「敏而好學，不恥下問」（《論語・公冶長》），不斷從各方面來充實自己，才能眞正學到東西。

　　培養勤學好問的習慣，首先得有一種謙虛的態度。謙虛是學習的前提，要向別人請教就更需要謙虛。我國歷來都把勤學好問、不恥相師作爲人的一種美德，「一字之師」、「千里尋師」、「程門立雪」等故事一直都被傳爲美談。只有認爲自己學得太少，覺得自己的知識太淺薄，才能有一種如飢似渴地追求知識的迫切願望，才能時時處處虛心向他人請教。如果一個人總是自以爲是，既無求師之心，又無好問之長，就只能把知識置之門外了，還能學到什麼呢？

　　勤學好問，還要有追根究底的精神，不能淺嘗則止。有些學生雖有疑問，但不好意思開口問，好不容易鼓起勇氣提出了問題，如果對方沒解答清楚，或沒有耐心說明，儘管沒聽懂也不好意思再問；結果還是不明不白，似是而非，這樣其實等於沒問。問的目的在於弄清楚問題，獲得眞知；這往往不是一問便可，一說即懂的；而是要反覆探究，追根溯源，不僅知其然，還要知其所以然才行。所以問時就不能只問一個「是什麼」，還要問清「爲什麼」，進而知道應該去「做什麼」。有人把「問」的學問總結爲

「七問」：心存疑問─勇於提問─不恥下問─隨時反問─善於自問─問一反三─問以致用。只有具備了這種一問到底、窮追不捨的精神，才能求得知識的眞諦。

勤學好問，還必須善於動腦思考；只有動腦筋才能抓住要害，問到點子上，問到關鍵處。不然停留在表面上，就事論事，則很難使學習深入進去；不但會使學習流於膚淺，還會使大腦因不用而退化。因此，既要好問，又要善於動腦，「思索不得而後問」才是正確的學習態度。

㈥珍惜時間的習慣

「一寸光陰一寸金，寸金難買寸光陰。」凡是勤奮學習，致力於事業的人，都深知時間的寶貴，珍惜和有效地利用時間早已成爲學習上品質修養的一項重要內容。所以李白曾對天長吟：「恨不得掛長繩於青天，繫此西飛之白日！」龔自珍也寫出了：「若使魯戈眞在手，斜陽只乞照書城。」齊白石曾爲自己治一方石印，叫做「痴思長繩繫日」。可見他們對時間流逝是多麼惋惜。然而有許多青少年，往往不懂得時間的可貴，終日嬉戲貪玩，坐到電動遊樂機前就不願起來，今天的事推到明天，明天又推到後天，日復一日，浪費了許多大好時光。「少壯不努力，老大徒傷悲。」這是我們永遠要記取的教訓。

在科學技術高度發展的現代社會中，時間就顯得更加珍貴。「時間就是生命」，可以說，人類在科學技術上的種種研究成果、發明創造，很重要的一個目的，就是爲了節省時間，汽車、火車、飛機的發明，不都是爲了搶時間嗎？電話、電傳代替了書信，印刷代替了手抄，電腦的文書處理代替人工書寫，以及計算機的問世，等等，無一不與節省時間有關。隨著科學技術的發展，辦事效率愈高，時間就會顯得愈是珍貴。因此，作爲二十一世紀主人

的當代青少年，就更有必要學會在時間上精打細算，養成珍惜時間的習慣。

　　青少年在學習上正處於打基礎的時期，只有爭分奪秒抓緊學習，在學業上打下堅實的基礎，將來在事業上才能有所成就；所以歷代學者、教育家都特別強調青少年時期抓緊學習的必要性。西晉的著名學者葛洪說：「少則志一而難忘，長則神放而易失。故修學務早，及其專精，習與性成，不異自然也。」（《抱朴子外篇・勖學卷》）他認為少年時期，精力充沛，思想單純，學得快，記得牢，而且能養成努力學習的好習慣；過了這一時期，效果就大不相同了，不但學得慢，而且忘得快。

　　時間對於每個人都是一視同仁的，絕不會在一天裡多給任何人一分鐘甚至是一秒鐘的時間。一個人能擁有多少時間，關鍵在於他是不是會把握時間、充分利用時間；俄國歷史學家雷巴柯夫說：「時間是個常數，但對於勤奮者來說，是個變數。用『分』來計算時間，比用『時』來計算時間的人，時間多59倍。」東漢學者董遇，最能利用「三餘」的時間來學習；「三餘」即「冬者歲之餘，夜者日之餘，陰雨者晴之餘。」宋代歐陽脩則善於利用「三上」的時間學習，即「馬上、枕上、廁上」。鍾繇學書，坐則畫地，臥則畫被。他們都是注意利用各種零碎的時間。

　　珍惜時間，還要注意提高時間的利用率，就是在單位時間內盡量學習更多的東西，做更多的事情。這一是需要抓緊，到了學習時間就集中精力學習。二是建立良好的學習環境和秩序，用具和物品的擺放要有條理，書籍、字典、詞典和紙、筆等文具也都要有固定位置，用時隨手可取，不必東翻西找浪費時間。三是要合理安排時間，弄清自己學習的最佳時間，根據生理學研究，每個人都有一段學習和工作的最佳時間，這時頭腦最清醒，效率最

高；但各人情況不同，要通過自己的體驗來確定。

　　另外，還要注意適當更換學習內容，避免長時間只學一項內容，不然會使大腦產生抑制，降低學習效率。最好是把語文學習同其他科的學習，特別是理科的學習相互穿插，使大腦能始終保持興奮狀態，更好地提高學習效率。還要注意進行適當的運動，在疲勞或困倦時，起來活動活動，這不但能提高效率，還有益於健康。

第二節　提升作文表達能力

　　現代學校語文教學的基本任務，是要提高學生的聽、說、讀、寫能力。中、小學的本國語文教學，聆聽、說話的訓練起步早，打好基礎後，學校語文教學的重心則逐漸偏向閱讀、寫作。而在長久的語文學習中，閱讀訓練的分量重，時間多，範圍廣；相對來說；作文訓練則限於條件，老師批改的任務比較艱巨，而所收的效果卻極為遲緩。

　　但是作文是衡量學生語文水準的重要尺度。這是因為，作文能力是學生語文水準的綜合表現；學生作文，不僅綜合地表現出他們字、詞、句、篇的語法、修辭程度，和聽、說、讀、寫的能力狀況，而且全面地反映出他們的觀察力、記憶力、聯想力、思維力等智力因素，和習慣、態度、理想、信念、世界觀、情感、意志等非智力心理因素。實際上，作文訓練是一種綜合性訓練，作文考核是一種全面的考核。正因為如此，重視作文教學的設計和訓練，努力提高學生的寫作能力，無論過去、現在和將來，都是語文教學無可推卸的責任。（註四）

註四　參閱周慶元著，《語文教學設計論》，頁169—170。

一、消除「作文困難」的成見（註五）

在語文學習中，對作文感興趣的學生並不多，多數學生對作文存有害怕的心理：一是覺得作文難寫，二是覺得沒有什麼東西可以寫。

其實，作文並不困難。學生作文不同於作家創作，是一種日常的思想表達，心裡怎麼想，紙上就可以怎麼寫。把自己想說的話，想講的事情，以及對事情的看法，如實地寫出來，就成了文章。為了使文章能寫得清楚明白，寫完了再進行一番調整和修改，努力使事情有頭有尾，先後順序條理井然，把自己的看法作充分的表達。如果還要讓文章生動些，可以對文辭進行一番加工潤色，使用一些恰當的修辭手法，使語言生動、形象活潑。如果能做到這些，就可以寫出比較好的文章來。

也許有人會說，寫文章倒不算太難，但沒有什麼東西可寫，這才是最困難的；「巧婦難為無米之炊」，硬寫也寫不出來呀！其實，這也是可以解決的。事實上，並不是真的沒什麼東西可寫，而是自己不善於挖掘，不善於發現那些有意義的可寫的材料；在每個人的身邊都能發現一些有意義的事情，有的不但是親眼所見，而且還是親身經歷，但由於不留心，或沒有認識到而把作文材料輕易地放過了。這正像法國著名雕塑家羅丹談人們對美的認識一樣：「美是到處都有的，對於我們的眼睛，不是缺少美，而是缺少發現。」譬如寫《我的同學》這個題目，有的學生就可能認為：我的同學跟我一樣，成天在一起，看不出他（她）們身上有什麼特殊的、值得寫的東西，寫什麼呀？實際上每個同學身上都有閃

註五　本節取材於佟士凡著，《語文學習論》，頁143—144。

亮的優點，都有他自己的性格特徵，有許多值得寫的地方，關鍵在於我們能不能去認識、去發現。像朱自清的《背影》，是一篇著名的散文，並沒有寫什麼特殊的事情，僅僅是寫了父親買橘子時攀爬月臺的背影，平常得很；但是在朱自清的筆下，卻寫得那麼生動感人，那麼豐富多彩，原因就在於作者能在平常中看到不平常，在熟悉的事情中寫出新意，寫出了眞知灼見，表達了眞情實感。對此，只要我們用心思考，認眞琢磨，也不是不能辦到的。另一方面，就是平時要注意觀察，注意積累，觀察得細緻了，積累的材料多了，知識豐富了，寫起來話也就多了。

　　以上兩個問題解決了，作文就不會是令人感到爲難的事了。

二、從「做人」與「生活」中學作文 (註六)

　　如何切實提高學生實際有用的寫作能力，向來是語文教學中難以突破的重大課題。多年來，許多有志於此的語文教學工作者，爲了讓寫作教學形成現代化、科學化的體系，不斷地在探索和提出各種設計方案與訓練系統。這一切，就集中目標、循序漸進地提升學生語文表達能力的積極意義而言，都有不少可取的優點。然而，在寫作教學中，如何處理好作文與做人的關係，則更須引起重視。如果就事論事地研究提高寫作能力，就很有可能割裂學生作文中語言文字與思想的聯繫；爲做文章而做文章，這樣去培養寫作能力往往是靠不住的。縱觀古往今來提高寫作水準的根本途徑和巨大動力，不難發現，「作文」的前提正在於「做人」；「文如其人」，是寫作教學中必須遵循而不可顚撲的規律。因而，一切注重語文訓練的寫作教學體系，都不可忽視「作文」與「做

註六　本節取材於李杏保、陳鐘梁著，《縱論語文教育觀》，頁153—154。

人」的關係，都不應只思索作文的法度、技術等等問題，而必須探到根本，重視思想、情感的事；朱自清先生也曾說過：「寫作是基本的訓練，是生活技術的訓練——說是做人的訓練也無不可。」（《論教本與寫作》）一個人惟有懂得做人的道理與方法，他才會對周遭的人、地、事、物產生思想與情感，而寫作的題材自在其中矣。

　　葉聖陶先生曾切中肯綮地指出：「作文這件事離不開生活，生活充實到什麼程度，才會做成什麼文字。」（《作文論》）否則就會陷入不切實際的「唯技巧論」，「對認真練習寫作是有妨礙的」。（《〈評讀和寫〉——兼論讀和寫的關係》）葉先生還明確指出，充實生活的兩個致力目標，是「訓練思想」與「培養情感」，他說「訓練思想，就學校課程方面說，是各科共同的任務；可是把思想、語言、文字三項一貫訓練，卻是國文的專責。」所以，在語文教學特別是寫作教學過程中，把思想、語言、文字三項一以貫之，結合起來進行生活的訓練，則是責無旁貸，不可或缺的。我們看到不少中學生的作文，常犯有詞不達意、文理不通、內容蕪雜、文不對題或思維混亂的弊病，而其癥結多數是一個作文與生活經驗相脫節的問題。

三、作文命題的傳統與創新

　　國文教學的主要任務，就是要培養學生聽、說、讀、寫的語文能力；而作文是語文能力的綜合表現，也是國文教學成敗的關鍵，間接影響到其他學科知識的學習，在各類考試中佔有極重要的配分，往往關係到考生的錄取與否；所以各類的考試中，作文常常受到特別的關注，只要考試一結束，各界人士都紛紛發表意見，傳播媒體無不以作文命題的優劣為報導重點，在在顯示作文

的特殊地位。

　　長久以來，用簡單的詞語或句子作為題目，讓學生照著去敘寫、論說的作文命題方式——單一題型，因為落於傳統經義題的窠臼，常被人們所詬病，所以近年來的作文命題方式都趨向於具有開創性，符合多元化、活潑化、精緻化、經驗化、生活化的原則，以擴充、濃縮、仿寫、改寫、組合、閱讀心得、設定情境的方式來設計題目，和大陸、香港等地的作文命題逐漸走向共通的途徑。

　㈠傳統作文命題的優、缺點

　　傳統的作文方式，都是由老師以單一題型命題，學生根據題目來寫作的一種訓練方式。黃春貴先生認為這種訓練方式，具有下列四個優點：

　　1.導向性：命題作文有利於教師的訓練意圖，教師根據作文訓練計劃，設計一套訓練作文題目，可使學生逐步練習各種體裁，熟習各種表達方法，分階段完成寫作訓練的目的。

　　2.限定性：命題作文的限定性，有利於學生確定思維的方向，排除許多不必要的干擾，引導學生很快進入作文的構思過程。

　　3.啓發性：好的命題可以啓發學生的種種聯想，喚起過去曾被感知的事物的印象，激起寫作興趣，順利進入寫作階段。

　　4.可評性：命題作文有統一的要求，體裁一致，內容相近，表達方法相關，不但有利於教師的指導和評改，也有利於學生之間互評互改。（註七）

　　然而賴慶雄先生認為，長期以來作文教學往往難以激起學生的情感和興趣，就作文命題而言，其弊病主要有下列四點：

註七　黃春貴著，《中學國文教學實務精講》，頁453—454。

1.**題目偏高偏難，令學生望而生畏**。稍具難度的文題固然有助於提升孩子的寫作能力，但若超越過多，難度太高，往往打擊學生的士氣，造成學生的恐懼。例如，要求國中、國小的學生寫一篇「論教育改革的重要性」，就會讓這個階段的學生意氣頹喪，寫作興趣消失殆盡。

2.**題目過於陳舊，令學生望而生厭**。例如：「我的志願」，每年開學都寫，從小學寫到高中，學生都寫膩了。這種老掉牙的題目，束縛了學生的思路，扼殺了學生的創造力，「歲歲年年題相似」，不宜再出現。

3.**題目與學生的生活脫節，學生面對文題，猶如面對一道高牆，無法親近**。例如，要求都市的學生寫一篇「農村生活記趣」，沒有這種體驗的學生，如何寫出泥土的芳香呢？

4.**題目大而無當，令學生難以捉摸**。例如「隨筆」、「追求」等文題，雖然洋溢新文藝氣息，可培養學生富有想像力的擴散性思考，但對於一般學生而言，這種隨意的文題，如果沒有加入適當的框架及提示，就如一艘航行在大洋中無舵的船隻，往往不知方向，流於空談。（註八）

從以上兩家的論述中，我們可以瞭解到傳統作文命題固然有其優點，但也確實存在著不少缺點。王明通先生的看法是：由於學生生活經驗不足、發表能力較弱、發表慾望不強，教師若不為之命題，要求其練習，則學生多猶疑不決，難以抉擇；是以國民中學及高級中學課程標準，實施方法規定，作文練習指導，以教師命題為主，間或指導學生自行擬題，自由習作。想要使作文教學成功，老師必須事先充分掌握命題的計劃與原則。

註八　賴慶雄、楊慧文編著，《作文新題型》，頁6—7。

　　王先生認為命題計劃應該依據教學目的，配合作文教學進度，預作一個全學期的習作計劃；分配各類文體的多寡，擬定題目，安排實施。計劃之中，應考慮與範文教學聯絡，與各科教學聯繫，配合時令節日，事先安排，若遇突發事件，可隨機取材命題。

　　王先生又提出命題時應注意的八項原則：

　　1.顧及學生的生活經驗。要從學生所處的社會家庭的環境著想，來思考命題的材料。

　　2.注意學生的學力、需要與興趣，使其能暢所欲言，不致於文思艱澀。

　　3.文題內容宜具體，不宜空洞；文題具體，學生才容易去想像、發揮。

　　4.文題範圍，宜寬狹得宜。低年級學生，寧寬勿狹，蓋範圍寬，可入手之處較多，不致無言可述。

　　5.文體安排先易後難。如記敘文偏於人、事、物的記敘較易寫作；抒情文重在內心感情的抒發，感受深切故為之不難；論說文意在理論的探討，較為抽象，故最難立言。

　　6.文題宜親切有趣。如一題「衣服」，另一題「我的衣服」，則後題較為親切；又如一題「乞丐」，一題「一個爛腳的乞丐」，則後題較有趣。

　　7.題目宜有變化。題目須根據學生生活之不同需要，由多方面命題，使學生思想不限一隅，意象新奇。

　　8.題目措辭，宜求精確、明顯、生動，使學生易解，不生疑惑為是。（註九）

㈡創新的作文命題趨勢

註九　王明通著，《中學國文教學法研究》，頁244—247。

　　賴慶雄先生根據他多年來的觀察，世界各地的作文教學雖然各有自己的發展背景及時代特色，但分析他們的作文題目，卻發現也有共同的方向及趨勢，這些趨勢經過歸納，大致有以下八點：

　　1.由單一命題的局限，走向一題多作的活用：以往的作文命題都採單一題的形式，僅就一個文題來要求學生作文，往往造成「大猜題」的僥倖心理，忽略了學生真實寫作能力的評量，因此，各地的作文考題紛紛走向「一題多作」的形式。常見的「一題多作」命題方式出現在「給材料作文」當中，是先提供一份材料（文字或圖畫），底下列出若干小題，要求學生按照題目作答，有的要求寫不同文體，有的要求改寫，有的要求寫出大綱，有的要求修改病句，甚至有的要求自擬題目等，更有意思的是設計成階梯式，將一篇作文的內容分成幾個小項，要求學生依序作答，最後完成一篇完整的文章。

　　2.文題加入提示語，引導學生的思路：文題是學生寫作時的「第一次接觸」，好的文題能吸引學生的興趣，「不落俗套」是基本的考量。一個作文題目有時候實在對觸動學生的寫作心弦並不能產生積極的效用，因此有些老師就適當地加入一些提示語，以激發學生的興趣，喚起學生內在的情感經驗，指引學生的寫作方向。有時候，題目之前那一段引導語，往往成為開啟學生心靈的鑰匙，學生因為受到它的啟發而思路大開，寫出胸中的塊壘，因為它的指引，而有了豐富多彩的素材和聯想。

　　3.加強寫作技巧的單項訓練，全程規畫訓練次序：傳統的寫作教學大多一開始就要求學生獨立完成一篇文章，這對於語文能力較弱的學生來說，缺乏分解練習、階段練習，負擔又重，往往大大影響他們的信心；對於語文能力較佳的學生而言，也無法精細地、具體地提升寫作能力，因此許多老師便設計了單項訓練的

題型，將寫作所需的技巧細分成若干部分，再針對各個細部加強練習；由於這種單項訓練有明確的寫作目標，有進程、有步驟、有評量的標準，因此常出現在各類練習及試題中，如：片段寫作、縮寫、擴寫、仿寫、改寫等題型，往往採用單項考核形式。另外，近年來，國內外逐漸發展出一種分類指導、序列設計的作文教學計畫，透過有計畫、有目的、有指導的寫作實踐，使學生漸次地具備書面語言表達的能力；這種教學設計是將寫作教學目標以階段性、系統性的全程規畫，設計出一系列可以細部分解，可以具體實施的步驟，然後按計畫逐一實施教學。

　　4.採用大小作文互補的形式，有效規畫文體的全面設計：以往命題常偏重考生綜合能力的檢測，採取「大作文」的方式比較多。晚近各類考試為適應學生才情差異，漸漸出現所謂「大作文」、「小作文」的題型，在同一次考試中，往往採用一大一小兩篇不同文體形式，來評量學生對於不同文體的寫作能力；例如，大作文若是記敘文，小作文便考應用文、說明文或議論文等。

　　5.重視應用文練習，提升適應生活的能力：傳統學生作文常流於在象牙塔內自我呢喃「無病呻吟」的弊病，現代寫作教學則普遍強調「為用而學」、「有感而發」，重視寫作的交際功能。在現今的作文命題當中，時常出現適應現代社會生活必備的應用題型，如書信、便條、啟事、廣告、電報、觀察紀錄等，同時越來越重視自身經驗與感受的陳述，透過這些訓練，使學生能學習日常生活中經常使用的交際方式，訓練學生使用語文作為溝通的工具，增進社會交際的能力。

　　6.重視語言思維訓練，培養學生創造思維能力：許多心理學者都認為語文能力是一種智能的表現，語文訓練可以促進學生思維的發展。作文既是一種語文訓練，也是一種思維訓練，因此在

作文教學上，不但要強調「重知能，輕知識」、「重創造，輕再現」、「重求異，輕求同」的逆向思維、側向思維，將學生的思維運作導入寫作活動中，更以歸納、類比、辯證等命題設計，來鍛鍊學生的思考力、聯想力等等，提升高層次心理功能的發展。

7.**加強科際整合，緊密科目間的橫向連結**：傳統的作文教學都是在語文課堂中進行的，所有的寫作資料和寫作技巧都來自語文教材中。隨著知識的爆發，獲得訊息的通路大增，知識的來源已經很難清楚地劃分界線，若能編擬跨學科的教學大綱，運用各科目間的相互支援，勢必收到「事半功倍」的效果。例如：在自然課中觀察雲的千變萬化，然後指導學生以雲為主題寫下觀察作文；在音樂課聆聽動人的樂章後，讓學生將澎湃的心情寫成一篇抒情文。這種科際整合的連結，使學生有更貼切的親身感受、有更具體的寫作題材，更能抒發自己的情感，也能使學生加深加廣各門學科的知識與學習。

8.**文題富有挑戰性，鼓勵小組創作活動**：平淡的文題無法吸引學生的注意，所以如何使文題成為一把利刃，撞擊學生的心靈，已成為各方討論的焦點。在這方面，有的教師在設計文題時，會考慮學生的心理發展的階段特性，並且適度的給予「挑戰」，以期真正「提升」學生寫作的能力，這樣的想法已漸漸被教師接受，設計小組創作活動。這些小組活動具有參與性、興趣性、娛樂性、合作性等特性，常被用來調節寫作課堂氣氛、激發寫作動機，如：編班刊、編壁報、小組接說故事、小組研究報告等；這些都曾在國外實際教學引起熱烈回響，也是未來作文題型發展的一種趨勢。（註一〇）

註一〇　賴慶雄、楊慧文編著，《作文新題型》，頁14—21。

㈢小　結

開創性的作文新題型，使得作文教學富於具體、生動、趣味等效果，對於小學、國中階段的學生或作文能力較弱的人來說，這種寫作訓練的方式，無疑是比較理想，而且容易收到功效。但在學生的能力與程度達到相當的水準，進入高中階段後，傳統的作文訓練方式仍有其價值，因爲將來在人生遭遇與社會工作中，作者一定是要直接面對題目，自己去立意、運材、布局、措辭，如果沒有指引、提示或給料，就不會寫作，這樣的作文教學還是不能算成功的。

第三節　加強課外閱讀的指導

由於現代科學技術的躍進，電子產品不斷在推陳出新，眞可說是日新月異；電子產品給人類的生活帶來舒適、便利、快速等種種的好處，尤其在休閒娛樂方面，電視具有影像、音響的直觀欣賞效果，電動遊樂器更富於生動刺激的遊戲功能，普遍受到人們的喜愛；但也因爲長時間過度或錯誤的使用，目前已經出現許多弊端，對於健康、生活，以及青少年的學習造成一些不良的副作用，值得我們深自警惕。相形之下，日益受忽視的傳統書本閱讀，已經讓人們體認到還是有其存在的價值；今後在語文教學中，老師需要對學生多加疏導沈迷電子產品的害處，同時加強課外閱讀的指導，培養學生這方面的能力，以引發青少年對閱讀的興趣，養成終身閱讀的習慣。

一、學生沈迷電子產品的流弊

㈠對生理的影響

　　根據本年（民國九十一年）十月十三日《聯合報》記者潘彥妃在臺北的採訪報導：為瞭解國人健康的基本資料，國家衛生研究院正進行大規模的「國民健康調查」，在「國小學童活動」調查部分，全臺抽樣約二千名七到十二歲的兒童，男女各半，結果發現「平日」兒童每天花在電視、電腦（包括電動）的時間約為二點五小時，但看書時間（包括漫畫）才零點六小時，看電視、電腦的時間是看書時間的四倍；到「假日」的情況更嚴重，國小兒童平均每天花四點九小時看電視、電腦，但只花零點九小時看書。研究單位表示，臺灣地區的兒童開始接觸電視、電腦的時間是否過多、過早，是否因此使得近視比率居高不下，兒童的父母是否過度重視「靜態學習」，將是未來進一步探討的主題。

　　這項調查也顯示，除了睡覺以外，臺灣地區十二到十九歲的青少年，平均坐著不太動的時間更長，是九點一小時，其活動包括上學、看書、寫作業、看電視、打電腦、打電動、上網等。這種現象也反映在教育程度上，教育程度愈高者，坐著不太動的時間愈長－大專以上的人平均為七點一小時，而教育程度較低的民眾則是五點一小時。

　　有關沈迷於電視、電腦，導致視力惡化的事例，最近不斷在發生，例如八月二十八日《聯合報》記者李玉梅在板橋的報導：臺北縣一名高中生在暑假期間流連網路咖啡店一星期，目不轉睛盯著電腦螢幕，結果眼睛紅腫、睜不開，連隱形眼鏡都拿不下來，趕緊求救眼科醫師，經縣立三重醫院眼科主治醫師郭鳳如的診斷，是罹患乾眼症、角膜及結膜嚴重發炎，經治療後，才挽回視力。還有九月十一日《聯合報》記者魏忻忻在臺北的報導：開學時節，不少在暑假裡盡情上網咖、打電腦、玩電動的年輕學子紛紛被家長「拎著」向眼科門診報到。眼科醫師指出，現在的孩子用起電

腦根本不顧眼睛，十個孩子有五個都有用眼過度產生假性近視的「電腦眼」，最近還發現一名國中生整個暑假沈迷網咖，近視度數狂飆，一舉增加四百度。國泰醫院眼科主治醫師陳瑩山解釋，孩童青少年在發育期間用眼過度，容易造成假性近視，過去年輕學子多因為看電視或閱讀而有假性近視，進入數位時代，因為電腦使用過度而導致假性近視的個案明顯增加，如果沒有仔細驗光，很容易配到超過實際度數的近視眼鏡，對於成長中的幼童及青少年來說，非常不利於發育及學習。

　　因為沈迷網路遊戲而死亡的案例也已經發生了，十月二十日《聯合報》記者張明慧、林宛諭在豐原的報導：二十七歲男子連文成昨天上午倒臥在臺中縣豐原市成功路「捍衛戰士」網咖廁所，送醫時已死亡，警方在他身上未發現明顯外傷，懷疑是連續在網咖打線上遊戲三十多小時，造成「過勞死」，家屬表示他失業後沈迷網路遊戲，警方依意外死亡結案。豐原醫院家醫科主任李福春表示，網咖症候群與麻將症候群類似，坐著打電腦好幾個小時，有時是極度疲累的感覺交雜著「要戰勝電玩」的興奮感，容易造成交感神經過度興奮，可能會出現手腳變冷、頭發麻、心律不整，甚至休克，對健康危害不小；在網咖坐過久也可能像「坐艙症候群」一樣，手腳沒有適度活動，造成下肢靜脈栓塞導致肺部栓塞，若不儘快就醫，可能會死亡。

(二)對心理的影響

　　現代的生活，物質方面的享受是比以前好多了，然而在心靈上往往感到空虛，精神生活則有日趨貧乏的隱憂，不少年紀大的人除了看電視以外，很少有其他良好的休閒活動來調劑，以致造成精神上的苦悶。根據上述國家衛生研究院所作的調查報告，對於「國人精神健康狀況」，共在臺抽樣約一萬兩千人；研究員鍾

文愼表示，以年齡來看，五十五歲以上的長者明顯精神健康較差，約有百分之十到百分之十六的人符合量表「精神狀況較差標準」；也就是說平均六到十位長者，就有一人在過去一個月內，常出現沮喪、憂鬱、緊張、飲食睡眠出現障礙等，尤其老年女性更嚴重，值得關心。以區域分布來看，臺北縣市、雲嘉南地區民眾「精神狀況較差」的比率較高，約為百分之九到十三，也就是說這些地區的民眾，平均每八個到十個人就有一人，在過去一個月內出現沮喪憂鬱等症狀。鍾文愼表示詳細原因尚未分析，但可能和壓力、經濟因素有關。

　　沈迷於網咖，不只影響到健康與生活，對青少年的心理及課業學習也造成許多惡劣的影響；喜歡流連網咖的學生，往往作息不正常，整天精神委靡，無心讀書，課業一落千丈，給教學帶來很大的困擾，而孩子沈淪於複雜的虛擬世界中，整個人跟著都變了。本年七月十三日《報合報》記者彭芸芳在新竹的報導：新竹科學園區的科技人最近發動一場 e 化尋人大動員，協助園區世界先進積體電路公司副理周漢章尋找他就讀國中的么兒周兆威，除了透過個人電子信箱發送訊息，各大科技廠也透過公關部門寄出電子郵件，協尋動作從竹科串連到南科。周兆威於七月一日離家後失蹤，至今已十餘日，周漢章說，他除了可能發生意外或遭挾持，也懷疑他為了天堂網路遊戲而到不知名的網咖去「練功」；家人並透過網友查出他在遊戲中化身女人，以「絕世佳人」之名，天天透過「戰神馬爾斯」伺服器在虛擬的世界練功。他的雙親感慨到，雖然他們每天面對電腦工作，但現在靠著網路尋找孩子，才知道孩子的虛擬世界比他們的現實生活還複雜；周漢章情緒低落的地說：「這個遊戲世界真的好複雜，男女莫辨、老少不明，內向的孩子怎麼上網後卻是很嗆的女人？」周家夫妻和兩個大兒

子每天都上網蒐尋、呼叫，請求有他訊息者能回覆；熱鬧的網路能否回應他們痛苦的呼聲，他們只能祈禱！

二、閱讀能力的構成

現在，人類已經進入「訊息社會」，作為訊息的科技載體，真是五花八門，不但具有影像、音響的視聽娛樂效果，確實引人入勝；此外，對於吸收新知，蒐集資料、文書處理等等，更發揮了多方面的功能。但是大量貯存訊息、傳遞訊息的最普通、最經濟的媒介，仍然是以紙張印刷為載體的書籍、報刊；科技產品可能因為停電、當機、中毒等不確定因素，而隨時喪失其功能，傳統的書本則沒有這些顧慮；再說長時間盯看螢幕對視力的影響，也比看書要來得大。所以無論科技如何進步，傳統的書本是不可能被淘汰的，閱讀書本還是人們學習知識、獲取訊息的基本途徑。（註一一）以文字為載體的書本雖然比較抽象，缺乏聲、光的直觀效果，但是文字閱讀對於意境、情境的體會，以及思考的領悟，無疑是具有長遠而深刻的影響；聲、光固然具有直觀、生動的吸引力，可是往往一閃而過，感受就不是那麼深入。其實現代印刷技術相當進步，書本也都配上彩色精美的繪圖或照片，做到圖文並茂，適度彌補了不能直觀的缺憾。所以個人認為，傳統的書本與先進的電腦是可以相輔相成的，而且不能偏廢，就好比飛機的兩翼，缺一不可，彼此同時具有平衡輔助的功能。

閱讀書本的能力，就是對書面語言的認識和理解能力，這是人們日常生活、學習和工作中不可缺少的最基本的能力，也是中學語文教學中要著重培養的一種能力。特別是隨著科學技術的發

註一一　韋志成著，《現代閱讀教學論》，頁17。

展和知識的激增，要求人們具有越來越高的閱讀能力；閱讀還可
以給語言的運用和表達打下基礎。閱讀能力主要由認讀能力、理
解能力、鑑賞能力和評價能力等因素構成的。（註一二）

㈠認讀能力

認讀，就是在閱讀時，用視覺來感知和辨認文字符號的過程。
漢字包括形、音、義三個要素，那麼對漢字的認讀，就是要看清
字形，讀準字音，明瞭字義。認讀的過程，就是對漢字的形、音、
義，要求準確而完整的感知，清晰而牢固的記憶，精密而迅速的
分析與綜合。

通過實際分析，影響認讀能力的因素有以下四點：

1.**文字符號的結構**。文字是直接被認知的對象，文字形體結
構的繁簡，對認讀的速度和準確性有很大影響。漢字的形體結構
複雜，字數繁多，是比較難於辨認的。

2.**感知、判斷的能力**。感知能力主要表現在對字形的感知上，
感知能力強就可以準確、迅速地感知字形，以免誤讀；感知能力
差，認讀速度就會受影響。判斷能力主要是在感知以後還要對字
形進行分析判斷，使之得到確認，判斷能力強，認讀速度也就快。

3.**識字的數量**。漢字是單個的表義文字，掌握字數越多，閱
讀中遇到的障礙就越少，認讀的速度也就會越快；也就是說，認
讀能力的強弱與識字量是成正比的。根據統計，閱讀一般性的文
章和報刊，能認識2400到3700個左右的常用字，才能具備基本的
認讀能力。

4.**視讀廣度**。「視讀廣度」又稱「視音距」，是閱讀心理學
術語，指認讀過程中，視覺感知文字形體先於讀音的程度，可以

註一二　本節取材於佟士凡著，《語文學習論》，頁122—129。

用字數的多少來表示。一個人的視讀廣度可以這樣測試：當一個人正在朗讀文章時，把這篇文章突然抽走，文章雖被抽走，但朗讀並沒有立即停止，還可繼續讀出若干個字，這幾個字是先於發音而認讀的，其數目的多少就表明了這個人視讀廣度大小的程度。一個人的視讀廣度越大，認讀的單位也就越大，認讀能力也越強。一般的情況，小學生的視讀廣度只能有一個字或一個簡單的詞，中學生和成年人多以詞和短語為認讀單位，視讀廣度就大一些，認讀速度也快一些。

以上所列的影響認讀的四個因素，除字形結構是客觀因素外，其餘都是主觀因素，是可以通過訓練來提高的。

㈡**理解能力**

理解能力就是在認讀的基礎上，對讀物內容的領會和把握的能力。理解是認讀的發展和深入，是閱讀的關鍵環節，也是閱讀效果的重要體現，理解能力也是閱讀能力的核心。如果只能認讀而不能理解，就等於白讀。

在一般性的閱讀中，理解能力包含以下幾個方面：

1.**正確理解詞語的含義和用法**。詞是語言的建築材料，是構成文章最基本的單位，文章的內容就是通過一個個具體的詞語表達出來的；對詞語的理解是對文章的最起碼的理解。理解詞語首先要理解詞語的含義；每個詞語都有一定的含義，閱讀時，只有準確地理解這個詞語「惟一」的含義，才能正確領會文章的內容。其次，理解詞語還包括弄清楚詞語的不同用法；像「如曰今日當一切不事事」中的兩個「事」，前面的作動詞用，當「做」講，後面的用作名詞，當「事情」講；用法不同，意思也不一樣。此外，還有說反話的詞語，也要注意識別，如《背影》中，作者一再說「我那時真是聰明過分」、「那時真是太聰明了」，其中的

「聰明」，其實是在責備自己的愚蠢，用的是反語。

2.正確理解各種語言結構。在各種語言結構中，首先要理解的就是句子，這是理解文章的基礎；句子是由詞組成的表示一個比較完整意思的語言單位，理解句子主要是根據組成句子的詞語、詞語的順序、詞與詞之間的相互關係以及語氣、語調等來領會句子所表達的意思。其次是理解句群；句群是由句子組成的，表達一層完整意思的篇章結構的基本單位，也是表達思想觀點的一個重要環節；句群常常是一個修辭方式的運用單位，有時則反映著一個完整的推理過程；對句群的理解主要是理解句群的中心語義，瞭解句群中句子的組合方式，認識句群在文中的章法功能；對句群含義（中心語義）的理解，是理解文章內容的基本環節。再次是理解文章的段落；段落是文章中最大一級的語言結構，也是文章的直接組成部分，是認識文章結構的基礎；對段落的理解，一是能瞭解自然段的段意，二是能劃分意義段並瞭解意義段的段義，三是把握文章的結構；這是理解文章的核心部分，要從各段的內容和段與段之間的關係上去領會。

3.理解文章的中心（主旨）。對文章中心思想也就是對文章主旨的認識，是理解文章的最重要環節，是理解能力的集中體現。一篇文章總有一個中心，只有在認真通讀全文的基礎上，從文章的具體內容中提煉概括出來，才能真正理解；不能只抓住隻言片語，主觀武斷，停留於表面的現象上。

4.理解文中各種表達方式的運用。表達方式雖屬文章的外部形式，但都是用來為表情達意服務的，因此，在閱讀文章時，只有掌握了各種表達方式在表現思想內容和情感方面的規律，才能更好地理解文章的內容和寫作技巧；通常情況下，記敘文和小說、散文的表達方式以記敘、描寫為主，有時夾有抒情和議論；議論

文的表現方式主要是議論，有時也夾以記敘和抒情；說明文則以說明爲主，有時也夾以敘述、描寫和議論。另外，小說、戲劇中典型形象的塑造和典型環境的描寫，散文中的情景交融、形散神聚，詩歌韻律和節奏等寫作上的技巧和特點，在閱讀中也都需要很好地認識和理解。

㈢鑑賞能力

閱讀一篇文章，不光要能讀得懂，讀得明白，還應該得到進一步的認識，能夠分辨出思想觀點是否正確，感情是否健康；或知識是否準確，認識是否深刻，形象是否鮮明；材料是否得當，闡述是否全面，條理是否清楚，結構是否嚴謹；以及表現方法上有何技巧，語言和風格上有何特點等等，也就是要能夠進行鑑賞和評價。

鑑賞是比理解更高一級的閱讀活動，它是在理解的基礎上對文章進行鑑別、評價和欣賞的過程，是理解的進一步深化。只有具備了鑑賞能力，才能對讀物作出正確的評價，才能去蕪取精，去僞存眞，使認識更加深入，才能使閱讀有更大的收穫。閱讀中的鑑賞能力，主要包括以下幾項：

1.**掌握對文章進行鑑賞和評價的標準**。對文章的鑑賞和評價首先要看思想觀點，也就是要有正確的是非觀，懂得什麼是眞、善、美，什麼是假、惡、醜，這是用以鑑別文章的基本標準。其次要看藝術技巧的高下，這就需要掌握一定的文藝理論知識，諸如各種創作方法、各種表達方式、語言技巧的運用、各種風格流派的特點等等。另外還要能正確處理是非觀和藝術觀之間的關係，首先是是非標準，然後才是藝術標準。

2.**對文章思想內容的鑑賞和評價**。任何文章都要表達一些思想觀點，因此對文章的鑑賞和評價，首先就要看文章的思想觀點

是否正確，是否反映了客觀事物的眞實情況，反映了事物發展的客觀規律，是否有利於推動人類社會的發展和進步；其次看文章的內容是否眞實，材料是否全面，是否抓住了關鍵的所在，是否揭示了問題的實質，認識是否深刻；再次看文中所表達的情感是否健康向上，文中涉及的知識是否科學準確，事物的發展變化是否符合事理、符合邏輯；另外還要看內容是否充實、交代是否清楚、所反映的事物是否具有社會意義及價值等等。

3.對文章表現方法和藝術風格的欣賞。文章的表現形式是爲內容服務的，對形式的欣賞和評價，主要是看其是否充分有力地表現出所要表達的思想觀點，使形式與內容完美地統一起來，成爲一個和諧的、有機的整體；在實際欣賞的過程中涉及的具體問題是很多的，如擬定標題的藝術性，揭示主題思想的手法，選擇材料的技巧，結構安排的匠心，各種表達方式的綜合運用，語言文字的藝術性，塑造典型形象的方法，典型環境的描寫，情節的設計，文意線索的安排，論證和說明的方法等等，凡屬於表現方法的特點，都在欣賞之列。對藝術風格的鑑賞則需要多加比較，有比較才能有鑑別；可將同一單元的或內容相近的作品進行比較，欣賞不同作家所表現的不同藝術風格；也可以將同一作家的不同作品相比較，找出其特點，欣賞其特有的藝術風格。

三、課外閱讀的指導方法

㈠閱讀教學的兩翼（註一三）

閱讀教學的組成有兩個部分：一是課內的範文閱讀，二是課外閱讀。課內閱讀和課外閱讀是閱讀教學的兩翼，缺少一翼，閱

註一三　本節取材於韋志成著，《現代閱讀教學論》，頁302—303。

讀教學就不能起飛；只有兩翼並舉，閱讀教學才能起飛，飛得高，飛得遠。

從閱讀教學的整體意義來說，課外閱讀的意義在於：

第一，課外閱讀體現語文學科教學社會性與實踐性的特點。語文教學如果只是要求學生積累知識，就不能形成他們的語文素質；要形成他們的語文素質，需要實踐，需要反覆歷練，需要與社會聲息相通，發揮語文的交際功能。「風聲雨聲讀書聲，聲聲入耳；家事國事天下事，事事關心。」就具體地說明語文學習的社會意義和實踐作用。「語文學習的外延與生活的外延相等」，就深刻揭示了語文學習社會性和實踐性的特點。閱讀教學，由於受到學習時間和學習內容的限制，不能滿足學生閱讀實踐和面向社會的要求；這樣，課外閱讀就是課內閱讀教學的繼續和補充，是課內閱讀引向廣闊社會的擴展與延伸。用系統論的觀點來看，課內閱讀和課外閱讀是一個完整的閱讀系統中的兩個子系統，只有同時發揮它們的作用，才是完整的閱讀教學。

第二，課外閱讀能培養學生自能讀書的能力。眾所周知，語文教學培養學生語文素質的要求是全體性、全面性和主體性。全體性，指語文教學要面向全體學生；全面性，指注重對學生德、智、體、群、美五育的全面發展；主體性，指培養學生主動學習，不僅「學會」，而且「會學」，「最終目的，自能讀書，不待老師講」（葉聖陶先生語）。培養學生的語文素質，從閱讀來說，就是「自能讀書」的能力，就是要發揮他們主動學習的積極性。學生在課堂上學習了有關閱讀的知識，正需要到課外去演練，去大顯身手，課外閱讀就為學生提供了得天獨厚的條件。所以課內、外閱讀要同時注重，「課內得方法，課外得營養」，「課內開花，課外結果」，「課內學得少一點、精一點、深一點，課外則要多

一點、廣一點、活一點」，培養學生自能讀書的能力。課外閱讀是學生主動求知和發展的廣闊天地，在這裡學生可以獲得閱讀的自由，將得到主動的發展。

第三，課外閱讀有益學生的身心健康。課外閱讀擴大了學生的視野，增進了學生的思維，陶冶了學生的情操。課外閱讀在學生成長過程中，使他們知書達理，起著激勵和鼓舞的增殖作用。蘇霍姆林斯基曾說：「課外閱讀，用形象的話來說，既是思考的大船借以航行的帆，也是鼓帆前進的風。」（註一四）課外閱讀，在學生面前展現了一個聞所未聞、見所未見的奇妙世界，它指導學生認識人生，熱愛生活；它召喚學生張開思考的風帆，在書海遨遊；它啓迪學生仰以察古、俯以觀今，尋求信仰的力量、精神的支柱；它引導學生獲取知識，發展個性，養成自由閱讀的習慣，建立自己的知識結構。「圖書是物化了的精神產品」，它讓學生增智立志，全面和諧發展，成爲一個具有眞知而自主的人。

　㈡課外閱讀能力的培養（註一五）

對學生的課外閱讀要進行具體指導，主要從下列四個方面來著手：

　　1.閱讀態度指導

心理學指出，人的全部心理活動可概括爲兩大範疇：一是認識活動範疇，如感知、思維、記憶、想像等；二是意向活動範疇，如注意、興趣、情感、意志、精神品質等。前者叫智力因素，後者叫非智力因素。閱讀需要這兩類因素積極參與，然而要讓閱讀

註一四　見蘇霍姆林斯基著《給教師的建議》（下），北京教育科學出版
　　　　社1981年版，第31頁。此轉引自《現代閱讀教學論》，頁303。

註一五　本節取材於韋志成著，《現代閱讀教學論》，頁308—314。

持續順利進行下去，則是非智力因素，其中最重要的是閱讀態度問題。

　　學生對課外閱讀的態度，一開始就有不同；除個別學生積極投入，如飢似渴地盼望課外閱讀外，多數學生是被動的、觀望的；即使奉老師之命讀書，也常常是心猿意馬，外表在看書，實際上並沒有讀進去。因此，要指導學生端正課外閱讀的態度：

　　首先，要有良好的心境。求靜，切忌浮躁。定下心，才能潛心入書，沉浸其中，自得其樂；朱熹《近思錄》說：「性靜者可以爲學」，「爲學本無靜境，唯篤實沉靜之士，始能入其深。」

　　其次，要集中注意。書本的文字符號是通過人的注意而進入大腦的，又經過注意的審視，使其清晰度得到提高，引起激奮的心理狀態，從而加快感知和理解的速度。孟子說：「不專心致志，則不得也。」（《孟子‧告子》）朱熹說：「讀書有三到，心到、眼到、口到。三到之中，心到最急。」（《訓學齋規‧讀書寫文字四》）這都是說，閱讀要靠意志和精神品質來約束自己，把注意力集中指向書本，才能獲取書本的內容。

　　再次，要有恒心。在課外閱讀中，焦慮與懶散是學生容易產生的心理障礙，以致閱讀不能持續進行；對此，只能發揮意志和精神來約束自己，克服焦慮與懶散，不要急於求成，不要急功近利，不要稍不如意就不耐煩；要持之以恒，孜孜不倦。「不積跬步無以致千里，不積小流無以成江海」，「鍥而不舍，金石可鏤」，（《荀子‧勸學》）這些格言是值得我們記取的，只要有恒心，課外閱讀就一定有收穫。

　　2.閱讀程序指導

　　閱讀程序，有不少人作過探求和設計；這裡介紹具有代表性的兩種：

「SQ3R」閱讀程序，這是美國教育心理學家魯賓遜於1946年提出的讀書程序，現在流傳於世界許多國家。

「SQ3R」是英語五個單詞首寫字母的組合，即Survey概覽——Question提問——Read閱讀——Recite復述——Review復習，構成了一個完整的閱讀程序，其具體做法是：

(1)概覽。先將所讀書籍概略地掃讀一遍，閱讀該書的內容提要、目錄、序言、跋，以及正文中的標題、圖表、注釋、參考文獻和索引等附加部分，對全書有個整體印象，大體瞭解全書的框架。

(2)提問。翻閱書的內容，如黑體字或其他重要標示，邊讀邊問，並試圖從中求解，在閱讀中得到印證和補充。

(3)閱讀。帶著問題深入閱讀。對不懂的詞句弄清含義，對書本的內容邊讀邊作圈點、勾畫、批注和筆記，把閱讀向深層推進。

(4)復述。力求回答第二步提出的問題，回憶並復述內容大意，檢查自我學習和記憶的效果。對於不太清楚的部分需要重讀，這是鞏固記憶的手段。

(5)復習。對於所學材料，需要記憶的知識就重點復習，力求記住。

「SQ3R」閱讀程序所定的五個步驟，揭示了閱讀的一般過程，符合閱讀由淺入深、由粗到精、溫故知新的閱讀規律。每一步驟的要求，以自己的完成情況而定，既可提高閱讀要求，也可降低閱讀要求，其時間分配也取決於個人的具體情況。

我國對於閱讀學的研究，其中以顧曉鳴設計的閱讀程序最具代表性。這個程序分五步：（註一六）

註一六　見顧曉鳴著《閱讀的戰略》，上海人民出版社1985年版，第67頁。此轉引自《現代閱讀教學論》，頁311。

(1)閱讀。可以運用各種讀法，如瀏覽、跳讀、掃讀、倒讀、細讀等，為逐個進行以下步驟作好準備。

(2)理解。要在不同的意義層次上理解文獻。

(3)思考。這往往不與閱讀同步，但要在閱讀過程中勻出時間，主動思考。

(4)記憶。必須把不同階段的記憶，如讀了一句、讀了一段、讀了一章和讀了全書的記憶，有機地結合到整個閱讀中去。

(5)表述。閱讀的目的和成果都體現在表述之中，不能用任何方式表述，如口頭的、筆頭的，就意味著閱讀並未完成。

這些環節不能機械地排列先後，它們雖有先後，但更是互相影響的。

這個閱讀程序，強調理解和思考在閱讀中的重要地位，如果真正「理解」書本的內容，且作了認真的「思想」，那麼閱讀必定有收穫。另外，「記憶」是閱讀留下的痕跡，「表述」是衡量閱讀收穫的標識，所以這五個步驟總結了閱讀的基本規律，值得向學生推薦。

3.讀書筆記指導

徐特立先生在湖南第一師範教書時，總結自己的讀書經驗，概括成一句話，叫做「不動筆墨不讀書」，這是說讀書時無論如何要寫點什麼，記點什麼，用以強化讀書的效果。

讀書筆記是個人腦外的訊息儲存器，是大腦記憶能力的延伸。筆記的材料積累多了，就可以使知識增殖，觸發創造，再生新知。讀書時寫筆記，還有助於集中讀書的注意力，把思維集中到書本上來。

關於讀書筆記的寫法，已經在本章第一節三「養成良好的語文學習習慣」中作了介紹，此地就不再贅述。

4.讀書報告指導

讀書報告，其實是讀書筆記的一種，是較慎重全面地談及讀書的心得與體會。

讀書報告，從宏觀的歷史背景來考察，它是人類知識訊息遺產的傳承活動；它能激發所讀書中的知識訊息，爲當代社會生產和生活作出貢獻。從微觀來看，它是對讀者閱讀的鞭策和檢驗，促進提高閱讀的理解與鑑賞的能力。

讀書報告的寫作，主要內容是：

第一，概括介紹讀物：書名、作者、出版年月、出版社、寫作動機與內容概要。

第二，讀物的特色價值所在，包括內容和形式兩個方面。

第三，讀書的心得與感想。這一部分是寫作的重點，是讀者要下功夫的所在。「讀書貴有新得」，在閱讀中，讀者要讀出新的認識，新的思考，新的收穫。「新得」大體有三種情況：一是延伸型，繼承前人研究的問題，深化研究的層次，結合現實弘揚其觀點和主張。二是創新型，研究前人尙未研究的新問題，開墾學術的新園地，提出自己的創新見解。三是評鑑型，從讀物的內容和形式方面來評價、鑑賞，要實事求是，切中肯綮。

課外閱讀，如果能對學生進行具體的指導，學生的閱讀能力與興趣將會出現一個嶄新的局面，養成終身主動學習的習慣，閱讀教學也將走上良性運轉的康莊大道，語文教學將如鯤鵬展翅而扶搖直上了。

第七章　中學語文教學改革評議

第一節　亂象層出的教育改革

一、教改的緣起

民國八十三年（公元1994年），教育部長郭為藩為因應社會要求教育改革的龐大聲浪，召開第七次全國教育會議，會中一致決議成立「教育改革審議委員會」，凝聚共識；同年九月，由中央研究院院長李遠哲擔任召集人的行政院教育改革審議委員會正式成立，開啟我國教育改革的風潮與新頁。

教改會於八十六年（公元1997年）提出「教育改革總諮議報告書」；為落實教改會所提改革建議事項，行政院成立跨部會的「教育改革推動小組」。

教育部於八十七年（公元1998年）依報告書擬定十二項教改行動方案；數年來，歷任教育部長郭為藩、吳京、楊朝祥、曾志朗及現任部長黃榮村，都在教改的路上主導方向，但學生、家長、老師卻是抱怨不斷，升學與課業的壓力並沒有減輕，導致各界對教改成效的質疑。

以「經發會」為概念舉辦的「2001年教育改革之檢討與改進會議」，於民國九十年（公元2001年）十二月十五日由教育部長曾志朗主持，預定一周內提出「高等教育規劃案」，半年後提出「教育政策白皮書」，作為施政依據。

民國九十一年（公元2002年）十月十九日，行政院長游錫堃

參加群策會主辦的「國政研討會」時指出，教育改革勢在必行，且必須通盤檢討，行政院決定擴大教改決策機制，提高「教育改革推動小組」層級，改組為「教育改革推動委員會」，由他本人擔任召集人；擴大教改決策機制後，將涵蓋教師、學生家長與民間代表共同參加，希望廣納各方意見，為教改找出更簡單、明朗的作法，讓教改順利推動。

二、論教改的盲點

教育部召開的「2001年教育改革與檢討會議」，於民國九十年十二月十六日閉幕，隔天《聯合報》發表社論——《教改的罩門：「理念」與「執行」的落差》，明白指陳落差的實際情況，文章說：

「當年教改運動所標舉的『廢除一試定終身』、『增加多元入學機會』等口號和具體方案，如今已經一項一項實施之中，看起來好像增加了學生的學習廣度和選擇機會。但另一方面，眾多現在已經不必再參加大學聯考的高中學生，以及面臨高中多元入學方案的國中學生，課業較以往倍增，是難以否認的事實。僅此一點，教改的成效便深堪質疑。

現在的問題是這樣的。從教改的『理念』層面來說，主要的教改措施都是希望將學生的教育過程拉回到以學習為主要目的，不以升學考試為唯一導向。所以各種改革措施包括：國民學校實施『九年一貫』課程，以學習領域為主，教科書版本多元化；升學方式不以聯考為唯一手段，增加甄試等多種擇才和衡量標準；國中生的基本能力測驗和高中生的學科能力測驗，出題『扁平化』，不以死記或鑽牛角尖的出題為能事；入學機會也大增，大學迅速擴張，並且往『高中社區化』的方向邁進。

　　這套教改理念和措施，在現實中的執行過程和執行結果卻出現了這樣的現象：教科書多元化卻變得龐雜不堪，連李遠哲都說『學生能看懂百分之二十就很了不起』；入學方案多元化變成了『考試多元化』，連甄試項目和課外活動等都成為補習重點；原先做為升學依據之一的基本學力測驗和學科能力測驗，如今成了『超級大聯考』，帶給學生的考試和心理壓力較以往倍增。

　　這就是臺灣教改的『理念』和『執行』之間的落差，其痛苦的後果活生生落在萬千學生的身上！如今學生疲於奔命應付多重版本的教科書，應付多元的入學申請要求，應付多變的測驗科目和甄選項目，最近並且出現了『多元入學是否多金入學』的譏評。……教改的理念如在雲端，學生的處境卻猶如煉獄。……」

　　漢寶德先生於民國九十一年（公元2002年）十一月二日《聯合報》的「民意論壇」發表投書說：「政府推行教育改革已經有些歲月。一般人對於教改改些什麼，並沒有清楚的概念。有人可能認為教改就是廢除聯考，有政治意識的人可能認為教改就是改變教科書的內容，使之本土化。直到最近九年一貫制的課程開始實施，老師們一片抱怨之聲，才使教改問題全面暴露出來，原來不知不覺間，教改竟然在進行教育理論的實驗，可憐的孩子們念了六年書，連算術也不會了!」

　　臺北市蘭雅國小教師羅德水於民國九十年（公元2001年）十二月十七日《聯合報》的「民意論壇」投書說：「十年來，從教材鬆綁、高中多元入學到廢除大學聯考，再到今年開始實施的中小學九年一貫課程，不僅教育改革的幅度與速度前所未見，受到影響的學子與家長更是史所僅見。……有關教改亂象之批判各界多有精論，據筆者初步觀察，其中尤以政策流於口號與前後矛盾為甚。……教育改革的內容經緯萬端，涵蓋層面既深且廣，正因

為如此，政策形成的過程尤應體現由下而上與尊重專業的教改精神，辦教育不是泡即溶咖啡，光喊口號顯然無法推動教改，更何況是一日數變的口號。所有對教改亂象最為傳神的描述就是：臺灣教改像月亮，初一十五不一樣。事實上，對所有家長與考生來說，最無法接受的也莫過於政策的朝令夕改，前後任教育部長的政策不同調不讓人意外，就連同一位部長任內的說法也是前言不對後語，讓人無法適從。……首先，不是大聲疾呼要還給孩子快樂的童年嗎？為何小朋友的書包還是一樣重？審視『九年一貫課程』洋洋灑灑苦心孤詣的國民教育理念、目標與能力，臺灣的小學生除了原本就存在的數學、自然與社會課外，還必須靈活運用電腦，更得學會母語、國語、英語、甚至是第二外國語。關於所謂『課程統整』最為荒謬的現象，正是所有各種專家學者所想得到的學科，與那些政治正確下的各種符號都被融入所謂的『七大領域』課程之中，於是乎人權教育、兩性教育、環境教育、鄉土教育、資訊教育、英語教育，都名正言順成為臺灣國民教育課程的一部分，也因此表面上課程是『統整縮編』了，實際上現在所學的內容卻是無所不包的，我們到底在陶冶小國民健全的人格，還是在培養一個『小大學生』，甚至是『小研究生』？」

對於國民中小學「九年一貫課程」所要達到十項國民教育基本能力的指標，臺北市讀者吳彩霞女士於民國九十年（公元2001年）十月九日《聯合報》的「家庭與婦女」版發表《九年一貫教改上路——拿出具體作法不要打高空》的文章說：「這十項能力當中，尤以增強『生涯規劃與終身學習的能力』最為荒謬！這應是針對成人教育提出的指標，對一個小學生來說，一切喜好性向都仍在基礎培養之中，這時怎麼談生涯規劃？教育專家你教教我！」

此外，朝令夕改、前後矛盾的改革實在多不可數，羅德水老

師也舉了一些例子，例如：一方面宣示要縮短教學時數，一方面卻又表示考慮縮短寒暑假期；一方面高喊高中、高職一樣好、要暢通技職教育，一方面卻又大談廢除高職的必要性；一方面要減輕高中學生的升學壓力，一方面卻又義正辭嚴地論述大學學測包含所有高中科目的正當性；一方面宣示要打造一流大學，一方面卻又全無限制地在各地廣設學生數三五千人的迷你大學；一方面憂慮高教品質向下沉淪，一方面卻又表示大學將持續擴大招生。真不知道這樣漫無章法的教改究竟要伊於胡底？而決策者究竟又從中浪費了多少寶貴的教育經費？

三、對教改的省思

教改推動以來，由於主事者罔顧現實，陳義過高，所定政策往往不切實際，缺乏可行性；以致推動之後，不但沒有減壓、鬆綁，反而治絲益棼，出現許多盲點，徒增教學的困擾，處處窒礙難行；見諸報刊的批評輿論，幾乎無日或已，上節所列舉者不過是九牛之一毛罷了，但已經足以令人感受到教改問題的複雜性。

最近，臺灣大學社會系教授薛承泰在《聯合報》的「民意論壇」投書說：「平心而論，臺灣過去五十年教育的發展，並非一無是處，教育機會的普及與提升乃有目共睹，也是臺灣經濟發展與均富社會成功的要素。」苗栗縣頭份國小陳招池校長於民國九十一年（公元2002年）十一月二日在《聯合報》的「民意論壇」上表示：今天在教改的殷殷期盼中，也許大家過於理想化，把過去一些教育的穩健做法，全盤否定掉，這是很不值得的。漢寶德先生在十一月二日的投書中，最後感嘆到：「過去的制度雖嫌僵化，卻有共識，而現在由專家擬定，連社會共識也失掉了，豈不令人懊惱！」面對層見疊出的問題，現在是應該重新思考、撥亂

反正的時候了。

民國九十年（公元2001年）四月一日——《中國時報》在首次國中基本學力測驗登場的隔天發表《從基本學力測驗看教育改革》的社論，提出三個應思考的問題：教改的思維方式、時間、社會適應，提醒大家來作更深層的反省，茲將其論述摘錄於下：

「首先要反省的是教育改革的思維方式。這些年來，在體制過於僵化，改革架構未明朗的情況下，臺灣養成一種固定的思維方式：只要是改革，就是政治正確。誰反對改革，就是保守僵化。在這種單一思維下，對教育改革的反省，即變成二分法，不是保守就是改革。理性的反省，因之失卻討論的空間，以基本學力測驗來說，最初的設計是避免聯考帶給學生的壓力，以及一試定終生的危險。其立意不可謂不良善。

然而，改革者所忘卻之處在於：在現有體制下，聯招的思維方式已經深入人心，即使是各個國中，從行政領導者到教師，從學生到家長，都難以改變一貫對應方法。其結果即是學校把第一次學力測驗當作是另一種形式的聯考。同樣的，第二次學力測驗是為了彌補第一次測驗的不足，讓學生有機會再考一次。但對家長與學校來說，卻是第二次聯考。教育部門當然希望孩子不要被聯考所害，但這二次基本學力測驗，卻真真實實變成了兩次聯考。

如果在改革與保守之間，還留有理性討論的空間，則整個改革的過程或許可以多加一道對教師、家長、學生的宣導期。同時，為了配合聯考的改革，各學校也可以先試行一段時間的學力測驗模擬。如此，家長與學校也不會被弄得如此被動，如此慌亂失措。

改革還應該思考的第二層問題是：時間。以教育改革來說，這些年來的變化只能用疾風驟雨來形容。從教材到班級編制，從考試方法到上課方式，從學校的設立到整個結構性的改造，幾乎

未曾有任何喘息的時間。其結果即是孩子或家長還未適應，就先被另一個改革捲入。當老師與學生還在爲新教材煩惱之際，學校已經要面對另一種考試，另一套教育方法。改革的方法當然可以有所謂『震盪療法』，以『一次到位』的方式，掃除改革過程的障礙。但教育的不同之處在於：教育無法一次就完成改革，它是百年樹人之大業，其牽動者包括行政機構、教師、家長以及作爲主體的學生。如果不斷改變教育體制，只有讓整個社會無所適從，其危機有時更甚於遲緩的改革。留有時間的緩衝因而是必要的。

改革要思考的第三層是社會適應。任何改革都要回歸到社會的回應才能見到成敗。立意良善的政策，卻因社會環境而以失敗告終，這在歷史上並不少見。現在的臺灣社會，升學主義依舊高漲，而學歷依舊是謀職的重要依據，要學生與家長放棄升學觀念，根本陳義太高。其結果，當然是大家把基本學力測驗當聯考，而學生，就變成更大壓力的犧牲者。

我們並不反對教育改革，但改革並非爲了改革而改革，而是有更遠大的理想，更高的目的。爲了實踐改革目標，整個改革的規劃與設計就應該更慎重縝密。改革的時間與進程，改革的步驟與配合措施，改革過程中的人事與思維方式之改變，更必須在考慮之內。在歷經數年教育改革的狂風驟雨之後，有關當局實應體會改革已不再是一種政治正確，而是要一個大改造之工程。」

這次教改所涉及的層面實在太廣，而且許多政策未經深思熟慮，取得共識，就冒然施行，以致引起各界的質疑與抗議，的確犯了改革的大忌，香港中文大學課程與教學學系副教授黃毅英曾在《聯合報》的「民意論壇」發表投書——《從兩岸三地考試文化看教改困局》，其開頭所引的一段話很值得我們深思：「按部就班地做一大番小事，總好過進行翻天覆地的改革。⋯⋯教育改

革者則更應該以園丁而非工程師自居。」（皮埃爾布迪厄）

四、考試與教學、升學的關係

　　《聯合報》在上述十二月十七日社論的結尾向父母、師長、教育工作者呼籲反省：在當今升學機會已非嚴重匱乏的大環境中，是否仍需要求學生走向「所有學習都只為了考試，所有考試都只為了升學」的嚴酷競爭情境？……臺灣若想要推動教改成功，也需要父母和師長以價值觀改變來共同參與，才可能使教育環境出現改變的生機。

　　這些話講得一點都不錯。但我們也要注意到，科舉考試雖然早已廢止，但是重視學歷、文憑的傳統觀念到今天並沒有多大改變，家長望子成龍的心態始終如一，而且今天公、私機構用人取材莫不注重考試、講究文憑，現實社會的觀念與做法普遍都是這樣，而教人不要重視考試、不去追求更高的學歷，那豈不是緣木而求魚？這也就是我們始終無法擺脫「考試領導教學」之困境的原因。如今教改也是陷於這種兩難的局面，民國九十一年（公元2002年）十月二十日《聯合報》的「聯合筆記」專欄，刊登章倩萍女士的文章——《考試引導教學的昨非今是》，就很明白地指陳這種矛盾：

　　「曾經，『考試引導教學』是聯考的最大罪惡，聯考考什麼，學校老師就教什麼，聯考不考、學校就不教、學生也不學，這是當年臺灣教改運動風起雲湧的關鍵起因之一；現行的國中學生基本學力測驗、多元入學方案，也都是因此而來。

　　九十四年（公元2005年）國中全面實施九年一貫課程後，國中學生基本學力測驗到底要考幾科、考幾個領域，最近各界爭議不休。主張考愈少科、考愈少領域愈好者，是從減少學生的負擔

與壓力著眼；主其事的教育部則顧慮國中學測不考、學校可能就不教，學生程度會下降，至今仍懸而未決。

十年河東，十年河西；『考試引導教學』曾是聯考的最大罪惡，如今卻成了教育部欲藉國中學測主導國中教學的政策手段。考試引導教學的昨非今是，並不是教育哲學典範的轉變，而是反映出教育行政主管機關無力或無心讓國中教育正常發展的無能。」

漢寶德先生於民國九十一年（公元2002年）七月十一日《聯合報》「民意論壇」的投書中，也指出我們必須正視我國考試文化的傳統來從事改革，才能對症下藥。他說：

「近來朝野上下對於試行若干年的多元入學方案開始抱持懷疑的態度，甚至有聯考恢復的聲浪出現。這種發展其實是可以預見的。

記得三十年前，已故徐賢修院士擔任清大校長，輪值聯考主委，力主改革聯考，認為無異於科舉。我以晚輩身份與他爭辯，主張考慮我國特殊的文化因素。然而他所做到的不過把專科學校排除在大學聯招之外而已。真正提倡多元入學，逐步廢除聯考，是李遠哲先生領導的教改會成立以後的事了。

可是我一直以為大學入學的方式，是全民關注的大事，實在不能參照外國的例子。每個民族都有自己的傳統，而中國人以科考取士已經一千多年了。有能力、有學問的人通過一個公平競賽，得到入仕的機會，而不全依靠家庭背景與出身，因此有『將相本無種』的觀念。考試實在是中國人的驕傲，也是生為中國人的一種權利。

為什麼大學聯考為識者詬病呢？因為聯考太僵化了。一考定終身固然不對，由於聯考有固定的模式，使中、小學的教學以通過聯考為目標而施教，嚴重的滯礙了正常教育的發展，使我們的

下一代在競爭能力上，尤其是創意方面，大不如人。這種缺失對留學回國的朋友們特別不能忍受，甚至不得不把孩子送到外國去讀書。

　　改革是必要的，但是若不考慮文化傳統，改革必然會失敗。我們的文化有幾點是很難改變的：其一，非常重視孩子的教育，視爲父母無上的責任；其二，一定要進最好的學校，才能得到美好前途的保證；其三，爲了得到最佳的機會，會動員一切力量，合法的與不合法的；其四，我們是一個人情國家。若考慮這些條件，美國的辦法在此是用不上的。比如推薦信對美國學校入學是很重要的參考資料，在臺灣有誰相信推薦信？美國學校重視成績單，可是我國的百分計分法並沒有考慮學生的理解能力與讀書態度等在內，只是試卷的答案，甚至有老師的偏好，是學生們都不甚採信的。使用這樣的辦法入學，家長與學生要擔多大的心？何況接受推薦的學校眞是滴水不漏的公平嗎？

　　黃部長最近提到，入學的三原則是簡單、公平、多元。這眞是大家所期望的。可是要公平就非考試不可。如今連教授爭取研究案都要通過公平競爭了，何況學生入學？爲了避免僵化，最好分散考試的機會，而分散過多，又違反簡單的原則。至於多元，則今天大家也沒弄清楚有多少種入學的方案，爲什麼要那麼複雜。要既公平，又多元，這個多元的解釋，就不是多種入學的方式，而是多種考試方式。爲什麼大學考試中心不能每年舉辦幾次考試，或分類考試呢？爲什麼學力考試不可以每次考試累計科目成績呢？設計一套既簡單，又公平，又多樣的考試方式是絕對可能的，只是不能多元方式入學。

　　關鍵是不能放棄考試。今天連美國的大學都要求考試成績了。我們熟知的GRE不在話下了，另有幾處學力測驗的考試成績，漸

成為很多一流大學招生的重要參考。換句話說，美國的學校也漸放棄他們招生時個別考慮的傳統，加重參考普遍性考試的成績了。

考試並不是洪水猛獸，它只是一種公平的方法而已。任何一種方法都因使用者是否明智，而成效大有差異，所以遇到問題不應怪方法，只能怪使用不當。過去的聯考有過份簡化之弊，是人謀不臧，並非考試的錯。……我國很多成名的人士，出身貧寒，因為用功通過升學考試，才能出國留學，終於功成名就。考試是很多人成功的梯階，廢除聯考升學，並不能減少有問題的青少年。請主持教改的先生們多想想看！」

李金城老師認為冒然廢除考試並不是明智之舉，主張改革必須把握「因勢利導」的原則，他說：「目前的小孩，由於耳濡目染的結果，從讀小學，背負起書包開始，就隱隱地覺察到有一股『考試』的壓力，同時落在自己的肩上。後來更為了升學的關係，遂逐漸被迫為成績、為考試而讀書。因此，『考試領導教學』已是當前眾所共認的學校教育的弊病之一。於是難免有人認為為促使教學正常化，乾脆廢除考試。這看似有理，實則因噎廢食，大可不必。對學生來說，目前沒有什麼較有形、有效的辦法，比考試更能刺激學生的學習；沒有什麼比升學的聯考，更能吸引學生，引起學生的在意。因此，輕言廢棄，應非明智之舉。最好，還是『因勢利導』——改善聯考制度、改進命題技術。在兩者合理的刺激與導引下，才可望促使教學正常化，才能讓逐漸枯萎的學校教育，獲得新生的機會。（註一）

註一　李金城著，《中學國文的教學藝術》，頁115—116。

第二節　教學語言應以國語爲主

一、國語的由來

㈠語言的發展與分化

語言是一種社會現象，社會發展、分化，語言自然隨之。某一個範圍之內的社群，因爲在共同的生活圈子裡，交際接觸頻繁，形成穩固的共同社會經驗、情感、關係與目的，共同構成了社會標準語的規範和形態。後來因爲人口繁孳，分佈擴大，又或者被迫流徙，或者與異族雜居，由於山川阻隔，生活條件改變，久而久之，語言就產生不同的變化，而出現各地的方言。共同語，是社群內部的共同交際語言；方言，就是同一語言在不同的生活範圍之中，分化而成的變體。

民族內部，有方言的分歧，但必有一種方言成爲那個民族的共同語基礎。地域方言之中，能夠上升爲民族共同語的基礎方言，要具備下面幾個條件：

1.那個地域是全民族的政治中心，勢之所在，人所必學。

2.那個地域是全民族的經濟中心，利之所在，人所競學。

3.那個地域是全民族的學術文藝中心，聲華文物，足以領導風氣。

4.那個地域本身人口眾多，提供共同語的中堅力量。（註二）

㈡我國民族共同語的沿革

民族共同語是民族內部共同用來交際的語言，是識別一個民族的主要標識之一。

註二　陳耀南著，《中國語文通論》，頁12—14。

中華民族共同語的產生年代還不能說得很確切，可能在上古的夏、商、周和春秋時期就產生了。當時的民族共同語叫「雅言」，主要流行於黃河流域，《詩經》中的語言有不少是雅言，《左傳》、《孟子》中有一些用雅言解釋方言的例子。我國偉大的教育家孔子是春秋時期的魯國人，他有弟子三千人，分別來自四面八方，其語各異；孔子講學時就用雅言而不用魯國方言，我們可以說孔子是推廣民族共同語的先驅。

漢代的民族共同語叫「通語」，也叫做「凡語」、「凡通語」或「通名」；西漢揚雄編著的《方言》，就是用當時的民族共同語「通語」來解釋各地的方言，這是我國第一部方言著作。隋、唐、宋時代，人們作詩詞、寫文章都非常注意「正音」，因此很多韻書，如《切韻》、《唐韻》、《廣韻》、《集韻》等應運而生；韻書的出現，「正音」風氣的盛行，都對推行民族共同語發揮了作用。元代的民族共同語叫「天下通語」，周德清的《中原音韻》記錄的就是當時的民族共同語。

明、清時代的民族共同語叫「官話」。「官話」最早用於官場，後來流行於民間；老百姓也以會講官話為榮，因為人們認為講官話代表著一個人的身份和地位。（註三）

㈢我國現代的民族共同語

　　——國語、普通話、華語

由於歷史的發展，黃河流域的「北方官話」最具優越的條件，在民國成立不久後，就以官話為「國語」。北方官話以北京為中心，北京在元、明、清三朝七百多年，都在「天子腳下」，禮樂

註三　國家語言文字工作委員會政策法規室編，《語言文字工作百題》，
　　　頁1。

征伐之所出，功名富貴之所繫，自然形成強大的向心力量；金、元以來，戲曲小說之類的通俗文藝，都以官話為基礎，流行廣遠，成為廣大民眾的語文課本，它的語音，早已成為「讀書音」而不斷滲入各種南方的方言之中。五四以後，白話文迅速取得文學語言的正統地位，產生了許多影響廣大的、用國語寫成的作品。至於黃淮平原廣袤千里，語文交流容易，北方官話區域的居民佔全國的十分之七，更在人口上佔了壓倒性的優勢。（註四）

「國語」這個名稱，是清朝末年提出來的。宣統元年（公元1909年），清朝政府設立了「國語編審委員會」。宣統二年（公元1910年），資政院議員江謙在《質問學部分年籌辦國語教育說帖》中提出了「用合聲字拼合國語，以收統一之效的主張」。民國成立後，北洋政府、國民政府及目前臺灣地區都沿用「國語」的名稱。民國二年（公元1913年）五月，北洋政府教育部召開「讀音統一會」，依據清李光第等的《音韻闡微》，把經過修改的章炳麟的紐韻文作為記音字母，審定了6500多個漢字的標準國音，所定國音，除了以北京話為準的陰、陽、上、去四聲外，還保留入聲為第五聲。民國七年（公元1918年）十一月，北洋政府教育部正式公布「注音字母」，以便各省區傳習推行；「注音字母」共39個，其中聲母24個、介母3個、韻母12個。民國十三年（公元1924年）一月，北洋政府教育部國語統一籌備會修改讀音統一會所定的「國音」，改為以北京語音為標準音，俗稱「新國音」；按民國二年所定「國音」，採取雙重標準，南北兼顧，成為「一種沒有人說的語言」。民國十九年（公元1930年）四月，國民政府發布訓令，改「注音字母」名稱為「注音符號」，其理由為「

註四　陳耀南著，《中國語文通論》，頁15。

教育部前頒注音字母，惟其功用，亦不過注字音，或注語音，足當音注而已，與假名相同，僅適注音，不合造字；稱爲『字母』，徒滋歧誤，所以應改爲『注音符號』，以副名實。」

　　共產黨統治大陸後，爲了尊重漢族以外各民族的語言文字，避免「國語」這個名稱可能引起的誤解，於1955年（民國六十六年）10月，相繼召開「全國文字改革會議」和「現代漢語規範問題學術會議」，決定把規範的現代漢語定名爲「普通話」，並確定了普通話的定義和標準；所謂「普通」，是「普遍」和「共通」的意思；其定義是「以北京語音爲標準音，以北方話爲基礎方言，以典範的現代白話文著作爲語文規範」。按「普通話」這個名稱，早在清末就已經被一些語言學者使用，譬如光緒三十二年（公元1906年），朱文熊在「切音運動」中就提出了推行與文言、方言相對的各省通用之語「普通話」爲構想；後來黎錦熙、瞿秋白、魯迅等陸續對「普通話」有過論述。爲幫助學習漢字和推廣普通話，中國大陸人民代表大會第一屆第五次會議於1958年（民國四十七年）2月11日批准《漢語拼音方案》；漢語拼音是吸取國語羅馬字和拉丁化字母案的優點，以26個國際通用的拉丁字母爲基礎發展出來的，是三百多年來拼音運動的結晶。1977年（民國六十六年）9月，聯合國第三屆地名標準化會議通過決議，採用漢語拼音作爲中國地名羅馬字母拼寫法的國際標準。1982年（民國七十一年）8月，國際標準化組織（ISO）通過決議，採用漢語拼音作爲文獻工作中拼寫有關中國的詞語的國際標準；此外，新加坡和馬來西亞也採用《漢語拼音方案》作爲華語拼音方案。

　　「華語」是新加坡和其他一些國家的華人社區對漢語通用語的稱說；在國外，這樣的稱說漢語是恰當的。因爲在那裡用「普通話」來稱說漢語，那麼它在表達同宗同源方面就不如「華語」

那樣明確；如果在那裡用「國語」來稱說漢語，也不適當，因為在外國，漢語並不是其本國的官方語言，或者並不是唯一的官方語言。

「國語」、「普通話」、「華語」，三種稱說，名稱不同，但實質相同，指的都是我國通用的共同語；三者不是互相排斥，而是相互補充的。（註五）

二、臺灣推行國語的成就

㈠何凡先生的看法

國語的制定，雖然早在民國初年時，卻由於政局長期的動盪不安，始終無法認真推行；國語的正式推行，而且收到廣大而實際的效果，是國民政府遷臺以後的事。

曾擔任臺灣省國語推行委員會委員的夏承楹先生（筆名何凡），對於當年臺灣推行國語的經過及影響，曾作了一些回憶，他說：

「世人常說，臺灣光復以後有兩大成就，這就是三七五減租和推行國語。臺灣被日本人佔領五十年，大力推行日文日語。我在民國三十七年來臺時，還見過親友家中日人發給的『國語家庭』的獎狀，是指全家老幼都會說日本話。光復以後，政府禁止學校裡用日語教學，可是有些教師不但不會國語甚至連閩南話都不能運用自如，所以教學上發生很大的困難。何公（容）在三十四年被派來臺推行國語，用注音符號從頭教起，這樣國語才說得正確，漢字才認得快。我曾說過，如果有一天全中國以省市為單位舉行國語比賽的話，除了北平，臺灣省是會考第一的，因為臺灣是從

註五　國家語言文字工作委員會政策法規室編，《語言文字工作百題》，
　　　頁2—3。

根本學起，受原有的方言影響很小。何容來臺推行國語的初步工作，是『推行國語，恢復母語（臺語）』，認為兩語可以並存共用。中國是世界上人口最多、語言最雜的國家，如果不制定一種共同的語言，則在口頭上即無法溝通，還有什麼統一之可言？近年臺灣去大陸的民意代表及工商界人士，和大陸高層人物用國語交談，那些人都對臺灣去的人的國語普遍而正確表示驚訝。大陸現在正為十一億餘人的語言分歧影響各方面的進步，深感痛苦。據報載中央社消息，北平的『中新社』報導，中國大陸『國家語言文字工作委員會』所屬的『語言文字應用研究所』，在北平舉行了一個『普通話與方言問題學術討論會』。討論了五天，大家都承認四十年來在以北京語為標準的普通話推廣方面，由於各種原因，產生重視不夠，推廣不力的結果。全大陸至今能講標準普通話的人仍佔少數，大部分人只會講方言和帶方言色彩的不標準的普通話。會議裡還指出，由於大陸上方言嚴重分歧，以致商品經濟不發達，文化教育不普及，對國家整體的影響深遠。（註六）

(二)周有光先生的看法

　　周有光先生是大陸著名的語言文字學家，是漢語拼音方案的主要制定者之一，曾先後擔任中國文字改革委員會委員、國家語言文字工作委員會委員等職務；他對於臺灣推行國語的成果，給予「極大的成功」的高度評價，認為這件事鼓勵了大陸推廣普通話的工作。他在《臺灣的語文新發展》裡頭提到：

　　日本占領臺灣以後，強制推行日本的國語，禁止使用中國的語言，經過五十年的同化，到臺灣光復時，日語已經通行臺灣，

註六　何凡著，《國語老兵入塽為安》，收於《何其平凡——何凡散文》，頁67—68。

大多數臺灣人都不知道臺灣本地話是漢語的一種方言。

　　國民政府遷臺之後，第一件大事是使臺灣人能說中國的國語，這是一件很不簡單的工作。當時的臺灣幾乎沒有人知道什麼叫做中國的國語，加上臺灣的本土話主要是閩南話，閩南話在漢語各種方言中跟國語的距離比較大，所以臺灣人學習國語要比江淮區或江浙區困難得多。在這種不利的條件下，進行臺灣人民的語言更新，工作的困難可想而知。

　　臺灣在民國三十五年（公元1946年）成立「臺灣省國語推行委員會」，艱苦工作，積極推行，經過十三年又三個月的時間，完成了這一歷史性的工作。民國四十八年（公元1959年）任務完成，實現了全省大中小學都以國語為校園語言，全省各種公共活動都以國語為交際媒介，推行委員會於是宣告撤銷；此後經常性的國語教育，由各級學校繼續擔當。

　　只用十三年三個月的時間，臺灣從全省都不懂國語，變成中國有史以來第一個普級國語的省份。有人說這是奇蹟。「奇蹟」兩字有神祕色彩，不是準確的表達。準確的表達是「極大的成功」。

　　「極大的成功」是怎樣得來的？臺灣學者們，特別是親身參加這一工作的梁容若先生，告訴我們：

　　1.重視教育，把國語教育融化入義務教育之中。孩子們上小學，第一件事就是接受正音教育。義務教育包含國語教育，不是義務教育之外另有國語教育，義務教育普及了，當然國語也普及了。語言不僅是教育的工具和基礎，也是教育本身的組成部分。

　　2.充分利用注音符號。民國七年（公元1918年）公布的「注音字母」，後來改稱「注音符號」，又稱「注音符號第一式」。臺灣充分利用這套工具，收到理想的效果，每一個臺灣人都學注音符號。臺灣出版《國語日報》，這是一份有可讀性的受民眾歡

迎的日報，全部用注音符號注音。人們讀報，就是學習國語。注音日報之外還有多種多樣的注音讀物。排版用的字模上刻有注音，漢字和注音連在一起，叫做「注音字模」。這是教育家兼語言學家黎錦熙先生一早提倡的設計，在大陸始終沒有能實現，在臺灣實現了，並且發揮了預期的作用。

3.利用廣播（後來有電視），全面開花和重點培養，二者並舉。臺灣居民天天聽國語廣播，學國語和聽新聞合而為一，形成一個全民學習國語的高潮。不是首先培訓師資，然後慢慢地一步步推廣國語，而是提高水準和全民學習，二者同步前進。培訓師資，利用方言和國語的分析對比。群眾學習，採取直覺模仿，不作學院式的教學。

臺灣普及國語的成功，鼓勵了大陸的「推普」（推廣普通話）工作。我國要普及全國共同語，不再是一種永遠不能實現的空想，而是真正可以做到的事情。大陸在可以預見的將來，一定會出現第二個普及全國共同語的省份。（註七）

三、繼續推行國語的必要

㈠正式場合及社會交際需要共同的標準語

近年來，臺灣本土化的主張高唱入雲，有些人對是否要繼續推行國語表示質疑。有關要制定及推行全國共同語的原因，本文在前面已經作了充分的說明；我們所以必須繼續推行國語，決不是要打壓方言；國語與方言，並非對立的關係，而是相輔相成的伙伴，不可以用「政治正確」的觀點來看待它們。儘管當年大力推行國語的時候，曾經出現過一些矯枉過正的處罰措施，或嘲笑

註七　取材於周有光著，《新時代的新語文》，頁164—166。

口音較重、無法講標準國語的人，而引起部分人士的反感，但是
今天時過境遷，已經不會再這樣做了，又何必再耿耿於懷呢？

　　國語是現代民族的共同標準語，是我國占主導地位的語言。
推廣國語，有利於國家建設的現代化，有利於全民文化素質的提
高。國語是以北京話爲基礎發展起來的，由於政治、經濟、文化
等種種原因，經過幾百年的歷史，它的流通範圍越來越廣，影響
也越來越大，逐步上升到民族共同語的地位，而方言只是處於從
屬地位的一方之言。

　　推廣國語並不是要消滅方言，而是要在會說方言的基礎上，
還要會說民族共同語。推廣國語的整體要求，是正式的場合和公
衆交際的場合講國語，但並不排除在非正式場合講方言。政府推
行全國通用的國語是有重點、有步驟地進行的，並不是一刀切，
也不是所有場合一律不准說方言。以學校爲例，首先要求語文課
使用國語，然後各科教學也都使用國語，使國語成爲教學語言，
繼而要求國語成爲校園語言，即使這樣，也允許師生在某些場合
講方言。國語成爲「校園語言」、「工作語言」、「宣傳語言」、
「交際語言」等之後，便是基本普及了國語。過去有人提出「在
家也要說國語，不能講方言。」這顯然是過當了，在家也講國語，
固然可以更快地提高國語的水準，但政府沒有必要強迫人們這樣
做，這種不切實際的口號，容易引起方言區人們的反感，並不利
於推行國語工作的順利進行。

　　另外，我們對方言也要有正確的認識。雖然方言是處於從屬
地位的一方之言，但它並不是低級的語言、落後的語言。語言沒
有優劣之分，有些人把方言看成是「縣以下的人才說的」低級、
落後的語言，這是錯誤的。方言爲一個地區的人所使用，能夠很
好地發揮日常交際的功能。人們對自己的家鄉話有著深厚的情感，

不加分析地貶低方言、排斥方言，會使方言區的人產生抵觸情緒，對推廣國語的工作極為不利。

半個世紀以來，推廣國語的工作，使各種方言也發生變化，在語言、詞彙方面都有向國語靠攏的趨勢，原先那種很純正的方言幾乎不存在了。同時國語也不斷從方言中吸取營養，借以豐富自己，一些方言中的詞也進入了國語，例如「打拼」、「拚經濟」、「颱風」、「垃圾」、「敲竹槓」等等。（註八）

㈡資訊社會需要規範化的標準語

社會對民族共同語的需求程度是同這個社會的工業化程度基本一致的。社會的生產技術、生產知識日趨發達和豐富，有聲交際範圍的日漸擴大和交際頻率的日益增加，必然要對語言的規範化提出明確要求，其中當然包括著語音的趨同。（註九）

今天，我們已經進入訊息社會，隨著科學技術的不斷發展，人們不僅要跟人講話，而且還要跟機器打交道。現代生產的一個特點是高度自動化，自動化的顯著標識之一，是人們用口語指揮機器，隨著電子技術和計算技術的突飛猛進，機器可以代替人們做許多事情。例如，在現代化的車站、碼頭、飛機場、大型企業，可以通過人機對話進行交通指揮和生產管理。文字的機器翻譯，若干年後將發展成為口語的機器翻譯，這邊輸入國語，那邊出來的將是別種語言。語言打字機的使用，將使人類雙手再度獲得減輕負擔。所有這些人工智能的發展，標識著「人機對話」的時代

註八　取材於國家語言文字工作委員會政策法規室編，《語言文字工作百題》，頁22—23。

註九　國家語言文字工作委員會政策法規室編，《語言文字工作百題》，頁12。

已經開始。

人跟機器對話，首先要求人們說比較標準的國語，機器只能聽懂符合規範的語言，因爲人們設計時賦予機器聽懂的語言一定是標準的語言。因此，語言傳遞的技術現代化，人機對話，必須要求大家說比較標準的國語，同時要求大家用國語有條理地、恰當地表達自己的思想、感情。（註一〇）

第三節　鄉土語言教學宜列入聯課活動中

一、方言的產生與價值

㈠方言的產生

現代的語言學認爲，方言是語言的變體。同屬一種語言的方言有共同的歷史來源、共同的詞彙和語法結構，其現代的形式在語音上必定有互相對應的關係。（註一一）漢語各種方言都來自古漢語，由於它們形成的年代不同，也就不同程度地保留著上古漢語、中古漢語的痕跡。因此，方言同古漢語在語音上有一定的對應關係，各方言同國語在語音上也有一定的對應關係，可藉以考察古今語音的變化；例如古代的重脣音（ㄅ），國語已變爲輕脣音（ㄈ），而臺語則仍發重脣音；古代的舌頭音（ㄉ），今國語已變爲舌上音（ㄓ），而臺語則仍讀舌頭音。（註一二）

註一〇　取材於國家語言文字工作委員會政策法規室編，《語言文字工作百題》，頁10—11。

註一一　周振鶴、游汝杰著，《方言與中國文化》，頁4。

註一二　國家語言文字工作委員會政策法規室編，《語言文字工作百題》，頁21—22。
林尹著，《中國聲韻學通論》，頁72：「自錢大昕《養新錄》著『古無輕脣音』及『舌音類隔之說不可信』二文以後，始知以今聲讀之，輕脣與重脣，舌頭與舌上，雖各不同，而古聲則脣音無輕重之別，舌音無舌頭舌上之分。所謂類隔者，實即古今聲音變遷之不同也。」

　　方言又可以分為「地域方言」和「社會方言」兩大類。地域方言是語言的地域變體，普通所謂的方言，大多是指地域方言；一般說來，同一種地域方言集中分布在同一個地區，也有移民把它帶到遠離故鄉的地方，如流布在海外的閩南話和粵語；這些遠離故鄉的方言，久而久之，會演變成新的地域方言，如臺灣的臺語和客家話就是例子。小的地域方言，稱為「次方言」；更小的地點方言，稱為「土話」。社會方言是語言的社會變體，使用同一種語言的人，因職業、階層、年齡、性別等等不同，口音、措詞、言談也會有差別；社會方言之中，主要是「階層話」和「行業話」，就是各特殊社群為適應本身需要而創造、使用的語言，以某些詞彙來表現特色，但並沒有與共同語不同的基本詞彙語音系統和語法體系；宗教組織、政治社團的儀式語、中國傳統社會的應酬雅語、委婉語，舊歐洲法國上層社會的「沙龍語」，都是一類的例子；如果排外意味更重的，就是「隱語」和「黑話」了；推而廣之，兩性之間，語言習慣也有所不同，有些女性的話，男性喜歡聽而不肯講，講就似乎失去丈夫氣概，有些粗人的話，女性聽得懂而不便講，講便似乎有損淑女風度。（註一三）另外，語言的個人變體叫「個人方言」，使用同一種共同語或方言的每一個人，說話的特點各不相同；個人方言也可以算是社會方言的一種。（註一四）

　　我國境內究竟有多少語言？目前還難說出一個確切的數字。這是因為我們對其中有些語言的知識還是不完備，或者沒有經過較充分的調查研究，對於語言的劃分標準也不甚統一；粗略的估

註一三　陳耀南著，《中國語文通論》，頁14。

註一四　周振鶴、游汝杰著，《方言與中國文化》，頁5。

計是六、七十種。按照語言學界的一般看法，這六、七十種語言
分屬五大語系：漢藏語系、阿爾泰語系、南亞語系、印歐語系、
馬來‧玻利尼西亞語系。漢藏語系不論從地理分布的遼闊或使用
人口的眾多來看，都是國內最大的語系，它遍布全國，只是在西
南、西北和內蒙的分布比較稀疏。

漢語是漢藏語系中最重要的語言，它包括七大方言。

1.官話。使用人口占漢族總人口的70%以上，分布於整個中
國的北部、長江以南的四川、貴州、雲南、西藏，以及下列省份
沿長江的部分地區：江蘇、安徽、江西、湖北、湖南。

2.吳語。使用人口約占漢族總人口的8%，大致分布於蘇南、
浙江大部分地區及江西與浙江比鄰的幾個縣。

3.贛語。使用人口約占漢族總人口的2%強，分布於江西的北
部和中部。

4.客家語。使用人口約占漢族總人口的4%，分布於江西南部、廣
東北部、福建的西部及臺灣的新竹、苗栗等地。

5.湘語。傳統的看法包括新湘語和老湘語，使用人口約占漢
族總人口的5%，分布於湖南洞庭湖以南的大部分地區。

6.閩語。使用人口約占漢族總人口的4%強，分布於福建（除
閩西客話區外）、廣東東部和海南島及雷州半島一部分，臺灣大
部分地區、浙南與福建比鄰的小部分地區。

7.粵語。使用人口約占漢族總人口5%，分布於廣東大部分地
區、廣西東南部、香港、澳門。（註一五）

㈡**方言的價值**

方言在社會交際上，具聯繫親情、鄉情的作用，而保存與研

註一五　周振鶴、游汝杰著，《方言與中國文化》，頁6、8。

究方言，對聲韻學、訓詁學、移民史、農業史、地名沿革、戲曲、小說、民俗等研究，提供了許多助益。

我國各地的方言，有其共同的歷史來源，所以與古語、今語在語音上保留著一些對應的關係，可藉以考察古今聲韻的變化。有些古語後世已經失傳，卻留存在方言中，也可以作爲古書訓詁的依據。

歷史上，人口的遷徙在促使文化發展的同時，也使語言發生很大的變化；方言是語言逐漸分化的結果，而語言的分化往往是從移民開始的；所以很顯然，移民史可以用來解釋方言的部分成因，反過來方言現象也可以爲移民史提供佐證，兩者的關係極其密切。（註一六）

在世界農業發展史上，我國是栽培植物的最大起源和變異中心；由於栽培植物品種繁多，歷史悠久，分布面廣，自古而今各個地區對它們的稱呼也特別的紛繁；這些紛歧異出的名稱像一塊塊化石一樣，有時常爲栽培植物的起源和傳布提供線索和佐證。（註一七）

地名是人們在社會生活中給地理實體、行政區域或居民點所起的名稱；我國的地名有漢語地名、少數民族語言地名、方言地名，它們往往帶有強烈的地方色彩，可用來透視古代文化的地域特徵和民族特徵。（註一八）

任何一種戲曲，其起源都局限於一定地域，採用當地的方言，改造當地的民間歌舞而成；區別這些地方戲的最顯著的特徵是方

註一六　周振鶴、游汝杰著，《方言與中國文化》，頁15。

註一七　周振鶴、游汝杰著，《方言與中國文化》，頁111。

註一八　周振鶴、游汝杰著，《方言與中國文化》，頁135。

言而不是聲腔，因爲有的地方戲可以兼容幾種聲腔，聲腔可以隨方言變，方言卻不肯隨聲腔改；戲曲和方言的關係可謂大矣，甚至可以毫不誇張地說，地方戲的生命力就在於使用方言，因此利用方言來研究戲曲史顯然是重要的途徑。（註一九）

在以話本爲其雛型的明清白話小說中，有許多方言的成分，這是眾所週知的；瞭解這些方言成分，不僅對於欣賞作品的內容大有幫助，並且在考證小說的作者、籍貫、成書過程、版本優劣等方面，往往能提供重要的線索。（註二〇）

方言在地域上的區別，有時能體現文化發展在時代上的差異，還能反映不同地方文化之間的差異；一般而言，操同一種方言的人，他們的社會生活、風俗習慣都有其一致之處，因此方言研究對於瞭解民俗常有很大的幫助。（註二一）

二、臺灣的主要鄉土語言

臺灣是一個移民社會，自古以來，先後有各種不同族群的人移居此地，尤其民國三十八年（公元1949年）國民政府遷臺時，大陸各省區的人也紛紛隨軍而來，所以臺灣可說是保存方言最豐富的地方。這裡將以臺灣早期最主要的三種方言：原住民語言、閩南話、客家話來作介紹。

㈠原住民語言（註二二）

註一九　周振鶴、游汝杰著，《方言與中國文化》，頁165。

註二〇　周振鶴、游汝杰著，《方言與中國文化》，頁184。

註二一　周振鶴、游汝杰著，《方言與中國文化》，頁191。

註二二　本節取材於王嵩山著，《臺灣原住民的社會與文化》，頁6—8。

　　遠在距今五、六千年前，與現在原住民族群有直接血緣關係的民族，先後陸續地由華南或東南亞移居到臺灣島；北部和中部各族與大陸東南海岸的文化有關，南部與東海岸各族與南洋群島文化有關。在族群的分類上，這些現存約三十九萬人口，包括達悟（雅美）、泰雅、布農、賽夏、鄒、阿美、卑南、排灣、魯凱等族群；而被認爲與漢文化互相涵化的平埔諸族，也應該是原住民族群的一員。由於這些早期臺灣的住民都使用「南島語言」，在人類學的學術用語上，便統稱爲「南島語族」。

　　臺灣南島語族又可分爲三群：泰雅語群、鄒語群和排灣語群。三群之內，因文化交流與地域化而產生差異。泰雅群又分：泰雅、賽德克二方言系統；鄒群分阿里山鄒、卡那布、沙阿魯阿三方言系統；排灣群則分爲魯凱、排灣、卑南、布農、阿美、達悟（雅美）等方言系統。語言現象使目前臺灣原住民族群的分類更形複雜；但不論如何，各族彼此之間的語言與馬來語有其密切關係，而且沒有文字。

㈡**閩南話**（註二三）

　　普遍流傳於臺灣的閩南話，其來有自，而且源遠流長，誠如連橫於《臺灣語典》自序中所說的：「夫臺灣之語，傳自漳、泉；而漳、泉之語傳自中國。其源既遠，其流又長，張皇幽渺，墜緒微茫，豈眞南蠻鴃舌之音而不可以調宮商也哉！」漳、泉就是在福建南部的漳州、泉州，所以閩南話又稱「福佬話」。

　　閩南人大抵來自中原黃河、洛水一帶，當五胡亂華時，大量南移，亦將其語言帶至閩南，因此閩南話保有甚多魏、晉以前的古音，又稱「河洛話」；譬如「讀書」，閩南話叫「讀冊」，「

　　　　　　　　　　　　　　　　　　　　　　　　　

註二三　本節取材於林再復著，《閩南人》，頁489—495。

冊」正是古代對書本的稱說、又如《孟子·梁惠王》：「棄甲曳兵而走。」《說文》：「走，趨也。」今閩南話謂「走」仍保留「快跑」的古義。閩南的河洛人，在六朝間，未嘗與中原士大夫交往，也因南方在中國歷史上變遷較少，語言上的變化不多，遂與北方的「官話」逐漸脫節。此外，唐朝時，很多人隨開漳聖王陳元光南遷漳州，所以閩南話也保留不少唐代的讀音，譬如現在用國語吟誦唐詩，往往不合韻、不順口，如果改用閩南話吟誦，則同韻而順口；又如韓愈的《張中丞傳後敘》：「巡起旋」，關於這一句的解釋，過去或說是「張巡要起來小便」，或說是「張巡起來轉轉」，都令人感到不合「情」、「理」，也不合「法」，韓廷一先生從閩南話中找到證據，發現「旋」字在閩南話中仍保存著「罵人」的古義，於是把此句解釋爲「張巡就開始破口大罵叛賊」，就覺得怡然而理順了。（註二四）

　　閩南方言的分布區域很廣，雖然各地彼此可以相通，可是用詞、口音並不一致，大略可以分爲下列各方言區：

　　1.福建南部。這是閩南方言的主體，以廈門話爲代表，又可以分爲漳州系和泉州系。漳州系包括龍溪、詔安、平和、漳浦、南靖、長泰、海澄等縣。泉州系包括晉江、同安、南安、惠安、安溪等縣。

　　2.潮汕。這是廣東東部鄰近福建地區的方言，以潮州話爲代表。

　　3.海南。這是海南島漢人所使用的方言，以文昌話爲代表。

　　4.浙江南部。這是浙南溫州地區平陽、玉環、洞頭、泰順（主要是泗溪區）等縣，以及舟山群島漢人所說的方言，以平陽話

註二四　參閱韓廷一著，《韓昌黎思想研究》，頁265─276。

為代表。

　　5.南洋群島。如菲律賓、新加坡、馬來西亞、印尼等地的華僑，以閩南及廣東潮汕、海南等地的人為多，大多說第一類的閩南話。

　　閩南話在臺灣的分布與使用極廣，幾乎可說遍布全臺；除苗栗、新竹兩縣客家話佔優勢，桃園閩南與客家相當外，全島自南至北大部分使用閩南話；其中除宜蘭是純粹漳州音外，北部大多屬泉州系，南部大多屬漳州系。漳州、泉州二語，發音略有差別，但整體來說是「大同而小異」，只是泉州語音較重，而漳州語音較為輕清。此外，介於漳、泉之間的廈門，自開埠以來，交通頻繁，商業鼎盛，方言雜揉，廈門話大致具有閩南各方言的特點，成為通行最廣的閩南話，因此廈門話乃自成一類，或稱之為「不漳不泉」、「亦漳亦泉」；而到臺灣以後的漳、泉人，因彼此往來，互受影響，所以「不漳不泉」、「亦漳亦泉」的現象，在臺灣已不限於廈門人，而為臺灣的漳、泉人所共有。

　　㈢**客家話**（註二五）

　　客家話是漢語中的一個支系。其分布地域主要為江西南部、廣東梅縣一帶，在臺灣、湖南與四川也各有一部分，同時客家人的足跡散布全國及世界各地，所以客家話散布之廣，流傳之遠，當可想見。

　　根據近人的研究，客家話可以分為下列八個方言區：1.廣東東部包括「四縣方言」與「海陸方言」。2.廣東南部。3.廣東北部。4.江西南部。5.福建西部。6.廣西。7.川湘。8.海外—南洋群島各地。

註二五　本節取材於陳運棟著，《客家人》，頁149—152。

　　到臺灣的客家人，大部分來自廣東東部方言區，也就是滿清時代的嘉應州和惠州府一帶地區，主要的是四縣方言和海陸方言。所謂四縣是指舊嘉應州所屬的興寧、五華、平遠和蕉嶺等四縣；嘉應州府城所在，就是現在的梅縣。所謂海陸是指海豐和陸豐兩地而言，舊屬惠州府。四縣方言與海陸方言，除聲調之調值及調類互不相同以外，其他聲韻母方面相差並不大。

　　客家移民來臺較晚，當時灌溉便利的各河川下游，差不多全被閩南移民所開墾；但是客家移民具有刻苦耐勞的天性，他們的足跡就步向各河川的上游，到達新竹、桃園、苗栗等地的山麓及丘陵地帶。現在客家話在臺灣分布的區域，大部分在臺北至彰化之間，主要是在新竹及苗栗兩縣；另外在南部的高雄、屏東兩縣及東部的花蓮、臺東兩縣也有一部分。

　　客家人的祖先，大部分是從中原一帶遷來，因此他們的語言，和中國北方各省並沒有很大的差異；尤其是嘉應州屬的客家人，他們的語言，有許多字音和國語完全相同；因此有許多語言學家，都把客家話也算作是官話之一。這是客家話的特點之一。

　　客家人的祖先，不但從中原遷來，是純粹的漢族，而且他們還是漢族中的上層人士，曾經受過良好教育，具有高度的文化；因此，在他們的語言裡，含有許多古代雅言的成分，甚至有些比現在的國語還要文雅。例如客家話稱我的為「吾」、稱你的為「若」、稱他為「其」、稱他的為「厥」、稱太陽為「日」、稱姐姐為「姊」、稱鍋子為「鑊頭」、稱吃為「食」、稱胖為「肥」、稱頻頻為「數數」、稱好了為「好矣」、稱很好為「肆好」或「已好」，這些詞語都是古代的雅言，是正統文學所常用的詞彙。這是客家語言的特點之二。

　　客家人的祖先，遠從中原南遷到現居地，他們所講的話和南

方吳楚之音，本來就有差別。等到他們南遷之後，北方一帶，迭遭五胡、遼、金、蒙古的侵襲，後來這些胡人，又大多同化於漢族。北方各地的語言，受到異族混化的影響，難免有些變化；結果，客家話便另外發展為一個獨立的系統，和南北各地的語言都有些差異。我們可以說客家話兼具了中國南、北二系的語言，正可以用來比較分析各地方言的異同。這是客家話的特點之三。

現在世界上的各種語言，有許多都還有「曖昧元音」存在，例如國語中的ㄜ韻，就是一種曖昧的元音，這種曖昧元音，不但各人的發音不能完全一致，就算是同一個人的發音，也難免會時有出入，沒有辦法說到絕對標準，所以聽起來總有一種含糊不清的感覺；但是在客家話裡頭，卻沒有這種含糊不清的元音存在，所以聽起來感到清爽明晰。此外，在國語裡面有許多變調變音的現象，譬如上聲字連用時要變調，兒化韻則必須變音，輕聲的發音也沒有一定的標準可循，然而客家話就沒有這種麻煩，所有的發音幾乎是固定的，沒有變來變去的現象。這是客家話的特點之四。

三、允許學校彈性開課、學生自由選課

㈠鄉土語言教學的困境

九年一貫課程實施後，國民中、小學新增鄉土語言的課程，但施行之後也是跟其他教改項目一樣，立刻浮現出許多問題；決策者只在上位作政策性的決定，卻未注意到真正實施時會碰到什麼問題，也沒有各種配套的措施，以致一旦運作起來，馬上就問題叢生，批判四起。在鄉土語言教學方面，目前至少遭遇到以下三個困境：1.教材、師資的問題。2.音標互相干擾的問題。3.學童能力與意願的問題。

　　1.教材、師資的問題。方言的使用，一般都是以口頭的表達
為主，像原住民語言就沒有書面語言；閩南話、客家話雖然都是
用傳統漢字作為書面語言，但有些詞彙的寫法已經失傳，而且語
法各不相同，在教材的編寫上，先天就存在著一些難度。站在出
版商的立場，原住民語言種類多，而學習人口少，出版的意願很
低；閩南話和客家話則不同，因為學習的人口多，國內幾家主要
出版社都編印這兩種鄉土語言教科書，但教育部又不審定這類教
科書，也不規定統一音標，形成一校甚至同一年級多種音標並行
的混亂現象。（註二六）會講某種方言的人，不一定就會教這種方
言，因為要教別人之前，沒有經過教學訓練是上不了講臺的；為
了應急，教育部雖然培訓與檢定一些師資，但是能否真正派上用
場，在未經全程實踐之前，我們不敢妄下雌黃，但已經出現老師
任用資格、上課鐘點及待遇的種種糾紛。

　　2.音標互相干擾的問題。民國九十一年（公元2002年）九月
三十日《聯合報》記者張錦弘在臺北的報導：「國小開學至今還
不到一個月，就有家長向教育部反映，某些學校用音標教小一的
孩子學習閩南語、客家語課程，尤其只教用英文字母組成的羅馬
拼音。家長抱怨說，很多孩子才剛學注音符號，先前沒有學過英
語，如今還要學和英語音標不同的羅馬拼音，課堂上『雞同鴨講』，
學習興趣大打折扣。」民國九十一年十月十日《中國時報》記者張
明慧在豐原的報導：「（臺中縣清水國小校長）蔡炳坤說，國小
一年級新生最可憐，剛入學就要同時學國語注音、英文音標和閩
南語三種語言，清水國小就有學生從小學英文，老師教國語注音
的『ㄨ』時，小朋友總當成英語字母『X』，也有學生把阿拉伯數

註二六　見民國九十一年九月三十日《聯合報》記者張錦弘在臺北的報導。

字的『0』和英文字母『O』分不清，這叫學生怎麼學！」民國九十一年十一月九日《聯合報》記者陳重生在臺北的報導：「（立法院親民黨）黨團質疑教材發音系統混亂，更是怪字一籮筐，令學童、家長及老師『一個頭七個大』。立委李慶安、許淵國、李永萍說，現階段鄉土語言主要有七套拼音系統，有的使用『臺灣語言音標系統』，有的採用『閩南語注音符號改良增補式』，有的採用『教會羅馬拼音』，情況紛亂複雜。」立法委員以此考問教育部長黃榮村，報載黃部長「應考時，拿出小抄後才勉強過關」。

　　3.學童能力與意願的問題。臺北市教師王素貞以家長的身份於民國九十一年十月十七日在《聯合報》「民意論壇」投書說：「鄉土語言，就是母語，本應回歸家庭，是該由家庭來承擔的文化傳承工作，如今怎會落得要官方出面，強制學生選擇一項語言來「必修」呢？尤有甚者，學校老師教的一套不是我自家用的腔調，為什麼要強迫孩子去學別人的腔，而捨棄真正的『母語』呢？……如今，我的孩子學國語、上英語，又學鄉土語言，每樣各有一套音標，要聽、說、讀、寫樣樣來，我不知道教育當局知不知道孩子沒那麼大能耐、沒那麼多時間與精力、也不想把快樂學習的胃口變差了！……」桃園縣楊梅文藝工作者鄧綾女士於民國九十一年六月八日在《聯合報》「民意論壇」上投書說：「母語教學正如火如荼推動中，在一所國民小學教室裡，一位瘦弱的小男孩，一臉無辜，站在講臺旁。原因是在這堂『客家歌教唱』課，他一直沒有把嘴巴張開，跟著老師唱客家歌。只有沈默接受處罰，當老師一再質問他為何不張開嘴巴唱歌時，班上同學幫他把答案說了出來：他是閩南人，聽不懂客家話。」

　　㈡**解決問題的建議**

　　針對上述的困境，筆者提出下列幾項解決問題的建議：

　　方言有其地域性，不同族群的人不一定有學習的意願和興趣，這是無法勉強的事，所以不能全面要求一定要學習，必須尊重家長及學生的選擇。教育當局應授權各個學校考量其學區的族群狀況，以及師資的來源，並調查學生的意願，讓學生自由選修，然後再決定開哪些課。鄉土語言的教學，應該以培養聽、說的能力與興趣的引導爲主，宜列入聯課活動中學習，其成績不與學科成績一起計算，避免因爲分數的壓力，增加學生心理與能力的負擔。

　　方言的使用，一般都是以口頭語言爲主；所以個人認爲鄉土語言的教學，應該運用自然教學法，注重口語的學習、會話的訓練。以往各種方言的傳承，大多是靠口耳相傳、耳濡目染，逐漸學會聽、講的，並沒有使用音標；在正式音標尚未制定以前，採用口耳相傳的自然教學法是較爲合適的，而且對年紀幼小的學童，在學習上可以避免造成多種音標互相干擾的現象。

　　在前文中曾論到，許多方言與古音有互相對應的關係，所以利用鄉土語言教學時，教導孩子以方言來誦讀古代的詩、文，可能要比用國語誦讀來得更合韻、更順口，孩子們學習起來也比較會感到有趣味，這是鄉土語言教學可以發展的一個空間；但必須先培養師資，因爲會講方言的人，並不一定就會以口語來誦讀書面語言。

　　利用鄉土語言課，可以講授方言中的諺語。諺語是人類生活體驗的累積，凡是文化發展到一定階段的社會，在其日常生活中，都經常會使用這種特殊的語言。「諺」字從言從彥，《說文》云：「諺，傳言也。」諺語是各地流傳的俗語，是前人生活經驗積累之談，極富勸善、補過、警世、勵俗的啓示意義；諺語專家朱介凡先生曾經爲「諺語」下定義說：「一種經驗的，智慧的短語，義理深刻，語詞簡白，而流傳縱橫，雅俗共賞，是即諺語。」（註

二七）閩南與客家的諺語至為發達，雖不識字的莊稼人，都能出口成諺，其原因不外：

　　1.衍殖中國文化，歷史悠久，資料豐富。

　　2.文盲眾多，民間對諺語的需要，特感迫切。

　　3.經濟生活，技藝相傳，多用口訣保存其經驗。

　　4.閩、粵人善於說話，喜用比喻，特具幽默者。

　　5.特殊的地理環境，產生許多象徵民族風俗，富於人情味的俗語。（註二八）

　　所以諺語是先民智慧與經驗的結晶；學習諺語，對啟迪學生的智能有莫大的幫助，也會引發他們學習鄉土語言的興趣。現在坊間有關鄉土諺語的書籍很多，可以從中採集具有教育意義，適合中小學生學習的材料，編成教科書，以發揮鄉土語言教學的功能。

第四節　入學考試作文的存廢與改良

一、入學考試作文存廢的困局

　　關係到升讀高中的國中基本學力測驗，國文科不加考作文，已經引起中央研究院院士們的嚴重關切，民國九十一年七月二日的《聯合報》及《中國時報》都以大篇幅刊登這一項消息，這裡摘錄《聯合報》當天的報導重點如下：

　　中研院院士會議昨天下午舉行分組座談，許倬雲院士在人文組分組座談中提案國中學生基本學力測驗應該加考作文，引起討

註二七　參閱陳運棟著，《客家人》，頁195—208。

註二八　參閱林再復著，《閩南人》，頁560—598。

論，最後以表決支持。許倬雲說，中研院同事告訴他，現在國中學測不考作文，可能造成國中不重視作文訓練，只憑記憶累積知識，這樣會使孩子「不能學習欣賞佳作的能力，也無法獲得語文交流的能力」，為「防止將來的公民變成不能以文字表達的文盲」，教育當局應該讓國中學測加考作文。

前教育部長、曾志朗院士指出，他也認為國中學測不考作文十分不妥，他在任時曾主張加考作文，但這件事需要尊重負責國中學測人員的意見。隨後，林毓生院士發言支持，認為「這不是一件小事」，因為現在年輕人的中文能力已經「破碎不堪」了。何炳棣院士指出，這項提案與中國文化關係重大，大家應該拿出「院士的良心」，大膽的提出來，不能只是「察言觀色」。

隔天，《聯合報》的「黑白集」專欄發表評論，指陳當前作文考試存廢的困局，說：

「中研究院士開會，在人文組座談中，表決通過主張國中基本學力測驗國文加考作文。

不考作文的確是教學上的一大缺口。院士們說，國文只考選擇題，將課文拆解為瑣碎項目，無以培養學生的統合表能力。這樣的看法，的確是一針見血。

但是，倘若考作文，又將如何解決三十萬份作文試卷的閱卷問題？即使每人閱一千份試卷，也會出現三百個標準。有些院士認為，這只是『技術問題』，不能因技術困難而犧牲原則。不過，如何維持三十萬分作文試卷的閱卷公平性，本身就是一個原則問題，而不只是技術問題。

其實，基本學力測驗成為三十萬人規模的考試，即已注定不太可能考作文。何況，既是『基本學力』，而不是『成就評鑑』，考不考作文，更有爭議。有些院士們主張考作文，大概是根本不

清楚基本學力測驗的性質。

這也正是基本學力測驗目前的窘境,迄今仍不知是『資格考』,還是『甄別考』。倘若真要加考作文,直接觸及的問題可能是:這三十萬人規模的考試還能否維持下去?以及學力測驗究竟是否『基本』測驗?」

作文對語文學習的重要性,筆者在前面已經反覆作了詳盡的論說,作文能力算不算是「基本學力」?升學考試或國家考試要不要考作文?事實上是沒有什麼好爭議的;今天國中基本學測不考作文,理由與早年電腦閱卷的理由幾乎一樣,完全在配合計分評量的客觀性與便利性。(註二九)民國九十年(公元2001年)八月四日《聯合報》記者章倩萍在臺北的報導,就充分證明了主辦單位只考慮分數的信度及作業的方便,而沒有顧及作文考試對鑑定語文學習能力的重要性,現在摘錄其報導重點如下:

「明年國中基本學力測驗究竟要不要加考國文作文,昨天出現逆轉:教育部周二才表示經過全國廿一場巡迴深度座談,各界一致建議國文加考作文;不過負責研發國中學測的臺灣師範大學心理與教育測驗研究發展中心前主任林世華昨天在教育部舉行的最後一場深度座談中表示,明年加考國文作文不論是在評量的信度與試務作業上都做不到,而且是『絕對做不到』。

負責主持這最後一場高中職及五專多元入學與國中學測檢討深度座談的教育部政務次長范巽綠在會議最後宣布,國中學生基本學力測驗國文科在兩年內不會加考作文,考生可以安心、不需惶恐。」

註二九　民國九十一年七月三日《中國時報》「社論」。

「國中學生基本學力測驗究竟應不應該加考作文？教育部上個月分赴全國舉辦廿一場深度座談時，各方意見一致建議國文應加考作文，以測驗學生的寫作能力與文字運用能力；不過多位學者專家昨天在教育部表示，國中學測是標準化測驗，作文與標準化測驗的精神並不相符，作文成績評量的信度也很差、反對加考，與會的多數高中職校長則都未表示意見。

臺灣師範大學心理與教育測驗研究發展中心主任林世華昨天說，明年國中學測國文科千萬不要加考作文，因為試務作業與題型研發絕對做不到。他說，如果是以傳統的方式考作文，每一份作文試卷至少要十分鐘的閱卷時間，以國中學測卅萬人的規模，即使能發動一千位國文教師閱卷，也需要十二點五天才能改完作文試卷，兩次學測加起來的閱卷時間總計需廿五天。」

二、入學考試作文的改良

在目前考試仍然領導教學的情況下，因為考試不考作文，現在很多學校都已經放棄作文教學，（註三○）長久下去，可以想見學生的語文能力只會愈來愈退化，這對於國家的百年大計絕對不是好現象；所以在升學考試還不能有效改革之前，我們惟有善用考試來引導作文教學，因此在教育部舉行的二十一場座談會中，各界人士都一致建議加考作文。

有些學者專家說作文評量的信度很差，所以反對加考；專家的話當然沒有錯，在所有考試評量的題型中，作文沒有標準答案，其評分的確是很難達到客觀的程度；作文內容的好壞，不像測驗題的答案那樣明確，A就是A，B就是B，作文的寫作可以自抒己見、各

註三○　見民國九十年八月四日《聯合報》記者章倩萍在臺北的報導。

說各話，但評分的老師難免受到主觀的影響，打分數時下筆有所輕重；同一份試卷，不同的老師來評閱，分數一定會有高低的差距。但是過去聯考時代，對作文的評分已經建立了一套規矩，譬如每份作文考卷起碼要經過兩位老師各自評分，彼此互不相知，然後由計分人員來處理，如果分數差距不大，就以兩者的平均分數作爲成績；要是差距過大，還要請第三位老師重新評閱，另作處理。以這樣的方式來評定成績，幾十年來，在個人的印象中，似乎沒有出現什麼抗議評分不公的事端；而聯考的公平性，也一直被大家所信賴與肯定。當年完全以人工評閱、計分都可以做到的事，今天有電子計算機的輔助，提高了計算成績的速度，應該是不成問題的。如果能分區、增聘老師來評閱，相信不致於因爲作文的計分而拖延整個作業的時間。作文的成績，雖然無法百分之百的客觀，但遵循一定的標準來評閱，是不會超出意外太多的。

　　現在的國中生要學習一些新增的學科，再加上受電腦的影響，所以對於作文考試的寫作方式與評量標準，我們應該適度加以調整或放寬，譬如可以不考傳統的命題作文，改考預設情境的引導作文，使學生不會感到茫然而無從下筆；寫作的字數不必要求太多，大約在三至五百字之間（能力優異的考生可以不受此限制），以減輕他們的負擔。評分的標準，主要看學生是否能以流利通暢的文字，對事情作完整的敘述，或表達正確的思想、見解，或抒發眞誠的情感，以及字跡的端正與否。

　　作文評量固然是一件費時費力的事情，但爲了提升下一代的語文表達能力，我們決不可以避重就輕，輕言廢止作文考試。

第八章　結　論

　　本國語文的學習，其起步時間較早，而且學習的時間最長，所以學生的適應力也比較好，沒有像學習英文、數學、理化那麼難，但學生往往因此造成輕忽的心理，認為隨便讀一讀就可以過關了；在我們這個注重英文、理工的社會，語文老師的出路和發展，沒有其他老師來得吃香，心理上普遍有著一種不受重視的感受。然而站在教育的立場，語文是所有學科學習的基礎，關係到學生智能與品行的發展，更關係到民族文化的傳承，語文老師的責任實在無比的重大；我們應該以此自勉，不必因為現實的因素而妄自菲薄。三十年的語文教學生涯，筆者歷經無數的辛酸與苦楚，如今所以仍然屹立不搖者，秉持的就是上述的信念；在本編的結尾，筆者願以「致力扎根以育才」、「志為人師以興國」兩句話，來跟所有中、小學的語文教師們共勉，並略述對爾後的期望。

一、致力扎根以育才

　　教育是培育人才的百年大計，影響到國家、民族的興衰與發展。《管子‧權修》中說：「一年之計，莫如樹穀；十年之計，莫如樹木；終身之計，莫如樹人。一樹一穫者穀也，一樹十穫者木也，一樹百穫者人也。」管子的意思，是說種樹需要作十年的計劃，而為百年作計劃，就要培養人才；這當中所花的時間愈長，所下的工夫愈大，那麼收穫就更多。

　　樹人與樹木的道理是可以相通的，我們要讓樹木能順利成長，

首先就必須做好扎根的工作,使植物的根部能順利地向土壤裡生長;我們培育人才,也是要把握中、小學的階段,深入地幫學生去打下他們學習的基礎。柳宗元的《種樹郭橐駝傳》是一篇以「種樹」來喻說「養人」的寓言,文中藉郭橐駝的話來說明「扎根」的方法:「凡植木之性:其本欲舒,其培欲平,其土欲故,其築欲密。」使我們瞭解到種植樹木的習性要求是:要讓樹根能夠舒展,培土要均勻,移栽時要多保留根部的舊土,地面的搗土要密實。我們似乎可以把這番話引申到「養人」上面來講,就是說基礎教育的扎根工作,要使學生的能力得到發展的機會,在學習的項目上要力求平均,多順著他們的天性去教導,要求的標準必須嚴格一點。臺灣的諺語說:「根深不怕風搖動,樹正無愁月影斜。」(註一)又說:「樹根顧乎䆀,勿驚樹尾作風颱。」講的正是「扎根」的重要性;我們能在早期把根部扎得穩固,以後樹幹才會長得端正,也就較不擔心受到外在環境變化的影響。

　　中、小學教育是打基礎的教育,而語文學科又是一切科目的學習基礎,所以「扎根」的任務落在語文教師的身上,確實要比其他各科老師來得更重。扎根是最辛苦的工作,關係到樹木以後能否順利成長,而扎根的成效卻不是一時所能看得到;語文教師平日默默在耕耘,所期望的,只是將來桃李滿天下時,那值得自豪的一刻了。

二、志為人師以興國

　　俗話說:「經師易得,人師難求。」其意思是說傳授知識的老師容易找得到,但是學問、德行可以為人表率,且能以人格情

註一　吳瀛濤著;《臺灣諺語》,頁722。

操感化別人的老師就不容易找到了。這話的典故最早見於晉、袁宏《後漢紀》卷二十三：「陳國文孝童子魏昭，求入其房，供給灑掃。（郭）泰曰：『年少當精義書，曷爲來近我乎？昭曰：『蓋聞經師易遇，人師難遭，故欲以素絲之質，附近朱藍耳。』」又《資治通鑑・漢紀》卷五十五：「（桓帝延熹七年）陳國童子魏昭請於泰曰：『經師易遇，人師難遭，願在左右，供給灑掃。』」注：「人師謂謹身修行，足以範俗者。」按「人師」一詞，首見《孟子・離婁》：「人之患，在好爲人師。」作「喜歡表現自己的人」解釋；與本文所論有關的「人師」，則見於《荀子・儒效》：「四海之內若一家，通達之屬，莫不從服，夫是之謂人師。」又見於《議兵》。

　　徐特立先生說：「教師是有兩種人格的，一種是『經師』（因爲中國過去教經書中的知識的稱經師，現在是教科學知識，爲了容易記，所以仍襲用這個名稱），一種是『人師』，人師就是教行爲，就是怎樣做人的問題。經師是教學問的，就是說，除了教學問以外，學生的品質，學生的作風，學生的生活，學生的習慣，他是不管的，人師則是這些東西他都管。我們的教學是要採取人師和經師二者合一的，每個教科學知識的人，他就是一個模範人物，同時也是一個有學問的人。」（註二）語文學科中蘊涵著思想性、文學性、教育性之類深厚的人文因素，語文課中自然洋溢著一種濃郁的人文氣息，語文教育理當弘揚人文精神；作爲一名語文教師，在語文教育的整個過程中，不僅要擔負語文教學引導者的重任，而且要充當人文精神弘揚者的角色，爲國家作育英才，爲國力的發展做出貢獻。（註三）

註二　《徐特立教育文集》，北京人民教育出版社1979年版，頁204—205。
　　　此轉引自周慶元著，《中學語文教育心理研究》，頁190—191。
註三　周慶元著，《中學語文教育心理研究》，頁188。

三、對爾後的期望

　　光緒二十八年（公元1902年）八月，清廷公布了我國第一個新式學制的章程—《欽定學堂章程》，到今年（民國九十一年（公元2002年），剛好是一百年。一個世紀是一段完整的時間，藉這個機會，我們對百年來我國新式學校教育的建立與發展，作一番回顧與省思，應當是一件極有意義的事，這也是筆者所以不自量力，且無憚煩瑣從事這項研究的原因。

　　這篇論文的研究，題目定位在近百年裡我國普通中學國文教學的發展。從時間上而言，一百年的時間與宇宙的歷史相比，不過是彈指之間罷了；然而對一個人的生命來講，那還是很漫長的，何況這段時間是我國有史以來變動最為急遽的一個時代，也是國家處在興衰存亡的關鍵時刻，所以研究這段時間的歷史確實是一件十分吃力的事。就研究的對象而言，其中涉及的層面相當廣闊，涵蓋了學制、課程、教材、教法、評量、教改等等的教育事項，的確是一個大題目，要全面顧及、詳細探討，屢屢令人感到「獨木難支」的艱辛。這百年之間，不少文獻資料因遭戰火兵燹而焚毀散佚，得以倖存者，大多有待整理刊布，所以在研究時經常為資料的蒐尋而陷於「山窮水盡」的窘地，但是在　周老師不時的指導、策勵下，一旦有所發現時，則又呈現豁然開朗的景象，深深感受到「柳暗花明又一村」的喜悅！由於受限於個人的才學和時間，這篇論文倉促成稿，其缺誤勢必不在少數，世明謹於此地衷心祈請諸位師長嚴格譜正，以匡我不逮，容異日得以刊謬補缺，與時俱進。

附錄一

我國近現代語文發展大事記

公元本干 國紀元支	語　文　興　革　記　事
1868　年 同治 7年 戊　　辰	一、黃遵憲21歲時所寫的《雜感》詩，表示：「我手寫吾口，古豈能拘牽！即今流俗語，我若登簡編，五千年後人，驚爲古斕斑。」提出詩歌革新的主張。
1887　年 光緒13年 丁　　亥	一、黃遵憲在寫成的《日本國志·學術志》，注意到中國「語言文字之不相合的弊端」，並說「語言與文字離，則通文者少；語言與文字合，則通文者多。」他雖然沒有攻擊文言文，但極力主張言文合一。
1892　年 光緒18年 壬　　辰	一、盧贛章的《一目瞭然初階（中國切音新字廈腔）》在廈門出版，這是第一個由本國人創制的字母式中文拼音文字方案，共有55個字母，主張把南京音作爲各省的正音。按：從明代開始，就有用拉丁字母拼寫漢字讀音的著作。義大利傳教士利瑪竇（1552～1610）首先用羅馬字給漢字注音，寫成《西字奇跡》四篇文章。法國傳教士金尼閣（1577～1628）編成《西儒耳目資》一書，是供外國人學習漢字的一部字音字彙。

公元 本干 國紀元 元支	語　文　興　革　記　事
1895　年 光緒21年 乙　　未	一、吳稚暉創制「豆芽字母」方案，字母採用獨體篆文，或者自創簡筆，形似豆芽菜。此方案未公開發表。
1896　年 光緒22年 丙　　申	一、梁啟超在《變法通義：論幼學》和《沈氏音書序》等文中，引用黃遵憲的觀點，反復論述「言文分離之害，言文合一之益。」 　　二、蔡錫勇的《傳音快字》在武昌出版。本案採用西洋的速記符號作為字母，有24個聲字，32個韻母，拼寫北方音。 　　三、力捷三的《閩腔快字》在武昌出版，以速記符號拼寫福州音。 　　四、沈學的《盛世元音》在上海《申報》和《時務報》發表。此案採用速記符號做字母，符號的基本形式有左弓、右弓等18種，兼表聲母和韻母。
1897　年 光緒23年 丁　　酉	一、梁啟超作《蒙學報、演義報合敘》，支持最早出現的通俗刊物。 　　二、裴廷梁在《蘇報》上發表《論白話為維新之本》的著名論文，正式豎起「崇白話而廢文言」的大旗，他認為要普及教育、開發民智，必須提倡白話文。 　　三、王炳耀的《拼音字譜》在香港出版。這是清末第一個純粹用拉丁字母拼寫粵東音的方案，作者最終的目的是要統一於北音。本案最早使用「聲母」、「韻母」這兩個名稱，並訂立了本國人最早自定的新式標點符號。

公元 本干 國紀元 支	語　文　興　革　記　事
1898　年 光緒24年 戊　　戌	一、我國第一份白話報紙《無錫白話報》在江蘇無錫創刊。 二、《論白話爲維新之本》在《無錫白話報》上重刊，後又被《清議報全編》卷26所轉載。 三、《無錫白話報》未久而輟，及《杭州白話報》出，大受歡迎，而繼出者遂多，據《辛亥革命時期期刊介紹》一書中列專題予以介紹的白話報和兼登白話的報刊就有二十餘種：創刊於1901年的有《杭州白話報》、《蘇州白話報》；1902年的有《啓蒙畫報》、《啓蒙通俗報》；1903年的有《寧波白話報》、《中國白話報》、《新白話報》；1904年的有《白話》、《安徽俗話報》、《揚子江白話報》；1905年的有《直隸白話報》、《第一晉話報》；1906年的有《預備立憲官話報》；1907年的有《吉林白話報》、《晉乘》；1908年的有《滇話》、《安徽白話報》；1912年的有《女子白話報》。文白兼登的有《中國日報》、《童子世界》、《俄事警聞》、《中國女報》、《復報》、《競業旬報》、《暮鼓晨鐘》、《四川保路同志會報》等。 四、第一本系統的中文語法著作《馬氏文通》，由上海商務印書館出版。本書原名《文通》，作者馬建忠，江蘇人，精通中西文。

公元本干支 國紀元元支	語　文　興　革　記　事
1900　年 光緒26年 庚　子	一、維新人物、教育革命家陳榮袞在《知新報》發表《論報章宜改用淺說》，這是一篇討伐文言的檄文。他所謂的「淺說」，就是通俗語、白話文。 　　二、王照的《官話合聲字母》在天津著成，1901年在日本東京出版，本書以官話為標準音，採用漢字偏旁作為字母，有12個喉音（韻母），50個字母（聲母）。
1902　年 光緒28年 壬　寅	一、梁啓超在《新民說：論進步》中，再次強調言文合一，在《小說叢話》中明確提倡俗語文體，作為他倡導文界革命的理想之一。 　　二、力捷三出版《無師自通切音官話字書》，乃就其《閩腔快字》稍加修改，定23音，32韻，以合官音。
1903　年 光緒29年 癸　卯	一、王照在北京設立官話字母義塾，這是最早的民間推行中文拼音的學堂。在重印《官話合聲字母》凡例中，王照為「官話」下了明確的定義：「官者，公也。官話者，公用之話。」凡例中還出現「國語」一詞。 　　二、京師大學堂總教習吳汝綸赴日考察後，在給管學大臣張百熙的信中，主張以北京音為標準，實現國語統一，並打算用王照的「官話字母」作為統一國語

公元 本國紀元 干支	語　文　興　革　記　事
	的工具；在他的影響下，張百熙、榮廣、張之洞奏定《學堂章程》，把「官話」列入師範及高等小學的國文課程中。
1904　年 光緒30年 甲　辰	一、4月，劉師培在《警鐘日報》上發表《論白話報與中國前途之關係》，提出用白話報促進全國語言統一的意見。 二、袁世凱命令保定蒙養學堂、半日學堂、駐保定各軍營試教王照的官話字母。這是清朝官員最早用行政命令推行中文拼音方案。 三、王照的《對兵說話》在保定出版，這是專爲軍隊學習官話字母而寫的。 四、王照在保定創辦拼音官話書報社。
1905　年 光緒31年 乙　巳	一、拼音官話書報社從保定遷北京後，出版《初學拼音官話書》等多種讀物，又出版《拼音官話報》。 二、河北大名縣知事嚴以盛創辦官話拼音學堂，這是最早由地方官員支持主辦的學習中文拼音的學堂。 三、勞乃宣著成《增訂合聲簡字譜》（寧音譜）和《重訂合聲簡字譜》（吳音譜），1906年在南京出版，這是在官話字母方案的基礎上增加方言的聲韻母，使「官話字母」向南方發展。 四、南京「簡字半日學堂」師範班設立，通過方音與「官話」語音的對應規律來學習「國語」。

公元本干 國紀元支	語　文　興　革　記　事
1906　年 光緒32年 丙　　午	一、9月11日，胡適在參與編輯的《競業旬報》第一期，發表《論學官話的好處》，提出以「北京官話」統一「普通國語」的主張。 　　二、盧贛章的《中國字母北京切音教科書》和《中國字母北京切音合訂》在上海由點石齋出版，這兩本書都是漢字筆畫式方案，但方案的聲韻母都有拉丁字母的對音。此外，書中還有一套標點符號。 　　三、朱文熊的《江蘇新字母》在日本出版。這是蘇州話的拼音方案，一共有32個字母，還有9個雙字母做聲母，11個雙字母做韻母；用字母標調；另外還定有7種標點符號。他已經有複音詞的概念，在《江蘇新字母》中大部分詞已經連寫。他認為只要不拼寫文言，只要「詞素連寫」，同音字就不成問題。《江蘇新字母》的文字，自左橫讀至右。朱文熊把漢語分成「國文」（文言文）、「普通話」（各省通行之話）和「俗語」（方言）三類；他是最早提出「普通話」這個名稱，並且給它下定義的人；此外，他第一個提出「新文字」和「中國文字之改革」。 　　四、田廷俊在湖北江陵出版《拼音代字訣》和《正音新法》二書。他擬訂了一種拼寫湖北音的漢字筆畫式切音字方案，有19個聲母，32個韻母，已經部分採用三拼制；此外，他還有拉丁字母的對音方案，這是清末切音字運動一個重要的發展。 　　五、章炳麟在《國粹學報》發表《論語言文字學》

公元本干元國紀元支	語　文　興　革　記　事
	，首次明確提出「語言文字之學」這個嶄新的學科名稱。 　　六、年末，袁世凱令直隸提學司在天津設立簡字學堂，並研究把合聲簡字列入師範及小學課程。官話字母運動，在南北互相影響推動下，創立了清末中文拼音運動具有全國規模的局面。 　　七、本年前後，上海出版了五十多種用白話寫的教學用書，如《繪圖識字實在易》、《速通虛字法》、《白話字彙》、《繪圖蒙學造句實在易》、《論說入門》、《四經新體速成讀本》、《繪圖中國白話地理》、《繪圖中國白話史》、《繪圖幼學白話句解》等。
1907　年 光緒33年 丁　　未	一、勞乃宣的《簡字全譜》（是合聲簡字的京音、寧音、吳音、閩音四種拼音方案的匯編）、《京音簡字述略》（介紹王照官話字母原方案）、《簡字叢錄》（關於合聲簡字的論文、演說稿、書信等的彙編），在南京出版。 　　二、教授官話字母的學堂陸續在南京、熱河、重慶等地成立發展。 　　三、章士釗著《中等國文典》由上海商務印書館出版。本書以文言文為研究對象，以西洋語法為研究方法。

公元 本干	民國紀元 支	語　文　興　革　記　事
1908　年 光緒34年 戊　　申		一、勞乃宣進呈《簡字譜錄》及《普行簡字以廣教育摺》，慈禧太后批交「學部奏議」，後不了了之。 　　二、江亢虎發表《通字》。這是拉丁字母切音字方案，其字母純用英文，而拼法讀法略加變通，其四聲符號則加阿拉伯數碼1、2、3、4於字尾。 　　三、劉孟揚發表《中國音標字書》，這是拉丁字母切音字方案；基本上採用26個拉丁字母，以雙拼制拼寫北方官話。 　　四、馬體乾著成《串音字標》，這是一種甲骨文式的切音字方案，他反對採用拉丁字母擬訂切音字，本案共有聲母22個，韻母36個。 　　五、章炳麟在《國粹學報》第41、42期發表《駁中國改用萬國新語說》，他不贊成採用拼音文字，提出「取古文籀篆徑省之形」而定的改良反切方案，即以36「紐文」（聲母）和22「韻文」箋識字端，使本音畫然可曉，而不是廢本字而以切音代之。清末的切音字，到民國初全變爲注音字母，不論在理論上、方案上，都與章炳麟有關。
1909　年 宣統 1年 己　　酉		一、劉世恩的《音韻記號》出版，這套切音字方案是拼寫北方官話的，有「父音」（聲母）25個，「母韻」21個，「拼媒」3個；由於「父音」、「母韻」多用同一個字母，實際用的字母記號只有28個；這些字母記號都是圖案式，由圓形、角形、直線、曲線四

公元 本十	民國紀元	元支	語　文　興　革　記　事

種基本形式構成。

　　二、黃虛白的含有漢字筆畫式切音字方案的《漢字音和簡易識字法》和含有拉丁字母切音字方案的《拉丁文臆測》成稿。

　　三、陸費逵在《教育雜志》創刊號上發表《普通教育應當採用俗體字》，此文可以視爲簡體字運動的序幕。

| 1910　年
宣統 2年
庚　戌 | | | 　　一、由於學部對於合聲簡字「不議不答」、「深閉固拒」，勞乃宣等人乃轉向社會推行，在北京成立簡字研究會。

　　二、官話字母至此已推行十年，傳習至十三省，但由於《拼音官話報》得罪攝政王載灃，而遭到查禁，王照等人上書請願於資政院。資政院議員江謙等32人聯名提出說帖，對1909年學部奏報的《分年籌備立憲事宜清單》中所列國語教育事項，舉八點質問，其中要求把「官話」正名爲「國語」。

　　三、鄭東湖著成《切音字說明書》，此案和日本假名同一性質，「取漢字之偏旁以爲字」，「取詩韻中所包括之音以爲音」，共有36個母音，20個父音，還有上平、下平、上聲、去聲、上入、下入 6個聲調符號。這是目前所知清末切音字運動的最後一種拼音方案。 |

公元本干支國紀元	語　文　興　革　記　事
1911　年 宣統 3年 辛　　亥	一、陰曆6月，學部召開中央教育會議，學部大臣交議「國語音韻例釋」一案，會上議而未決。會員邵廉等提出「統一國語辦法案」，於8月10日（閏6月16日）第16次會上通過；但同年清政府覆滅，此提案未能實施，清末二十年來的中文拼音運動就此宣告結束。
1912　年 民國 1年 壬　　子	一、8月7日，中華民國臨時政府教育部在北京召開臨時教育會議，通過「採用注音字母案」，決定先從統一漢字讀音著手，實施國語教育。 二、12月，教育部根據臨時教育會議的決議案，籌備召開讀音統一會，制定公布《讀音統一會章程》，並組建了由教育部及各省選派人員組成的籌備會。籌備會隸屬教育部，聘吳稚暉為主任。
1913　年 民國 2年 癸　　丑	一、5月，讀音統一會正式召開會議，選舉吳稚暉為議長，王照為副議長。會議首先依據清李光第等的《音韻闡微》，把經過修改的章炳麟的紐韻文作為記音字母，審定了6500多個漢字的標準國音，每字下注母（聲母）、等（四呼）、聲（四聲）、韻（韻母）；還審定了600多個俚俗及外來學術新字的國音。後來，以此為藍本編輯出版了《國音字典》；所定「國音」，除了以北京話為準的陰陽上去四聲外，還保留入聲作為第五聲。其次，會議正式通過把「記音字母」作為拼寫國音的字母，定其名為「注音字母」。然

公本干　元國紀元支	語　文　興　革　記　事
	後議定了七條推行國音的辦法。讀音統一會後，因袁世凱篡權，政局變動，會議議決的各項議案懸置。
1915　年民國 4年乙　　卯	一、王璞等讀音統一會會員，呈請教育部「即將公制之注音字母推行全國」；同時在報請教育部批准後，捐資在北京創立注音字母傳習所。傳習所還附設注音書報社，出版《注音百家姓》、《注音千字文》等，定期發行《注音字母報》。 二、陸爾奎等倡議編纂的《辭源》，由上海商務印書館出版。此書始編於1908年（清光緒34年），1931年又出版《續編》。《辭源》以詞語爲主，兼收百科術語，是我國出版第一部百科性辭書。1958年開始修訂工作，爲與《辭海》分工，專編爲古漢語辭典，1979至1983年由北京商務印書館出版。 三、陸費逵、歐陽溥存等編著的《中華大字典》，由上海中華書局出版。此書收48000多字，比《康熙字典》多1000多字，並改正《康熙字典》錯誤數千條。
1916　年民國 5年丙　　辰	一、10月，中華民國國語研究會在北京成立。該會宗旨是：「研究本國語言，選定標準，以備教育界之採用」。從此掀起敦促北洋政府公布注音字母和改學校「國文」科爲「國語」科的運動。

公元 本國紀元 干　支	語　文　興　革　記　事
1917　年 民國 6 年 丁　　巳	一、《新青年》雜志提倡「文學革命」。胡適首先在《新青年》第二卷第五號上發表《文學改良芻議》，提出「白話文學爲中國文學之正宗」；緊接著，陳獨秀在《新青年》第二卷第六號發表《文學革命論》，主張「建設平易的抒情的國民文學」、「建設新鮮的立誠的寫實文學」、「建設明瞭的通俗的社會文學」；劉復的《我之文學改良觀》也相繼刊出，豎立「文學革命」的大旗，提倡言文一致，提倡白話文。錢玄同在《寄胡適之》文中，提出打倒「桐城謬種」、「選學妖孽」的口號，並率先考慮到應用文的改革。 　二、中華民國國語研究會召開第一次大會，選舉蔡元培爲會長，張一麐爲副會長。該會的任務有：㈠調查各省方言，㈡選定標準語，㈢編輯語法、辭典等書籍，㈣用標準語編輯國民學校教科書，㈤編輯國語雜志，並委託黎錦熙擬定《國語研究調查之進行計劃書》。
1918　年 民國 7 年 戊　　午	一、4月15日，胡適於《新青年》第四卷第四號發表《建設的文學革命論》，提出「建設新文學論」的唯一宗旨是「國語的文學，文學的國語」；從此，國語統一運動和白話文學運動開始合流。 　二、《新青年》從第四卷第五號起完全改用白話文；白話詩作也逐漸增多。 　三、11月23日，北洋政府教育部正式公布「注音字

公元 本國紀元 干　　支	語　文　興　革　記　事
	母」，以便各省區傳習推行。「注音字母」共39個， 其中聲母24個、介母3個、韻母12個。這是第一次以 國家專門機構名義正式公布的中文拼音方案。
1919　年 民國 8年 己　　未	一、4月21日，北洋政府教育部附設的國語統一籌 備會成立，簡稱國語統一會。會長張一麐，副會長袁 希濤、吳稚暉，會員有黎景熙、錢玄同、胡適、劉復 、周作人、馬裕藻、趙元任、汪怡、蔡元培、沈兼士 、林語堂、王璞等，先後共172人。 　二、11月29日，國語統一籌備會舉行第一次大會， 劉復、周作人、胡適、朱希祖、錢玄同、馬裕藻等提 出《國語統一進行方法》的議案，主張「改編小學課 本」，把「國文讀本」改作「國語讀本」，「國民學 校全用國語，不雜文言」。馬裕藻、周作人、朱希祖 、劉復、錢玄同、胡適等 6人向教育部提出《請頒行 新式標點符號議案（修正案）》。
1920　年 民國 9年 庚　　申	一、1月，北洋政府教育部訓令全國各國民學校將 一、二年級國文改為語體文，並且以部令修改學校有 關法規。 　二、2月，教育部發布《通令採用新式標點符號文 》。 　三、4月，教育部又發出通告，分批廢止以前的舊

公元干支 國紀元支	語　文　興　革　記　事
	國文教科書，要求各學校逐步採用經審定的語體文教科書，其他各科教科書也相應改用語體文。 　　四、12月24日，教育部以訓令正式發布《國音字典》，收13000多字，字音是根據1913年由讀音統一會議決的。國語統一會隨後刊布《國音字典附錄》，即修正國音字典的說明及字音校勘記。次年，上海商務印書館發行《教育部公布校改國音字典》。
1921　年 民國10年 辛　　酉	一、北洋政府教育部訓令各省：凡師範學校及高等師範，均應酌減國文鐘點，加授國語。將語體文、注音字母、發音學、國音沿革、國語文法、國語教授法等列入師範學校和高等師範學校必修科目。 　　二、上海中華書局和商務印書館創辦國語專修學校和國語講習所，爲南方各省及南洋各地培訓了二、三千名國語教員。 　　三、商務印書館製作「國語留聲機片」，由趙元任編課本和發音。 　　四、胡適著《國語文法概論》，由上海亞東圖書館出版。
1922　年 民國11年 壬　　戌	一、北洋政府教育部公布《注音字母書法體式》。其中確定四聲標調法爲陰平（－）、陽平（ˊ）、上聲（ˇ）、去聲（ˋ），聲調標注在韻母之上。 　　二、國語統一籌備會組成「漢字省體委員會」，但在組建後十餘年間，無大成績。

公元 本國紀元 干支	語　文　興　革　記　事
1923　年 民國12年 癸　　亥	一、國語統一籌備會召開第五次常年大會，8月29日，決議組織「國語羅馬字拼音研究委員會」，指定錢玄同等11人為委員。 　　二、國語統一籌備會設立「國語辭典編纂處」。按：該處於1928年改名為「中國大辭典編纂處」。
1924　年 民國13年 甲　　子	一、1月，國語統一籌備會修改讀音統一會所定的「國音」，改為以北京語音為標準音，俗稱「新國音」。按：1913年所定「國音」採取雙重標準，南北兼顧，成為「一種沒有人說的語言」。 　　二、黎錦熙著《新著國語文法》由上海商務印書館出版，這是我國第一部較系統的白話文語法著作。
1925　年 民國14年 乙　　丑	一、11月9日，國語統一籌備會非正式公布《國語羅馬字拼音法式》，與「注音字母」兩兩對照，以為國音推行之助。
1926　年 民國15年 丙　　寅	一、3月21日，國音字典增修委員會召開會議，討論修訂國語標準音事宜，完成了12冊《增修國音字典》稿本，又議決編修《增修國音字典》、《國語同音字典》、《國音常用字匯》，並議定凡字音一律以北京的普通讀法為標準。後來，此事擱置；但此後在傳習國語時，都普遍採用北京語音。 　　二、11月9日，經北洋政府教育部批准，國語統一

公元本國紀元干支	語　文　興　革　記　事
	籌備會發出布告，確定印發《國語羅馬字拼音法式》，這是第一次由政府正式公布國語羅馬字。
1928　年 民國17年 戊　　辰	一、9月26日，中華民國大學院（原教育部改稱，在南京。）正式公布《國語羅馬字拼音法式》，作為「國音字母」第二式，以便一切注音之用。但後來並不熱心推行，加上該方案拼寫規則繁瑣；國語羅馬字對社會的影響不大。 二、國語統一籌備會改組，定名為「國語統一籌備委員會」，制定了委員會規章，明確了任務、機構、人員等；以後又在全國各重要都市設立「特委辦事處」。
1929　年 民國18年 己　　巳	一、10月10日，瞿秋白寫成《中國拉丁化字母方案》，這是最早的拉丁化新文字草案。
1930　年 民國19年 庚　　午	一、4月21日，中國國民黨中央執行委員會第88次常務會議通過吳稚暉等人《改定注音字母名稱，改稱「注音符號」，以免歧誤而利推行，請求公決案》。 二、4月29日，國民政府發布關於改「注音字母」名稱為「注音符號」的第240號訓令，認為「教育部前頒注音字母，惟其功用，亦不過或注字音，或注語音，足當音注而已；與假名相同，僅適注音，不合造

公元本干國紀支元	語　文　興　革　記　事
	字；稱爲「字母」，徒滋歧誤，所以應改爲「注音符號」，以副名實。 　　三、第二次全國教育會議通過吳稚暉等《擬請教育部在最短期內積極提倡注音識字運動案》。 　　四、5月21日，教育部組成「注音符號推行委員會」，並公布委員會規程，協助國民政府所屬各院、部、會、處練習注音符號，督促指導全國各地方推行注音符號。 　　五、7月23日，教育部制定《各省、市、縣推行注音符號辦法》，令各省、市、縣教育廳、局遵照辦理。
1931　年 民國20年 辛　　未	一、中國文字拉丁化第一次代表大會於9月26日至29日在海參崴召開，作出了《中國文字拉丁化的原則和規則》的規定，並於伯力設立「遠東邊區新字母委員會」，對僑蘇的10萬中國工人推行拉丁化新文字教育。
1932　年 民國21年 壬　　申	一、5月7日，教育部正式公布《國音常用字彙》。這本字彙原名《增修國音字典稿》，是1926年國音字典增修委員會推定由王璞、趙元任、錢玄同、黎錦熙、汪怡、白滌洲組成的起草委員會編定的。後加注國語羅馬字拼音，按照教育家統計所得「常用字彙」增補字頭，共收9920字（加上異體字、異讀字共12219

公元本干支 國紀元	語　文　興　革　記　事
	字）；字音明確以北京語音為標準（俗稱「新國音」）；字形酌收通用的簡體字形；字序按注音符號順序排列。按：1947年，臺灣省國語推行委員會根據此書增補資料，編印《國音標準彙編》。1963年，方師鐸根據《國音標準彙編》增補修訂，出版《增補國音字彙》。
1933　年 民國22年 癸　　酉	一、7月，國民政府行政院訓令所屬機關：「公文應採用簡單標點，各部會定8月1日起實行，各部會附屬機關定9月1日起實行。」在此之後，國民政府又議定一種公文標點舉例及行文款式。10月，訓令行政院等從次年1月1日起全國各機關一律採用實行。 二、教育部發出訓令，要求所有學生拼寫自己的譯名時，必須依據《國音常用字彙》；姓名的排列依照本國的習慣，姓前名後，不得用縮略寫法。
1934　年 民國23年 甲　　戌	一、1月1日，全國各級機關的公文加用新式標點符號，「以求合乎法定的公文程式」。 二、1月7日，國語統一籌備委員會第29次常務委員會通過錢玄同的《搜採固有而較適用的「簡體字」案》。 三、8月，世界語學者葉籟士等在上海成立「中文拉丁化研究會」，這是國內第一個拉丁化新文字團體。 四、黎錦熙著《國語運動史綱》，由上海商務印書

公元 本國紀元 干　支	語　文　興　革　記　事
	館出版。本書把國語運動分為四個時期：㈠切音運動，㈡簡字運動，㈢注音字母與新文學聯合運動，㈣國語羅馬字與注音符號推進運動；記述了清末以來國語運動的始末，說明了有關的理論、方法和綱領，是國語運動史上的一部重要著作。
1935　年 民國24年 乙　　亥	一、8月3日，教育部國語統一籌備委員會裁撤，另成立國語推行委員會，聘請吳稚暉為主任委員。 　　二、8月21日，教育部公布《第一批簡體字表》，收簡字324個。這份字表是從錢玄同編選的《簡體字表》（2400多字）中圈選出來的。按：1936年2月，國民政府又下令「暫緩推行」。 　　三、12月4日，上海中文拉丁化研究會邀請文化界人士座談推行新文字的問題，會上由陶行知發起成立「中國新文字研究會」。
1936　年 民國25年 丙　　子	一、舒新城、張相等主編的《辭海》（上冊）由上海中華書局出版。（按：下冊於1938年出版。）該書以百科條目為主，兼收語詞條目。 　　二、10月，容庚編《簡體字典》，收4445字，由燕京學社出版。
1937　年 民國26年 丁　　丑	一、七七事變後，教育部國語推行委員會把業務分給國立西北聯合大學的中國語文學會和社會教育推行委員會，本身則停止工作。

公元 本干	國紀元 元支	語　文　興　革　記　事
		二、 9月，蘇聯中央執行委員會民族院主席團通過決議，認為任務已經完成，撤銷遠東邊區新字母委員會。 三、中國大辭典編纂處編《國語辭典》，由黎錦熙董理，汪怡主編。1937年至1943年商務印書館出版，平裝八冊。1947年商務印書館再版，精裝四冊，並附《補編》。1957年北京商務印書館再版，有比較大的刪節，並改名為《漢語詞典》。
1938　年 民國27年 戊　　寅		一、3月5日，國民黨中央宣傳部發表關於拉丁化新文字的令文，文中說：「中國字拉丁化運動如不妨礙或分散國人抗戰之力量，在純學術之立場上加以研究，或視為社會運動之一種工具，未嘗不可。若仍有反動分子用此為宣傳工具，則仍須嚴加取締。」 二、10月，國民參政會第二次大會開會，參政員陶行知提出《推行普級教育以增加抗戰力量而樹立建國基礎案》，其中第八條提出「漢字之外應推行拼音新符號，以便勞苦老百姓及邊疆不通漢文之民眾。」所謂「拼音新符號」，即指拉丁化新文字。
1939　年 民國28年 己　　卯		一、2月，教育部在重慶召開全國教育工作會議，上海各大學語文教授組織的上海語文教育學會寄去由陳望道起草的《請試驗拉丁化以期早日掃除文盲案》，呼籲在國語區和方言區積極推行拉丁化新文字。

公元本干／國紀元支	語　文　興　革　記　事
	二、9月，第四次國民參政會在重慶召開，首席參政員張一麐繼在第三次國民參政會上提出《動員全國知識分子，掃除文盲，以利抗戰建國》的提案後，又再次強烈要求國民政府用拉丁化新文字來掃除全國的文盲。後在1940年3月召開的第五次國民參政會上，又與沈鈞儒等人要求「召集有經驗之新文字專家，開一討論會，實驗已往成績，以達全民總動員之速效」，但教育部拒絕實驗拉丁化新文字，新文字運動在重慶無大進展。
1940　年民國29年庚　　辰	一、3月，國民參政會第五次大會，參政員張一麐等人聯名提出要求實驗新文字，作為掃盲工具。教育部答覆此案，拒絕實驗新文字，說：「至於拉丁字文字，其功效如何，尚不可知，本部業已加以注意，並飭部內職員分別研究，今後擬再請於文字改革確有研究之專家從事商討。但在未證明其功效勝過注音符號以前，一時難以加之採用，仍以推行注音符號為主。。」 　二、5月，教育主管人員對中央社記者發表談話，認為漢字改革問題只是「中國文字教學法之改進問題」，說政府已經「為普及教育，使文字易學起見，而制定注音符號」；漢字「歷史悠久」，有「六書之明體用」，而且「中華民族之所以巍然獨立於世界，綿延數千年，文化之寄托，民族之團結，實有賴於文字

公元 本 千 國紀 元 支	語　文　興　革　記　事
	之統一」；說拉丁化新文字不標聲調，有很多同音詞，「欲易更難」，如要試驗拼音文字，則可以試行「國語羅馬字」。 　三、6月21日，教育部國語推行委員會恢復工作，並擴大組織。 　四、7月26日，國語推行委員會推定黎錦熙、盧前、魏建功三人，準照國音，編訂《中華新韻》。 　五、10月，教育部國語推行委員會決議，把國語羅馬字拼音法式改名爲「譯音符號」。
1941　年 民國30年 辛　　巳	一、《中華新韻》編成，教育部於10月2日公布，國民政府旋於10月10日明令公布。此書共分18韻目，書末附《國音簡說》，以補《國音常用字彙》之缺。本書公布後，最初由成都茹古書局承刻出版；1947年11月，南京正中書局印製新的版本，本文的部分手寫影印，前後「附錄」用4號宋體字排印，1963年8月發行臺一版；1973年12月，臺北國語日報出版部影印茹古書局刻本。
1944　年 民國33年 甲　　申	一、3月，教育部舉辦國語運動宣傳週，制定五條國語運動綱領：㈠實行國字讀音標準化，統一全國讀音；㈡推行國語，使能通行全國，並作爲外國人學習漢語的標準；㈢推行注音國字，以普及識字教學；㈣推行注音符號，以溝通邊疆語文；㈤研究國語教學法

公元 本干	元紀 國 支	語　文　興　革　記　事
		，以增進教育效率。
1945　年 民國34年 乙　　酉		一、年初，國民政府開始著手準備淪陷區的接收和復原工作。臺灣的接收工作，是由臺灣調查委員會負責籌畫；為了儲備人員，舉辦臺灣行政幹部訓練班。教育部國語推行委員會參加了調委會和臺幹班的研究指導工作，討論臺灣語文教育的各種問題。 　　二、6月9日，立法院通過《教育部國語推行委員會組織條例》，及21位委員名單。
1946　年 民國35年 丙　　戌		一、3月1日，臺灣省教育處在臺灣廣播電臺，設置讀音示範節目。先用教育部灌製的趙元任發音的國語留聲片；4月改由柯遜添發音；5月1日由齊鐵恨發音，播《民眾國語讀本》（4冊），由林紹賢（原書編者）用閩南話翻譯。播完後，繼續播講《國民學校暫用國語課本》，由林良翻譯；每星期六解答國語問題，兼講國語會編印的《初級國語會話》。到1954年3月舉辦空中教學初級部，1955年秋季成立高級部，分別由齊鐵恨、李劍南擔任國文教學。 　　二、3月14日，行政長官公署核准「臺灣省各縣、市國語推行所組織規程」，規定各縣、市設立國語推行所，承教育處之命受省國語推行委員會之指導，辦理各該縣、市國語推行事宜。 　　三、4月2日，公布「臺灣省國語推行委員會組織規

公元本干 國紀元支	語　文　興　革　記　事
	程」，規定省國語委員會隸屬於省行政長官公署教育處。 　　四、5月30日，臺灣行政長官公署核准省國語推行會編印《國音標準彙編》，作為推行國語的統一標準讀音。按：本書是依照1932年教育部公布的《國音常用字彙》，用原書字樣製版，前面增列「國字旁注之注音符號印刷體式表」、「注音符號發音表」、「國音簡說」。此書由臺灣開明書店印刷，當時未能及時出版，乃寄交上海開明書店代印，到1947年1月才出版。印《彙編》的同時，並託上海來薰閣影印《中華新韻》，運臺供用。後來，方師鐸把此書增補修訂成《增補國音字彙》，1948年12月臺灣開明書店初版。 　　五、8月1日，國語實驗小學在臺北市南海路成立。這個小學在日據時期是臺北師範學校第三附屬小學，光復後改為省立臺北國民學校，遷到福星國小校內。此時由省國語會接辦，遷回南海路原址，改稱為臺灣省國語推行委員會附設國語實驗小學；省國語會當時也在同址辦公，1947年12月才遷到對面的植物園裡的辦公處所。
1947　年 民國36年 丁　　亥	一、1月，臺灣省各縣、市國語推行所撤銷，但國語推行員仍留各縣、市繼續工作。 　　二、6月12日，教育部在南京召開基本教育預備會，會中討論到拉丁化新文字問題。據13日《新聞報》

公本 干國紀	元元 支	語　文　興　革　記　事
		載：會上「亦有人主張廢除漢字，提倡漢字拉丁化者，多數專家反對，謂我國各地方言大多不同，倘用拉丁化文字，勢必分化中國之統一。我國數千年來之歷史文化，悉以漢字記載，且國人學習漢字，幾無一感到困難者，倘一旦廢除，無異斷送我一脈相傳之固有文化。」 三、6月，臺灣省行政長官公署改組為臺灣省政府，公署教育處改為教育廳；臺灣省國語會的組織規程也重擬草案，於1949年10月22日由臺灣省政府公布。 四、11月，朱經農在《教育雜志》11月號發表反對拉丁化新文字的意見，他認為：㈠中國數千年的文化都是用漢字記載下來的，一旦把漢字廢了，將來中國人就無法閱讀古書，瞭解中國文化。㈡中國文字原係一字一音，同音的字實在太多，用羅馬字拼起來，真不容易分別清楚。㈢同一字各地讀音不同，各人照自己的鄉音用羅馬字拼出來，會變成完全不同的許多字。將來中國的文字，化為無數種不同的文字，沒有法子可以統一，也弄得彼此不能互相瞭解。統一的文字與國家的統一有密切的關係，破壞數千年來文字的統一，將有不良的後果，不可不慎重考慮。 五、12月，教育部下令臺灣大學開辦國語專修科，以培養推行國語的師資。

公元本干 民國紀元支	語　文　興　革　記　事
1948　年 民國37年 戊　　子	一、4月，國語專修科在臺灣大學文學院內成立。該科爲二年制，師資聘請何容、王玉川等主持，學生一半由學校招考，一半按「選送學生名額分配表」，分別由臺、閩兩省教育廳考選保送，畢業後仍回本省服務。 　　二、6月22日，教育部在臺北市設立教育部國語推行委員會閩臺區辦事處。 　　三、教育部指令臺大國語專修科於本年8月由臺灣省立師範學院接辦。因爲臺灣大學是普通大學，沒有師範或教育學院的設置，辦理公費的國語專修科諸多不便，教育部顧及實際情形，所以改由臺灣省立師範學院接辦。第一屆學生40人，在1950年1月畢業；第二屆由王壽康擔任科主任，1952年1月第二屆學生畢業；國語科停辦；但經王先生力爭，規定師範學院各系、科一年級國語（國音）爲四學分必修課程，不及格不能畢業，成爲定制，因此臺灣地區的中學師資大多接受過國語訓練。 　　四、10月25日，教育部把從北平移臺的《國語小報》（1947年1月15日創刊，原爲三日刊。）改爲《國語日報》，重新創刊；社址就在植物園省國語會內。因爲印刷上的困難，到11月13日才出第二號報。

公元本干 民國紀元 元支	語　文　興　革　記　事
1949　年 民國38年 己　　丑	一、5月23日，教育廳訂定「臺灣省國語演說競賽辦法十三條」。 二、6月，教育廳實施臺灣省立各師範學校應屆畢業生國語文統一考試，凡國語文不及格者不准畢業；這項考試以後延續成制度，特師科和三專、五專的國校師資一律適用。 三、8月1日，中央通訊社從今日開始發布語體文通訊稿。因爲大多數報刊都用語體文，對於不是語體文的通訊稿還要經過一道翻譯的手續，極不方便。 四、8月，中國大辭典編纂處所編的《國音字典》，由上海商務印書館出版。1959年，臺灣商務印書館發行臺一版。 五、9月24日，教育廳公布「臺灣省各級學校國語正音補救辦法六條」。其要點爲：「傳習注音符號，以爲正音工具，由國語推行委員會利用廣播電臺之國語廣播教學時間傳習，各校教師應按時收聽。……師範學院、師範學校應加強國語教學，俾各生畢業後能正確運用注音符號及適合國音標準。」 六、10月10日，中國文字改革協會在北京成立，其目的是系統地研究和試驗文字改革的辦法。目前的主要工作是漢字改革的研究、漢語和漢語統一問題的研究、少數民族語言文字的研究、根據研究結果進行可能的試驗和漢字改革的宣傳。 七、11月15日，教育廳公布「國語正音補充辦法」

公元本干國紀元支	語　文　興　革　記　事
	，規定每晨6時50分至7時20分在臺灣廣播電臺有國語廣播教學，每星期六講授注音符號。並規定不諳國語之教員，應訂閱《國語日報》。
1950　年 民國39年 庚　　寅	一、5月1日，臺灣省教育廳正式核准語文補習學校，並派國語推行委員會常務委員王壽康兼任校長。語文補校以輔導小學教員進修爲中心工作，除了辦小學教員進修班之外，曾辦民衆補習班，並實驗教材及教法，一直維持到1959年省國語會奉命裁併爲止。 二、6月25日，中國科學院語言研究所在北京成立，其主要任務是，對漢語及其有關的語言問題進行基礎研究和理論研究，爲加強現代漢語規範化服務。 三、8月，大陸教育部公布《小學語文課程暫行標準（草案）》暨《中學暫行教學計劃（草案）》，把民國時期小學的國語科暨中學的國文科，都改稱爲「語文科」。
1951　年 民國40年 辛　　卯	一、9月26日，北京《人民日報》刊登出版總署發布的《標點符號用法》；《用法》包括14種標點符號。同日，臺北《國語日報》發行《古今文選》，隨報附送；《古今文選》的編印，把國語教育推展到中學及大學去，使高級知識份子瞭解國語教育的眞精神和工作的理想目標，同時給中學和大專院校的教師，省卻不少檢閱原書，斟酌注釋和讀音的工夫。

公元本干 國紀元支	語　文　興　革　記　事
1952　年 民國41年 壬　　辰	一、2月35日，隸屬於大陸政務院（1954年9月改組爲國務院）文化教育委員會的中國文字改革研究委員會在北京成立；原中國文字改革協會宣告結束。本會的主要工作是：㈠研究並提出中國文字拼音化的方案。㈡整理漢字並提出其簡化方案。㈢研究並實驗中國拼音文字的教學方法。㈣出版以文字改革爲中心的定期語文刊物和各種有關文字改革的書籍。 二、4月，由文化界人士集資籌辦的《中國語文》創刊號在臺北出版。按：《中國語文》在創刊之後，按月出版，每六期爲一卷。到1953年7月出齊第二卷，因經費困難而停刊。在停刊以前，中國語文學會成立，學會與教育廳簽訂「改進臺灣省國語文教育合作計畫」，以「恢復《中國語文月刊》」列爲合作計畫要點之一。《中國語文》復刊號（第三卷第一期），在1958年6月1日發行，從此每月出版一期，並按期寄贈各公私立中小學校。
1953　年 民國42年 癸　　巳	一、3月31日，臺灣省政府奉教育部令，轉令禁止各校學生寫簡體字及日化變相漢字。 二、5月31日，臺北文化教育界人士發起成立「中國語文學會」，以發揚民族文化，普及語文教育，促進語文統一運動，以增進國民使用語文技能。 三、9月10日，中國國民黨中央委員會舉行總理紀念週，由黨史編纂委員會主任委員、考試院副院長羅

公元 本干　國紀元 元支	語　文　興　革　記　事
	家倫先生對中國文字簡化問題作報告，內容大要是中國文字必須保存，但如欲保存中國文字，則必須簡化中國文字，使廣大民衆易於學習。 　　四、10月，由魏建功主編，新華辭書社編的《新華字典》，由北京人民教育出版社印行第一版。本書起先按照注音符號順序排列，以後續有修訂，改用漢語拼音字母順序，1959年轉由北京商務印書館出版，是發行量最大，供小學教師、初中學生和初中文化程度的讀者使用的一本小型語文工具書。
1954　年 民國43年 甲　　午	一、2月，立法委員廖維藩因爲不滿羅家倫簡體字的主張，擬定提案，連署共106人，案由是「爲制止毀滅中國文字，破壞傳統文化，危及國家命脈，特提議制定《文字制定程序法》，以固國本案。」這個提案經院會熱烈討論後，決議交教育、內政、法制三個委員會審查；在審查時，並邀教育部長程天放和學者專家列席報告和發表意見；報章和雜誌在提案前後，也紛紛刊載這方面的文章。中國文字學會於1955年10月將正、反兩方面的言論輯合起來，印成《中國文字論集》上、下兩冊。 　　二、3月17日，羅家倫從本日起一連四天，在臺北《中央日報》發表《簡體字之提倡甚爲必要》的長篇文章，後來由中央文物供應社印成單行本，題名爲《簡體字運動》，分送立法委員，以說服立法委員支持

公元 本國紀元 干支	語　文　興　革　記　事
	他的主張。 　　三、6月9日，臺灣省教育廳規定從四十三學年度起，一年級國常教學前十二週先教說話和注音符號，說話用《國語說話教材及教法》，注音符號用《注音符號課本》。自十三週起教國常課本。 　　四、11月16日，教育部書面答覆立法委員廖維藩的質詢。按：廖委員在質詢時說國校一年級使用《初級小學注音符號課本》是違反教育政策；他把國校一年級開始先教說話和注音符號一事，與國語拼音化運動、羅馬字化運動及拉丁化運動牽扯在一起。 　　五、12月23日，直屬大陸國務院的中國文字改革委員會在北京成立；原中國文字改革研究委員會即日起撤銷。新機構不僅做研究，更要根據政府的政策，採取切實可行的步驟來推行各項文字改革的具體工作。當前的重要任務：「要發動全國討論《漢字簡化方案（草案）》，要繼續整理漢字，編訂漢字標準字表，還要擬出拼音文字的初步方案，展開群眾性的討論，同時進行廣泛的試驗。此外，還要研究並推行標準音教學。要解決同音詞問題，並規定詞的連寫規則，試編常用詞彙等等。」
1955　年 民國44年 乙　　未	一、1月1日，北京《光明日報》首先實行左起橫排。 　　二、3月26日，臺灣地區國民小學一年級「說話」、「注音符號」教學，經教育部核定改為八週，自四

公元本干 民國紀元 元支	語　文　興　革　記　事
	十四學年度起實施。

三、6月3日，教育部（臺北）發布命令，撤銷教育部社會教育推行委員會，該會人員移社會教育司辦公。社委會撤銷後，國語輔導會改稱「教育部國語教育輔導會議」。

四、11月，大陸文化部發出《關於漢文書籍、雜志橫排的原則規定》。

五、12月22日，大陸文化部中國文字改革委員會發布《第一批異體字整理表》，表內所列異體字共810組，每組最少2字，最多6字，合計1865字，經過整理後共精簡爲1055字；決定從1956年2月1日起在大陸地區實施，從實施日起，報紙、雜志、圖書一律停止使用表中括弧內的異體字。後來歷經1956年、1986年、1988年三次的調整，異體字由810組減少爲796組，異體字減少爲1027個。

六、12月24日，大陸中國文字改革委員會拼音方案委員會召開第十一次會議，決定把原來的「拼音文字方案」的名稱改爲「漢語拼音方案」。按：李敏生說：「『漢語拼音方案』公布已經四十年了，實踐證明它的作用，只能只給漢字注音，而不能取代漢字。『漢語拼音方案』所以成爲不了漢語拼音文字，在於它不具備文字的準確表達觀念的科學屬性。」（《漢字哲學初探》，頁183。）

七、日本學者諸橋轍次編撰《大漢和辭典》（全十

公元 本國紀元 干支	語　文　興　革　記　事
	三冊），共收單字48960個，詞目526500條；初版於昭和30年至35年（1955–1960年），東京大修館書店出版；1962年，臺北文星書店據1960年版影印。昭和49年（1974年）出版修訂本，臺北中華文物出版社、新文豐出版公司曾據以影印。
1956　年 民國45年 丙　　申	一、1月1日，北京《人民日報》和大陸地區地方報紙紛紛改爲橫排。據吳玉章《中國文字改革的道路》一文統計：「全國性的報紙，自1956年元旦起全部改爲橫排，大多數省報已經或正在準備改爲橫排。據1955年年底統計，全國372種期刊中，橫排的有298種，占80.1％。1956年起，全國性的期刊除了一兩種仍用直排外，已經全部改用橫排。一年來，圖書採用橫排的亦在逐漸增多。」 　　二、1月7日，教育部通知臺灣省教育廳，國語推行工作還要加強，本年度加強國語教育的重心，是健全全省各縣、市國語推行委員會的人事與充實工作。 　　三、1月31日，大陸國務院發布《漢字簡化方案》。方案分三個部分：第一部分即「漢字簡化第一表」所列簡化漢字共230個，應該從1956年2月1日起在大陸地區印刷的書寫的文件上一律通用；第二部分即「漢字簡化第二表」所列簡化漢字285個和第三部分即「漢字偏旁簡化表」所列簡化偏旁54個，爲愼重起見，特

公元 本紀元 干支國	語　文　興　革　記　事
	先行公布試用，經必要的修正，然後正式分批推行。 　　四、2月6日，大陸國務院發布《關於推廣普通話的指示》，指出：漢語統一的基礎已經存在了，這就是以北京語音爲標準音、以北方話爲基礎方言、以典範的現代白話文著作爲語法規範的普通話。在文化教育系統中和人民生活各方面推廣普通話，是促進漢語達到完全統一的主要方法。指示共12條，對全大陸地區各行各業、各機關、組織、團體都提出了要求。 　　五、3月12日，中央推廣普通話工作委員會在北京成立，本委員會不另外設立機構，由中國文字改革委員會負責推廣普通話整個工作的計劃、指導和檢查，爲了和有關各部門聯繫，中國文字改革委員會設立普通話推廣處。 　　六、6月7日，教育部（臺北）規定作業試卷及出版書刊字體與款式。其要點爲：「查共匪毀滅我傳統文字，推行拉丁化之簡體字，破壞結構，混亂形聲，急應徹底予以糾正。茲決定：㈠各國校學生作業，均應用正楷，不得寫簡體字。㈡考試試題試卷，除數理化樂譜等橫寫外，他如國文、公民、史地等科目，均應由上而下，由右而左；不得橫排或橫寫。」 　　七、11月20日，教育部（臺北）頒布《高級中學加授中國文化基本教材辦法》。
1958　年 民國47年	一、1月10日，周恩來先生在《當前文字改革的任務》中明確指出：「應該說清楚，漢語拼音方案是用

公元本干 民國紀元 干支	語　文　興　革　記　事
戊　　戌	來為漢字注音和推廣普通話的，它並不是代替漢字的拼音文字。」 　二、2月11日，中國大陸人民代表大會第一屆第五次會議在北京召開，批准《漢語拼音方案》。認為應該繼續簡化漢字，積極推廣普通話；漢語拼音方案作為幫助學習漢字和推廣普通話的工具，應該首先在師範、中、小學校進行教學，積累教學經驗，同時在出版等方面逐步推行，並且在實踐過程中繼續求得方案的進一步完善。按：漢語拼音是吸取國語羅馬字和拉丁化字母案的優點，以26個國際通用的拉丁字母為基礎發展出來的，是三百多年來拼音運動的結晶。 　三、4月19日，奉總統蔣中正先生指示，教育部函請臺灣省政府發布命令：我國文字，橫寫時必須由右而左，報刊、招牌、匾額同。
1959　年 民國48年 己　　亥	一、7月1日，臺灣省國語推行委員會自今日起併入教育廳，由第五科科長陳志先擔任總幹事，國語會從此不能發揮功能。
1960　年 民國49年 庚　　子	一、4月22日，中共中央發出《關於推廣注音識字的指示》，指出「山西省萬榮縣注音識字的經驗是我國文化革命中一項很重要的創造，應當在全國迅速推廣」。「在學生、教師和青年工人、農民、店員、職員、部隊官兵中大力推廣普通話，造成風氣」。「此

公元 本國紀元 干支	語　文　興　革　記　事
	外，爲了加速掃盲和減輕兒童學習負擔，現有的漢字還必須再簡化一批」，「使難寫難認難記、容易寫錯認錯記錯的字逐漸淘汰」。
1962　年 民國51年 壬　　寅	一、7月4日，臺灣省政府轉行政院令：縣、市國語推行委員會，業務及人員併教育科。 二、7月9日，臺灣省政府教育廳開協調會，決定：縣、市國語推行委員會併科後，國語推行員職稱、任用、待遇；經費、工作不變。 三、11月，由高明主編，臺北中華學術院印行的《中文大辭典》出版首冊，至1968年8月出齊，共四十冊，後二冊爲索引。收單字5萬餘個，詞目37萬多條。1973年加以修訂，分裝十冊。
1963　年 民國52年 癸　　卯	一、2月22日，北京《中國語文》第1期發表普通話審音委員會的《普通話異讀詞三次審音總表初稿》；10月，由北京文字改革出版社出版。 二、4月，國立編譯館（臺北）成立「國民學校常用字彙釐定委員會」，用四年時間，根據臺灣地區出版的報章（只收《國語日報》）、國民學校課本、兒童作品、課外讀物、廣播資料、民眾讀物等共753940字的語料，訂定常用字4864字。再依不同的等級，分爲常用字3861個，次常用字574個，備用字429個，編成《國民學校常用字彙研究》一書，由臺灣中華書局

公元 本國紀元 干　　支	語　文　興　革　記　事
	出版。 　　三、12月29日，大陸內務部、教育部、中國文字改革委員會發布《漢語手指字母方案》，這是用指式代表字母，按照《漢語拼音方案》拼寫普通話，作為手語的一種。
1964　年 民國53年 甲　　辰	一、3月7日，大陸中國文字改革委員會、文化部、教育部發出《關於簡化字的聯合通知》。5月，中國文字改革委員會所編的《簡化字總表》，由北京文字改革出版社出版。
1965　年 民國54年 乙　　巳	一、1月30日，大陸文化部、中國文字改革委員會聯合發出《關於統一漢字鉛字字形的聯合通知》，指出：為了便利閱讀，需要統一鉛字字形，使筆畫結構力求與手寫楷書一致，以減少初學者閱讀和書寫的困難。現在由漢字字形整理組編成《印刷通用漢字字形表》（6196字），請各地逐步推行。
1967　年 民國56年 丁　　未	一、4月22日，臺灣師範大學教授沙學浚先生在臺北《中央日報》發表文章，主張國民學校的國語科應正名為「國文」，於是引起「國語」與「國文」之爭，各報章雜誌紛紛議論這個問題，討論的文章，詳見本年11月《國語日報》出版的《國語與國文正名問題》，和《中國語文》第22卷第1期「國語國文辯論專

公元 本 干	紀 國 支	語　文　興　革　記　事
		號」。

二、7月6日，臺灣省政府通令各縣、市一律恢復設置國語推行委員會，以收復興民族文化、團結民族精神的效果。

三、11月21日，中國國民黨五中全會第十六次大會決議：㈠國民教育前六年仍維持「國語」名稱，後三年仍維持原初中「國文」名稱。㈡其餘意見送請教育部從政同志研究辦理。按：會中有張希文等12位委員所提：為實施九年國民教育應特別加強國語科教學，以期奠定中華文化復興基礎案。杜元載等五位委員所提：為實現總裁復興中華文化之目標，遵行總裁「國文第一」之訓示，擬請總統宣佈小學「國語」科恢復民國12年前之國文原名案。

1969　年 民國58年 己　　酉	一、4月9日，中國國民黨第十次全國代表大會議案審查會，對於請把國民小學國語科正名為國文的議案，已經根據五中全會的決議，不予通過；五中全會的決議是國民小學的國文科目名稱是國語，國民中學的叫國文。大會同時通過134位代表的另一議案：加強國語的推行，應從大處著眼，由淺入深，由語而文。

二、4月10日，何應欽將軍在中國國民黨第十屆中央委員會及中央評議委員會議第一次會議中，提出整理簡筆字方案，案由：為建議由教育部會同中央研究院切實研究整理簡筆字，以適應當前之教學實用以及

公元本干國紀元支	語　文　興　革　記　事
	光復大陸後之文教設施案。」此外，李煜瀛評議委員也發表意見：「本人極端贊成，華僑子弟在僑居地讀書，因我以未加強注意其教科書問題，匪方教科書乘虛而入，僑校多採用共匪所編簡體字教科書。」 　三、4月28日，中國國民黨中常會對何評議委員應欽所提整理簡筆字案決議：「本案擬連同李評議委員煜瀛所提意見送行政院從政主管同志遵照總裁指示詳加研究辦理。」
1970　年 民國59年 庚　　戌	一、臺灣地區加強推行國語運動。5月27日，教育部公布六十年度施政計劃，以推行國語教育做施政重點之一，辦法內容包括：㈠編印中國語文教材，㈡拍製中國語文電影，㈢灌製唱片，㈣督導省、市教育廳、局舉辦國語比賽活動，㈤報請行政院恢復教育部國語推行委員會，並且展開教學研究推行工作。 　二、6月10日，中華文化復興運動委員會第十二次常會通過加強推行國語運動。決定依據下列辦法積極推行：㈠立刻恢復教育部國語推行委員會，統一規劃，積極督導各級國語會。㈡充實省、市和各縣、市國語推行會人員經費，加強督導實施。㈢推行國語運動目標，應該從四方面同時著手：1.加強學校國語教學，培養國語師資人才。2.加強社會國語教學，舉辦鄉村、工礦、工廠、山地成人跟失學民眾補習教育。3.改進廣播電視電臺節目，減少外語跟方言節目，增加

公元 本國紀元 干支	語　文　興　革　記　事
	國語節目。 4.加強海外華僑國語教育，利用課本唱片、電影教材向海外推行。 5.規定各級機關、學校辦公室跟各種公共場所，一律使用國語。 6.運用各項比賽跟活動，提高民眾說國語的興趣。
1971　年 民國60年 辛　亥	一、3月，高樹藩編纂《正中形音義綜合大字典》，由臺北正中書局出版。本書共收單字字頭9000多個，每字列舉甲骨文、金文，以及篆、隸、草、行、楷等形體，據原形解析造字本義；又詳注古今音讀，分辨異讀；並分項解釋字義，每一義項都前定詞性，後舉書證，說明用法；許多字釋義之後，又加「辨正」，用以補錄異體，區分形似，辨析同義、近義字等。1989年11月，北京中華書局重印本書，改題《中文形音義綜合大字典》。
1972　年 民國61年 壬　子	一、3月15日，國民大會第五次會議第八次大會，由于斌等490位代表提出請政府制定《國語推行法》，切實推行國語，以團結民族情感，發揮總體戰力，俾力復國建國大業。這個提案，已在中國國民黨十屆三中全會通過（張希文等33人提案）。 　　二、9月24日，臺灣省教育廳精簡機構，裁併駢枝單位，保留國語推行委員會，但不設專任職員，業務併到第五科。 　　三、11月11日，因為精簡機構，省、縣、市國語推

公元 本國紀元 干　　支	語　文　興　革　記　事
	行人員併入科、課，臺灣省國語推行委員會第十一次委員會，討論有關修訂省、縣、市國語推行委員會組織規程，暨縣、市國語推行員任用待遇辦法。
1975　年 民國**64**年 乙　　卯	一、1月25日，教育部（臺北）為普遍推行國語和注音識字運動，公布《國語推行辦法要點》。 　二、5月26日，臺北市國語推行委員會舉行委員會議，高銘輝局長兼主委致詞時強調，國語會雖然裁撤，教育局今後還要加強推行國語的工作，只是把該會的業務併入第四科。 　三、9月14日，蔣彥士部長在中華文化復興運動常務委員會上說，教育部正在積極研究國民常用字彙，並已經完成了第一階段的工作，選出3408個常用字。第二階段製訂常用標準字體3000到5000的工作，也已經委託臺灣師範大學國文研究所進行。
1975　年 民國**64**年 乙　　卯	一、9月15日，臺灣師範大學國文研究所整理的《國民常用字表初稿》，計收4709字，由教育部社會教育司編印出版。1978年，教育部將《國民常用字表》，定名為《常用國字標準字體表》，字數改為4808字，5月20日印行。1979年，教育部將《常用國字標準字體表》修訂137字，委由臺北正中書局印製試用本，6月出版；8月1日，教育部公布該表試用三年，期滿修訂後正式頒布使用。1982年9月，教育部正式頒布《常用國字標準字體表》。

公元本干國紀元支	語　文　興　革　記　事
1977　年 民國66年 丁　　巳	一、在希臘首都雅典舉行的聯合國第三屆地名標準化會議通過了中國大陸提出的關於採用《漢語拼音方案》作爲中國地名羅馬字母拼寫法的國際標準的提案。 　二、10月31日，大陸國務院發出文件批轉中國文字改革委員會關於《第二次漢字簡化方案（草案）》的請示報告，同意這項草案可在《人民日報》以及省、市、自治區一級報紙上按照規定日期同時發表，徵求廣大工農兵群衆和各方面人士的意見。
1978　年 民國67年 戊　　午	一、臺灣商務印書館編審委員會編纂的《增修辭源》（全二冊），於11月由臺灣商務印書館出版。 　二、大陸中國社會科學院語言研究所詞典編輯室編輯的《現代漢語詞典》，於12月由北京商務印書館出版。此書是在1973年出版的「試用本」基礎上修訂增補成書的，這是爲推廣普通話、促進漢語規範化，通用最廣的一部詞典。本書於1989年出版補編，於1996年出版修訂本。按：吳再著《詞諫—〈現代漢語詞典〉評析與補白》，2000年5月長春吉林文史出版社最新修訂版。
1979　年 民國68年 己　　未	一、4月24日，教育部（臺北）成立國語文教育促進委員會。 　二、1958年起，北京商務印書館編輯部開始對舊版

公元本干	元紀國支	語　文　興　革　記　事
		《辭源》進行修訂，修訂稿第一分冊於1964年7月出版，第二冊的定稿工作完成一半，第三冊完成初步加工，1966年文化大革命開始，修訂工作被迫中斷。1975年決定由廣東、廣西、湖南、河南四省（區）分別成立專門機構，以1964年修訂稿第一冊和未出版的其他各分冊初稿或資料爲基礎，和北京商務印書館編輯部共同協作，對舊《辭源》進行全面修訂；此次修訂，將《辭源》定位爲閱讀古籍用的工具書和古典文史研究工作者的參考書；1979、1980、1983年分別出版了第一、二、三、四分冊，1988年出版合訂（縮印）本。1984年5月，臺北天成出版社影印四冊本，改題《文史辭源》；1988年5月，臺北遠流出版公司影印縮印本。按：田忠俠著《辭源考訂》，1989年5月長春東北師範大學出版社出版；又著《辭源續考》，1992年9月哈爾濱黑龍江人民出版社出版。 　三、1958年春和1959年夏，中華書局辭海編輯所（1978年改爲上海辭書出版社）和辭海編輯委員會相繼成立；1962年初出版《辭海·試行本》16分冊（內部徵求意見稿）；文化大革命期間（1966－1976），《辭海》的修訂工作被迫停頓；1978年12月，中共上海市委決定正式恢復和充實「辭海編輯委員會」，於1979年10月1日前夕，由上海辭書出版社出版了《辭海》三卷本；1980年印行了該版的縮印本；1983年出版了《辭海·增補本》，同時還出版了《辭海》的20個分

公元干支 本國紀元	語　文　興　革　記　事
	冊（分裝28本）。1984年開始進行了《辭海》的又一次修訂，新版《辭海》於1989年10月出版；《辭海》1989年版是對1979年版全面修訂後的成果，修訂後的《辭海》在原書的基礎上有了較大幅度的提高，學科條目更加齊全，內容更加充實，科學性和知識性也更加提高。臺北東華書局與上海辭書出版社合作出版繁體字版，於1992年10月出版三卷本；1993年7月出版以學科體系為脈絡的十卷本。
1980　年 民國69年 庚　　申	一、臺灣中華書局辭海編輯委員會編纂《最新增訂本辭海》（全三冊），於3月由臺灣中華書局出版。1985年4月出版《續編》一冊。 　　二、10月21日，中國語言學會在武漢舉行成立大會。 　　三、12月，中國修辭學會在武漢成立。 　　四、經專家討論四十多次，歷時四年的編寫，《標準行書範本》由教育部（臺北）頒布；《範本》所收4000字中有600多個字形與大陸簡化字字形相同或相似。
1981　年 民國70年 辛　　酉	一、2月12日，教育部（臺北）國語文教育促進委員會，經過研議討論後，決定國語推行委員會在臺恢復工作，並重聘委員。6月23日，教育部核定「國語推行委員會辦事簡則」。 　　二、3月29日，教育部（臺北）再印行《次常用國

公元 本干	民國紀元 支	語　文　興　革　記　事
		字標準字體稿》7894字，附《異體字表稿》2845字。 　　三、3月30日，國際標準化組織（ISO）文獻工作技術委員會（TC46）第十九屆大會在南京舉行。會議中再度審議，採用了中國大陸《漢語拼音方案》的國際標準草案（ISO/DIS 7098）；經過會員國通信投票，草案獲得通過。 　　四、7月13日，全大陸地區高等院校文字改革學會在哈爾濱市舉行成立大會，這是1955年全大陸地區文字改革會議以來規模最大的文字改革會議。學會的宗旨是團結所有高等院校教學和科學研究的力量，在中國文字改革委員會的指導下，分擔國家文字改革規劃所規定的科研、推廣和培訓任務。 　　五、教育部（臺北）重編國語辭典編輯委員會所編的《重編國語辭典》（全六冊），11月由臺灣商務印書館出版。這是以中國大辭典編纂處所編的《國語辭典》爲底本而重編，共計收字詞122889條，除了保存寫定詞形及正音的特點外，在釋義方面也更加充實。其注音法，除了國語注音符號、國語羅馬字外，更增加耶魯拼音，以利外國人及僑胞之用。
1982　年 民國71年 壬　　戌		一、8月1日，國際標準化組織（ISO）發表由該組織成員國投票表決決定的國際標準ISO-7098《文獻工作─中文羅馬字母拼寫法》，該文件規定拼寫漢語以漢語拼音爲國際標準。澳大利亞等26個國家的成員團

公元本千支 國紀元支	語　　文　　興　　革　　記　　事
	體投票贊成，美國的成員團體投票反對。 　　二、9月20日，教育部（臺北）公告《次常用國字標準字體表》試用三年。10月，社會教育司編印《次常用國字標準字體表》，內收6332字，附9個單位詞，4399個罕用字。 　　三、在北京召開的第五屆全國人民代表大會第五次會議，於12月4日通過《中華人民共和國憲法》，在第19條中明確規定：「國家推廣全國通用的普通話。」
1983　年 民國72年 癸　　亥	一、10月，教育部（臺北）編印《罕用國字標準字體表》，內收18388字。 　　二、11月，漢字部首排檢法工作組擬定的《統一漢字部首表（徵求意見稿）》，在北京《文字改革》11月號發表，公開徵求意見。
1984　年 民國73年 甲　　子	一、1928年國民政府公布的《國語羅馬字拼音法式》，因四聲拼法變化複雜，若干聲母及韻母符號不合歐美人士拼音習慣，以致國內外學習我國語文的外籍人士或僑胞子弟，甚感不便；教育部（臺北）有鑑於此，於1984年2月邀請語文專家12人，成立「修訂國語注音符號第二式專案研究小組」，進行比較分析研究。經修訂之國語注音符號第二式（羅馬譯音符號），於本年5月10日公布試用一年。試用期滿，檢討修正，於1986年1月28日公告正式使用。

公元 本國紀 干元 　支	語　文　興　革　記　事
	二、3月，教育部（臺北）編印《異體字表》，內收18588字，補遺22字。 　三、9月25日，語言文字應用研究所在北京成立。語用所的具體任務是：㈠研究整理漢字，提出現代漢語用字的各種標準；㈡研究解決《漢語拼音方案》在實際應用中的問題（如正詞法、同音詞問題、拼音電報等），在《漢語拼音方案》的基礎上，研究實驗漢語拼音文字；㈢研究語言信息處理問題，利用計算機研究語言文字問題；㈣展開社會方言、社會語言信息、比較社會語言學以及語言識別的研究；㈤研究語言風格、口語問題、兒童語言、語言教學以及盲聾語文；㈥研究、介紹國外在文字改革和語言應用方面的情況。
1985　年 民國74年 乙　　丑	一、5月，臺北「國字整理小組」宣告：已經成功地建立「中國文字資料庫」，編定「國字交換碼」，刊印《中國文字資料庫（修訂版）》，並備有磁帶，供資訊界需索。經過三次修訂後的中文資訊交換碼，共收錄常用字4808個、備用字17032個、異體字11517個，共計33357字。 　二、12月16日，大陸國務院發出《國務院辦公廳關於中國文字改革委員會改名為國家語言文字工作委員會的通知》，說「為了加強新時期的語言文字工作，國務院決定將原中國文字改革委員會改名為國家語言

公元本干支國紀元	語　文　興　革　記　事
	文字工作委員會。國家語言文字工作委員會仍爲國務院的直屬機構。其主要職責是：貫徹執行國家關於語言文字工作的方針、政策和法令，促進語言文字的規範化、標準化，繼續推動文字改革工作，並做好有關的社會服務工作。少數民族語言文字工作仍由國家民族事務委員會管理。 　　三、12月27日，國家語言文字工作委員會、國家教育委員會、廣播電視部發布《普通話異讀詞審音表》。普通話審音委員會曾於1957年到1962年分三次發表《普通話異讀詞審音表初稿》，並於1963年輯錄成《普通話異讀詞三次審音總表初稿》。1982年重建普通話審音委員會，進行修訂工作；這次修訂以符合普通話語音發展規律爲原則，以便利廣大群衆學習普通話爲著眼點，採取約定俗成、承認現實的態度，對《初稿》原訂讀音的改動，力求愼重；自公布之日起，文教、出版、廣播等部門及全國其他部門、行業所涉及的普通話異讀詞的讀音、標音，均以此表爲準。
1986　年 民國75年 丙　　寅	一、6月24日，大陸國務院批轉國家語言文字工作委員會《關於廢止〈第二次漢字簡化方案（草案）〉和糾正社會用字混亂現象的請示》的通知。說「1977年12月20日發表的《第二次漢字簡化方案（草案）》，自本通知下達之日起停止使用。今後，對漢字的簡化應持謹愼態度，使漢字的形體在一個時期內保持相對穩定，以利於社會應用。」

公元本干 國紀元支	語　文　興　革　記　事
	二、經大陸國務院批准，國家語言文字工作委員會重新發表《簡體字總表》，共收2235字；原《簡化字總表》中的個別字作了調整。 　　三、從1975年起，由古文字學家徐中舒任主編，四川、湖北兩省動員了400多位專家、學者、專業人員參加編纂的《漢語大字典》，歷時15年始成書；共收漢字字頭56000餘字，是一部以解釋漢字形、音、義爲主要任務的大型語文工具書；全書共分八卷，由四川辭書出版社和湖北辭書出版社聯合出版。茲將各卷出版的時間列表說明如下：

年＼月	五　月	六　月	七　月	十　月	十一月	十二月
1986年				第一卷		
1987年				第二卷		
1988年	第三卷		第四卷			第五卷
1989年		第六卷				
1990年	第七卷			第八卷		
1993年					縮印本	

1991年9月，臺北遠東圖書公司出版繁體字版。按：周志鋒著《大字典論稿》，1998年12月杭州浙江教育出版社出版。

公元本干 國紀元支	語　文　興　革　記　事
	四、1975年9月，成立了以陳翰伯為組長的《漢語大詞典》編寫領導小組；1979年9月成立了以羅竹風為主編的《漢語大詞典》編輯委員會；山東、安徽、江蘇、浙江、福建、上海等省市動員上千人建立資料；然後由語言學家和語言專業工作者組成編寫隊伍，分34個編寫組進行編寫工作；全書收單字22000個，複詞37萬5千餘條，共分十二卷，附錄、索引一卷；第一卷由上海辭書出版社出版，其餘各卷由上海漢語大詞典出版社出版。茲將各卷出版的時間列表說明如下：

年 ＼ 月	三　月	四　月	六　月	十一　月	十二月
1986年				第　一　卷	
1988年	第二卷				
1989年	第三卷			第　四　卷	
1990年			第　五　卷		第六卷
1991年			第　七　卷		第八卷
1992年			第　九　卷		第十卷
1993年			第十一卷	第十二卷	
1994年		附錄、索引			

1997年9月，臺北東華書局出版繁體字版。按：王宣

公元本干 國紀元支	語　文　興　革　記　事
	武著《漢語大詞典拾補》，1999年9月貴陽貴州人民出版社出版。
1987　年 民國76年 丁　　卯	一、教育部（臺北）國語推行委員會據1919年《新式標點符號》加以修訂，出版《重訂標點符號手冊》（《國語文教育叢書》第3號），這是當前臺灣地區使用標點符號的依據。按：楊遠著《標點符號研究》，1995年2月臺北東大圖書公司出版。 二、《中國語言地圖集》由香港朗文出版（遠東）有限公司於1987年和1990年分兩冊出版。該地圖集是中國社會科學院和澳大利亞人文科學院合作編繪的中國語言分布圖情況的地圖集。它用35幅大張彩色地圖，配以適當的文字說明來表現中國的漢語方言和各少數民族語言、方言的分布和分區分類。
1988　年 民國77年 戊　　辰	一、1月26日，大陸國家語言文字工作委員會、國家教育委員會發布《現代漢語常用字表》，分常用字（2500字）和次常用字（1000字）兩個部分。這是繼人民政府教育部於1952年發布《常用字表》以後，發布的第二份常用字表。 二、2月，由王力、呂叔相擔任顧問，季羨林擔任編輯委員會主任的《中國大百科全書·語言文字》卷，由北京中國大百科全書出版社出版。 三、3月25日，大陸國家語言文字工作委員會、新

公元本干　　元國紀支	語　文　興　革　記　事
	聞出版署發布《現代漢語通用字表》（收7000字）。 　　四、7月1日，大陸國家教育委員會、國家語言文字工作委員會公布《漢語拼音正詞法基本規則》。
1989　年 民國78年 己　　巳	一、中國大陸中文信息標準化代表團與臺灣資訊業者代表團，於8月1日至3日在北京舉行第二次中文信息標準化研討會。會上正式成立「中文信息標準化技術工作組」，並成立了四個專業小組，即中文標準編碼專業小組、中文字型專業小組、中文輸入法專業小組、中文信息基礎研究專業小組。四個專業小組還分別制定了近期和中長期的合作研究計畫。
1990　年 民國79年 庚　　午	一、2月20日，北京語言學院承擔的「漢語水平考試（HSK）」，由國家教育委員會高教司、國際合作司、社科司和國家對外漢語教學領導小組辦公室聯合主持的專家鑒定會審查通過。HSK是專門為測試外國人、海外華僑和國內少數民族的漢語水平而設置的一種標準化考試；成績達到規定標準者即頒發相應的「漢語水平證書」，以此作為繼續學習漢語時分班的能力標準。 　　二、3月22日，大陸國家語言文字工作委員會、新聞出版署，發出《關於修訂發布〈標點符號用法〉的聯合通知》。原《標點符號用法》是1951年9月北京人民政府出版總署制定發布的，此次修訂本著「約定

公元本干國紀元支	語　文　興　革　記　事
	俗成」的原則，只作了必要的改動。修訂的內容主要有以下幾方面：原列14種符號，現為16種，增加了連接號和間隔號；簡化了說明；更換了例句；針對書寫排印改為橫行，某些說法也作了相應的改動。在修訂本基礎上制定的國家標準《標點符號用法》（GB/T 15834），1995年12月13日由國家技術監督局發布，1996年6月1日起實施。有關標點符號的參考書列舉如下： 　㈠《標點符號的規範用法》，吳邦駒著，香港：三聯書店，1998年3月一版一刷。 　㈡《標點符號學習與應用》，林穗芳著，北京：人民出版社，2000年1月一版一刷。 　㈢《標點符號詞典》（修訂本），袁暉主編，太原：書海出版社，2000年12月一版一刷。
1993　年 民國82年 癸　　酉	一、2月，教育部（臺北）國語推行委員會編印《部首手冊》（《國語文教育叢書》第4號）。
1994　年 民國83年 甲　　戌	一、7月，教育部（臺北）國語推行委員會編印《標準字體教師手冊》（《國語文教育叢書》第9號），供教育界教學參考。
1995　年 民國84年	一、10月，教育部（臺北）國語推行委員會編印《常用量詞手冊》（《國語文教育叢書》第17號）。

公元干支 國紀 元元	語　文　興　革　記　事
乙　　　亥	
1996　年 民國85年 丙　　　子	一、5月，教育部（臺北）國語推行委員會編印《常用國字標準字體筆順手冊》（《國語文教育叢書》第18號）。 　二、8月，教育部國語推行委員會編印《常用國字辨似》（《國語文教育叢書》第19號）。
1999　年 民國88年 己　　　卯	一、3月31日，教育部（臺北）公布國音正讀專案研究小組審訂的《國語一字多音審訂表》，計4253字，列為《國語文教育叢書》第25號）。
2000　年 民國89年 庚　　　辰	一、1月，朱光林、薗萏編著《現代漢語新韻》，由北京光明日報社出版。 　二、10月31日，《中華人民共和國國家通用語言文字法》，經第九屆全國人大常委會第十八次會議審議通過，將於2001年1月1日起實施。這是關於語言文字的第一部專門法律，確定了普通話和規範漢字作為國家通用語言文字的法律地位和使用範圍。按：由全國人大教科文衛委員會教育室、教育部語言文字應用管理司編寫的《中華人民共和國國家通用語言文字法學習讀本》，2001年1月北京語文出版社出版。 　三、11月，教育部（臺北）國語推行委員會編印《國語注音符號手冊》（《國語文教育叢書》第42號）。

附錄二

我國近現代中小學教育發展大事記

公元本干支 國紀元支	學 制、課 程、教 科 書 興 革 記 事
1877　年 光緒 3年 丁　　丑	一、5月10日至24日，第一屆在華基督教傳教士大會在上海召開，爲了推進教會學教的發展，會上由狄考文、林樂知等人發起成立基督教學校教科書編纂委員會（亦稱「益智書會」），爲教會學校編寫初級和高級兩套教科書；到1890年共自行編輯教科書50種，審定合乎學校用書48種。我國「教科書」之名，即自此始。
1897　年 光緒23年 丁　　酉	一、南洋公學在上海成立。師範生陳懋治、杜嗣程、沈慶鴻等自編的《蒙學課本》三編，可視爲我國第一本自編的教科書。此書以常識爲內容，以語文爲形式，仍延續過去教育沒有嚴格分科的傳統；行文雖爲文言體，但文字已較爲通俗，很注意語言文字的一般教學規律，是我國語文教科書的雛型。
1898　年 光緒24年 戊　　戌	一、7月3日，德宗准設京師大學堂，命孫家鼐管理大學堂事務。由梁啓超參考日本和西方學制起草《京師大學堂章程》；《章程》第一章第三節規定：「大學堂兼寓小學堂、中學堂之意，就中分別班次，循級

公元 本紀元 千國紀元 干支	學 制、課 程、教 科 書 興 革 記 事
	而升」。 　　二、7月10日，德宗喻內閣將省會大書院改為高等學堂，郡城書院改為中學堂，州縣書院改為小學堂。 　　三、吳眺、俞復、丁寶書、杜嗣程等創辦無錫三等公學堂，他們每天自編一課，隨編隨教，5年共自編《蒙學讀本》七編。這套教科書的內容按由淺而深的原則編排，兼具思想性與知識性，且附有圖畫；雖然沒有擺脫語文、常識混然編制的傳統規矩，但以專門的語文內容來分編成書，卻是孕育語文教科書的一項新舉措。出版後，三、四年間，已印十餘版，為清末新學制頒布之初最盛行的小學教科書。
1901　年 光緒27年 辛　　丑	一、9月14日，清政府重新下令將所有書院於省城改設大學堂，各府廳及直隸州改設中學堂，各州縣改設小學堂，並多設蒙養學堂。 　　二、上海澄衷蒙學堂教員劉樹屏編《字課圖說》，共8冊，由上海鴻寶書局出版。本書共選淺近字3000多個，其特點在於借解說與插圖幫助兒童識字，從讀音到字義，一一兼顧，並照顧了不同年齡的兒童之需要；其缺點是分類未盡妥善，注解也多有不妥之處。
1902　年 光緒28年 壬　　寅	一、1月10日，清政府派張百熙為京師大學堂管學大臣，並裁定章程。京師大學堂因戊戌政變而停辦，此時恢復，並將京師同文館併入。

公元本干	民國紀元	元支	學　制、課　程、教　科　書　興　革　記　事

二、2月13日，張百熙奏籌京師大學堂辦法，緩設分科，先設預科，分政科、藝科兩門，後設速成科，分仕學館、師範館。

三、8月15日，管學大臣張百熙進呈《京師大學堂章程》、《考選入學章程》、《高等學堂、中等學堂、小學堂章程》及《蒙養學堂章程》各一份，共六件，侯旨頒行，此即「欽定學堂章程」，又稱「壬寅學制」，但未實行。其中有關基礎教育的方案如下：

蒙　學　堂 四　　　年 6　～　10歲	1.修身	2.讀經	3.字課	4.習字	5.史學	6.興地	7.算學	8.體操				
尋常小學堂 三　　　年 10　～　13歲	1.修身	2.讀經	3.習字	4.作文	5.史學	6.興地	7.算學	8.體操				
高等小學堂 三　　　年 13　～　16歲	1.修身	2.讀經	3.本國文字習字	4.讀古文詞作文	5.史學	6.興地	7.算學	8.格致	9.圖畫	10.體操		
中　等　學　堂 四　　　年 16　～　19歲	1.修身	2.讀經	3.詞章	4.外國文	5.中外史學	6.中外興地	7.算學	8.博物	9.物理	10.化學	11.圖畫	12.體操

四、10月，張百熙成立京師大學堂編書處，是我國近代第一個官方組織的教科書編纂機構。其章程裡計劃按照中小學堂課程分門編纂教科書，分經學、史學

公元 本國紀元 干　　支	學　制、課　程、教　科　書　興　革　記　事
	、地理、修身、倫理、諸子文章、詩學七門。 　　五、無錫三等公學堂將《蒙學讀本》七編付上海文瀾書局石印發行，申明爲尋常小學堂用教科書，並附有文法書。後來兪復、廉泉在上海創辦文明書局，將《蒙學讀本》重付印刷發行。 　　六、上海商務印書館出版杜亞泉編寫的《文學初階》，全書六冊，供初小學生三年之用，預定在三年內出齊。 　　七、上海廣業書局出版《識字貫通法》、《文話便讀》，收在《便蒙叢書》內。
1903　年 光緒29年 癸　　卯	一、京師大學堂發表《暫定各學堂應用書目》，按「修身倫理」、「字課作文」、「經學」、「詞章」、「中外史學」、「中外輿地」、「算學」、「名學」、「理財學」、「博物學」、「物理化學」、「地質礦產」等16個門目指定應採用的教科書，其中以翻譯的教科書居多。 　　二、江楚編譯官書局出版自編的《詩歌》、《高等國文教科書》等教科書多種。 　　三、鍾天緯編《字義教科書》（又名《蒙養鏡》），全12冊，上海三等學堂重刻本。這是我國近代首部用語體文編寫教科書的讀本；全書按字的語法意義分爲九類，用白話文解釋詞義，類似今日的字典。

公元 本國紀元 干支	學　制、課　程、教　科　書　興　革　記　事
1904　年 光緒30年 甲　　辰	一、1月13日（光緒29年〔癸卯〕11月26日）頒布《奏定學堂章程》（又稱「癸卯學制」），本案實施到1911（宣統3年）。其中有關基礎教育的方案如下：

初等小學堂	必　　修　　科								隨意科	
五　　年 7～12歲	1. 修身	2. 讀經講經	3. 中國文字	4. 算術	5. 歷史	6. 地理	7. 格致	8. 體操	1. 圖畫	2. 手工

高等小學堂	必　　修　　科									隨　意　科		
四　　年 12～16歲	1. 修身	2. 讀經講經	3. 中國文學	4. 算術	5. 中國歷史	6. 地理	7. 格致	8. 圖畫	9. 體操	1. 手工	2. 商業	3. 農業

| 中　學　堂
五　　年
16～20歲 | 1.
修身 | 2.
讀經講經 | 3.
中國文學 | 4.
外國語 | 5.
歷史 | 6.
地理 | 7.
算學 | 8.
博物 | 9.
物理及化學 | 10.
法制及理財 | 11.
圖畫 | 12.
體操 |

中學堂教學科目補充說明：「樂歌」列為隨意科，「外國語」以英語或日語為主，「算學」包括算術、代數、幾何、簿記、三角，「博物」包括生理衛生、植物、動物、礦物。

二、1月14日，總理學務處成立，下設編書局，取代京師大學堂編書處的職責。

三、12月，商務印書館出版《最新國文教科書》第一冊，供初小學生之用；以下二至十冊也在兩年內出齊，這是我國近代第一套從形式到內容都比較完善的教科書。它的內容從居家、處世、治事等方面取材，以兒童周圍事物立意，注意農業、工業、商業等實用

公元本干支 民國紀元	學 制、課 程、教 科 書 興 革 記 事
	知識，及尺牘、賬冊、契約等日常應用知識，竭力宣揚中國的悠久文化和表彰古代聖賢的嘉言懿行。在編寫的方法上，照顧到知識的邏輯順序，照顧到兒童的年齡特點，各課皆附有精美的插圖，以引起學生的興趣，增強學習的效果。為使老師教學有所依據，並按冊編有教授書。
1905　年 光緒31年 乙　　巳	一、9月20日，袁世凱、張之洞奏請立停科舉。 　二、12月6日，學部正式成立，將國子監併入，這是我國第一次有了統管全國各級教育的專門中央行政機構。 　三、商務印書館發行《初小女子國文教科書》（8冊）、《高小女子國文教科書》（4冊）、《高小女子新國文》（6冊）。 　四、上海會文學社出版由蔡元培鑒定的初等小學教科書數種。 　五、杭州彪蒙書室編輯出版《繪圖四書速成新體白話讀本》一套和《繪圖蒙學識字實在易》、《造句實在易》等一批初級蒙學用書。
1906　年 光緒32年 丙　　午	一、3月25日，學部奏准頒布「忠君、尊孔、尚公、尚武、尚實」為全國教育宗旨。按：商務印書館根據這項教育宗旨，編輯出版《初等小學堂國文教科書》8冊。

公元 本國紀元 干　支	學　制、課　程、教　科　書　興　革　記　事
	二、6月，學部設立編譯圖書局，作爲編纂各級各類學堂教科書的專職機構。並仿文明書局和商務印書館的教科書體例，頒布編輯大意，強調在部編教科書未竣事之前，取各家著述，先行審定。同時公布第一次審定初、高小暫用教科書凡例及書目；書目中所列審定教科書102種，其中商務印書館出版的 54種，文明書局出版的30種。 　　三、繼初小國文教科書（共10冊）出版後，商務印書館又接編高小國文教科書 8冊，從本年著手編輯，12月出版第一冊，至1908年（光緒34年）全數竣工。 　　四、張謇發起成立中國圖書公司，由沈恩孚任編輯長，出版初小和高小各種教科書共19種。 　　五、江楚編譯官書局編譯出版中小學教科書數種，其中《女學修身教科書》和《孝悌忠義圖說》圖文並茂，文字說明採用白話體。 　　六、爲推動女子教育的發展，各出版團體陸續編輯出版了適用女子小學教育的國文、修身教科書。其中由上海會文學社出版的《最新女子初等小學國文教科書》最受歡迎，至1910年已重印至24版。
1907　年 光緒33年 丁　　未	一、1月，學部頒布《女子小學堂章程》。女子小學堂分初、高級兩等。女子初等小學堂的教學科目有「修身」、「國文」、「算術」、「女紅」、「體操」等5科，另外還可斟酌加入「音樂」和「圖畫」作

公元本干支 國紀元支	學　制、課　程、教　科　書　興　革　記　事
	爲隨意科；高等小學堂的課程共9科，除了上述初等小學堂所列的5科外，還加上「中國歷史」、「中國地理」、「格致」、「圖畫」等4科，而以「音樂」爲隨意科。女子初等、高等小學堂的修業年限均爲4年；每週授課時數，初等小學堂以24～28小時爲限；高等小學堂以28～30小時爲限。女子小學堂的課程中，單有「國文」科，而無「讀經」科，從此「國文」科的名稱，開始見諸法令。按：1878年（光緒4年），張煥綸於上海創辦正蒙書院（後改名爲梅溪小學堂），這是我國近代第一所私立分科設教的普通學校，其課程中即有「國文」一科。 　　二、學部編譯圖書局頒布《初小國文教科書》第一冊和《修身教科書》第一冊，爲南方各報所攻擊。秋季出版第二冊，又爲各報所攻擊。 　　三、商務印書館編印的《最新國文教科書》雖盛極一時，然仍嫌文字太深，又重編初小、高小《簡明國文》各8冊，與《最新國文教科書》相輔而行。 　　四、席欲福發起成立集成圖書公司，聘夏清貽爲編輯長，從事編輯教科書及印行各種舊書。

公元 本國紀元 干　支	學　制、課　程、教　科　書　興　革　記　事
1908　年 光緒34年 戊　　申	一、學部編譯圖書局計劃編寫《簡易識字課本》3種和《國民必讀課本》2種，屬於民衆教育通俗教材，但未成書。 二、6月，林紓編《中學國文讀本》；9月，吳曾祺選編《中學國文教科書》（全5冊）；以上二書，商務印書館出版，這是清末最具影響力的兩套中學語文教科書。據《奏定學堂章程》規定，中學堂課程中與語文性質相關的爲「讀經講經」、「中國文學」兩門；「讀經講經」是用過去的儒家經典，未另編教科書；其時，也有學堂開設過「詞章」課，但未見使用過什麼教科書；「中國文學」中較有影響的，當推劉師培所編、國學保存會印行的《中國文學教科書》。黎錦熙說：「清末（二十世紀開始時）興學，坊間始依欽定課程編印國文教科書；中學以上，所選大率爲『應用的古文』（胡適氏用以稱桐城派者），其高者亦不出姚氏《古文辭類纂》等書之旨趣與範圍。」（見黎錦熙、王思華著《中等學校國文選本書目提要》，1937年6月國立北平師範大學文學院出版。）
1909　年 宣統 1年 己　　酉	一、學部變更初等小學堂課程，將部編各教科書書目注於各科目之下；當時出現國定教科書之議。按：此次改革把初等小學堂分爲三類；照舊五年畢業者稱完全科，另外還設有四年、三年畢業的簡易科。其課程也有修改，完全科課程，將「歷史」、「地理」、

公元本干　元紀支	學　制、課　程、教　科　書　興　革　記　事
	「格致」3科併入「國文科」內成為6種必修科目，另外加「樂歌」共為3種隨意科目，「讀經」一科的學時也有減少；簡易科則以「修身」、「讀經」、「中國文學」、「算術」4門為必修科目，「圖畫」、「手工」為隨意科目，「體操」在城市為必修科目，在鄉村則為隨意科目。 二、民間出版團體及個人編寫教科書更為踴躍，商務印書館於本年出版各類教科書數十種，文明書局、樂群書局、中國圖書公司也都出版教科書多種。
1910　年宣統 2年庚　　戌	一、學部又將三類初等小學堂併而為一，取消簡易科名目，一律改為修業四年，課程與1909年設置的完全科相同，有必修科6門，隨意科3門，而「讀經」鐘點更加減少。 二、學部將圖書局所編教科書悉數出版，任人翻印，並招商承印，學部從中收取印花稅。學部圖書局編寫的教科書有高小和初小的「國文」、「修身」、「歷史」、「地理」、「格致」、「算術」等。 三、學部公布第一次審定中學堂、初級師範學堂暫用書目及凡例。《凡例》共11條。公布的暫用書目共84種，遴選了22家民間和官方的出版機構的教科書，其中商務印書館有30種，文明書局有7種。 四、民間出版團體和個人編寫教科書的情形仍然相當興盛，其中商務印書館出版教科書達數十種之多。

公元本國紀元干支	學 制、課 程、教 科 書 興 革 記 事
1912　年 民國 1年 壬　子	一、1月1日，中華民國臨時政府在南京成立。蔡元培任教育總長，把清朝的學部改爲教育部。 　　二、教育部於1月19日頒布《普通教育暫行辦法》和《普通教育暫行課程標準》。把清朝的各種學堂改爲「學校」；初等小學可男女同校，廢除「讀經」科。其方案大要如下： （見下表） 教育部同時令上海各書局將舊存教科書暫行修改應用，強調教科書務合共和精神，禁用《大清會典》、《

初等小學　四　年　7～11歲

1.修身	2.國文	3.算術	4.遊戲	5.體操	6.圖畫	7.手工	8.唱歌	9.裁縫(女)

高等小學　四　年　11～15歲

1.修身	2.國文	3.算術	4.中國歷史	5.中國地理	6.博物	7.理化	8.圖畫	9.手工	10.體操	11.遊戲	12.唱歌	13.裁縫(女)
14.外國語	15.農業	16.商業										

中等學校　四　年　15～19歲

1.修身	2.國文	3.外國語	4.歷史	5.地理	6.數學	7.博物	8.物理	9.化學	10.法制	11.經濟	12.圖畫	13.手工
14.唱歌	15.體育	16.家事(女)	17.園藝(女)	18.縫紉(女)								

公元本牛	國紀元	元支	學　制、課　程、教　科　書　興　革　記　事

大清律例》等書；於總務廳下設編纂、審查二處，頒布《審定教科書暫行章程》11條、《各省圖書審查會章程》18條；規定各級學校所用教科書須經教育部審定，審定有效期爲6年。

三、陸費逵、沈知方等於上海共同開辦中華書局，及時編輯出版了適合時勢的《中華新教科書》。這套教科書包括中、小學全套的「國文」、「算術」、「歷史」、「地理」、「理科」等，計有小學課本44種，中學和師範課本27種。

四、商務印書館依據教育部通令精神，將舊有教科書大加改訂，以應學校開學急需。另外組織專家編寫《共和國新教科書》，全套教科書於秋季告竣；計有初小11種、高小6種、小學教員用書16種，和中學教科書23種，中學教員用書9種。

五、9月2日，教育部頒布《教育宗旨令》，規定新的教育宗旨是：「注重道德教育，以實利教育、軍國民教育輔之，更以美感教育完成其道德。」

六、9月28日，教育部公布《小學校令》47條、《中學校令》16條。按：1912年9月至1913年8月，教育部經過補充和修訂，制定了更加完善的學校規程，即《壬子癸丑學制》，是參照日本學制制定的，一直施行到1922年。其方案大要如下：

公元本干支 國紀 元元	學　制、課　程、教　科　書　興　革　記　事

初等小學 義務教育　四年　7～11歲：
1.修身　2.國文　3.算術　4.體操　5.圖畫　6.手工　7.唱歌　8.縫紉(女)

高等小學　三年　11～14歲：
1.修身　2.國文　3.算術　4.本國歷史　5.本國地理　6.理科　7.手工　8.圖畫　9.唱歌　10.體操　11.縫紉(女)　12.農業　13.商業　14.英語

中等學校　四年　14～18歲：
1.修身　2.國文　3.外國語　4.歷史　5.地理　6.數學　7.博物　8.物理　9.化學　10.圖畫　11.手工　12.歌唱　13.體操　14.家事園藝(女)　15.縫紉(女)

1913年　民國2年　癸丑

　一、商務印書館出版一套單級初小教科書，共有「修身」、「國文」、「筆算」、「珠算」4種。

　二、中華書局聘范源濂爲編輯長，並組織編寫《新制中華教科書》。這套教科書主要是適應三學期爲一學年的新學制，分初小、高小、中學和師範四類。

　三、上海文明書局出版適應新形勢的初小、高小教科書多種，有《新國文》、《高小新算術教科書》、

公元本干 民國紀元支	學 制、課 程、教 科 書 興 革 記 事
	《高小新歷史》、《高小新理科》等。 　四、上海中國圖書公司出版《新國文教科書》、《新歷史教科書》、《新修身教科書》、《新理科教科書》等初小、高小教科書。
1914　年 民國 3年 甲　　寅	一、1月28日，教育部公布《修正審定教科用圖書規程》18條，並停止各省圖書審查會。通令各書局將以前審定的教科書，限三個月內送部複審。
1915　年 民國 4年 乙　　卯	一、1月，袁世凱在復辟帝制的過程中，公布《頒定教育要旨》，2月頒布《特定教育綱要》，教育部相應地制定《國民學校令》、《高等小學校令》、《預備學校令》、《國民學校令施行細則》、《高等小學校令施行細則》等法令法規，小學課程又經歷了一次變動。小學學制由單一制改為雙軌制，小學校名稱有三種，即國民學校、高等小學校和預備學校；國民學校為純受義務教育的平民子弟而設；預備學校則為士族子弟有志升入中學者而設，附設於中學校，修業年限為七年，其課程與國民學校、高等小學的基本相同，後三年加課外國語，不設「農業」、「商業」二科。另外，高小女生的「縫紉科」擴大為「家事科」。有關教科書的規定如下：㈠中小學教科書於一定期限內編定頒發；國定制與審定制並行。㈡中小學均加「讀經」一科。小學校讀初等小學、《孟子》；高等

公元 紀元 干支	學 制、課 程、教 科 書 興 革 記 事
	小學讀《論語》。中學校讀《禮記》（節讀《曲禮》、《少儀》、《大學》、《中庸》、《儒行》、《禮運》、《檀弓》等篇），及節讀《左氏春秋》。㈢中小學國文教科書除編定者外，應讀《國語》、《國策》，並選讀《尚書》，以養成政治知識。 　　二、中華書局出版一批國民學校和中學師範用教科書，並推出《新式教科書》一套；其中《新式國文教科書》於每冊後附有4篇白話文課文，教育部批示予以充分肯定。
1916 年 民國 5年 丙　　辰	一、袁世凱於6月6日逝於北京，副總統黎元洪繼任大總統。7月，教育總長范源濂宣布：「切實實行元年所發表的教育方針。」9月，教育部通令各省撤銷《教育要旨》和《教育綱要》。10月，教育部對小學課程作了修正，取消預備學校，廢止「讀經」科，基本上回復到1912年9月和11月所頒布的法令軌道上。 　　二、1915年，教育部令小學校改為國民學校，商務印書館據此出版《實用教科書》一套。中華書局繼續出版《新式教科書》。
1918 年 民國 7年 戊　　午	一、教育部第一次公布重行審定之教科書，將前所審訂之各家教科書重行釐正發表。

公元 本國紀元 干支	學　制、課　程、教　科　書　興　革　記　事
1919　年 民國 8年 己　　未	一、11月，教育部國語統一籌備會召開第一次大會，劉復、胡適、錢玄同等提出改編小學課本的意見，建議把「國文讀本」改作「國語讀本」，國民學校全用國語，不雜文言，高等小學酌加文言，以國語為主體，其他科目的課本也改用國語編輯。 　二、教育部公布重行審訂之教科書。
1920　年 民國 9年 庚　　申	一、1月，教育部訓令全國各小學從當年秋季起，「凡國民學校一、二年級先改國文為語體文，以期收言文一致之效。」後又修改原有法規，將小學第三、四年級課程也定為「國語」。各科文體教材分期作廢，改用語體文編輯。隨後商務印書館出版國民學校用《新體國語教科書》8 冊。1923年「新學制」頒行以後，教科書的語體化才在全國全面展開。 　二、7月，商務印書館出版《新法國語教科書》。12月，中華書局出版《新教育國語讀本》。商務和中華的兩套語體文教科書，都是先教注音字母。 　三、9月，教育部公布重行審定之教科書；並公布自1914年8月至1920年7月有效期六年屆滿的教科書67種，繼續有效者34種。旋又公布第六次重行審訂之教科書。
1921　年 民國10年	一、7月，教育部公布六年有效期屆滿的教科書87種，延長有效期的教科書45種；並公布重行審定之教

公元本干 國紀元支	學　制、課　程、教　科　書　興　革　記　事
辛　　酉	科書。 二、中華書局繼續出版《新教育教科書》。
1922　年 民國11年 壬　　戌	一、10月，第八屆全國教育聯合會在濟南召開，決定改革學制，擬定了初等小學四年，高等小學二年，初中三年，高中三年的學制；這就是「六・三・三制」，即「壬戌學制」，當時稱爲「新學制」，這是由美國直接引進的。按照 11月7日公布的《學校系統改革案》的規定，指導整個教育和課程改革的「標準」共有七條：㈠適應社會進化之需要，㈡發揮平民教育精神，㈢謀個性之發展，㈣注意國民經濟力，㈤注意生活教育，㈥使教育易於普及，㈦多留各地方伸縮餘地。茲根據1923年6月頒布的《新學制課程標準綱要》，將其方案列表說明如下：

初等小學、高等小學、初中課程表：

初等小學 四　年 6～10歲	1.國語	2.算術	3. 社　會				4.自然		5.工用藝術	6.形象藝術	7.音樂	8.體育
			(1)公民	(2)衛生	(3)歷史	(4)地理	(1)自然	(2)園藝				

高等小學 二　年 10～12歲	1.國語	2.算術	3.公民	4.歷史	5.地理	6.衛生	7.自然	8.園藝	9.工用藝術	10.形象藝術	11.音樂	12.體育

初　中 二　年 12～15歲	1.社會科			2.言文科		3.算學科	4.自然科	5.藝術科			6.體育科	
	(1)公民	(2)歷史	(3)地理	(1)國語	(2)外國語			(1)圖畫	(2)手工	(3)音樂	(1)衛生	(2)體育
	選修科目			總　學　分								
	16學分，由各校自定。			180								

公元本干 國紀元支	學 制、課 程、教 科 書 興 革 記 事

高 中	公 共 必 修 科 目						分 科 專 修 科 目			
三 年 15～18歲	1. 國語	2. 外國語	3. 人生哲學	4. 社會問題	5. 文化史	6. 科學概論	第一組 社會學科		第二組 自然學科	
							必選	選修	必選	選修

純校選修科目	總學分
	150

二、教育部公布重行審定之教科書。並公布六年有效期屆滿的教科書75種，延長有效期的教科書36種。

1923 年 民國12年 癸 亥	一、4月，教育部公布六年有效期屆滿的教科書51種，延長有效期的教科書6種。 二、12月，教育部設圖書審定處，裁撤編審處。 三、商務印書館出版《新學制教科書》，包括初小、高小、初中、高中各類教科書。爲適應高中選科制的需要，這套教科書含有高中高工用教科書14種，高商用教科書19種，高農用教科書12種。 四、中華書局出版新小學初級用、高級用教科書和新中學初級用、高級用教科書各一套。
1924 年 民國13年 甲 子	一、商務印書館出版文言文教科書一套，以供採用文言文的學校使用。 二、上海世界書局出版新學制初小讀本數種，有「國語」、「常識」、「算術」、「歷史」、「地理」、「自然」、「衛生」及習字範本等。按：世界書局成立於1921年，由沈知方創辦。

公元 本國紀元 干支	學　制、課　程、教　科　書　興　革　記　事
1925　年 民國14年 乙　　丑	一、教育部改圖書審定處爲編審處，既而又改爲編譯館，後又改爲圖書審定委員會。
1926　年 民國15年 丙　　寅	一、3月16日，廣東國民政府教育委員會通過《教科書編審委員會章程》11條，設立教科書編審委員會。
1927　年 民國16年 丁　　卯	一、8月，南京國民政府教育行政委員會會議通過《組織教科書審查會章程》11條，並選聘孟憲承、鄭宗海等15人爲該會委員。 　二、12月16日，中華民國大學院公布《教科圖書審查條例》16條，廢止前廣東國民政府教育行政委員會公布的有關規程。《條例》規定：「小學校及中等學校，所採用之教科圖書，非經中華民國大學院審定者，不得發行或採用。」按：本年國民政府定都南京，組織中華民國大學院，爲最高學術及教育行政機關。
1928　年 民國17年 戊　　辰	一、2月，中華民國大學院公布《小學暫行條例》，增加「三民主義」、「黨童子軍」2科，初等小學教學科目爲13科；高等小學另增「職業科目」為14科 　二、3月，中華民國大學院公布《中學暫行條例》，規定中學採用普通、師範、職業綜合為一的體制。 　三、7月，中華民國大學院通令提倡語體文，規定

公元 本干 國紀元 支	學　制、課　程、教　科　書　興　革　記　事
	小學一律用語體文進行教學，不准採用文言教科書，以利小學教育的改進。
1929　年 民國18年 己　　巳	一、4月26日，國民政府公布《中華民國教育宗旨》：「中華民國之教育，根據三民主義，以充實人民生活，扶植社會生存，發展國民生計，延續民族生命為目的；務期民族獨立，民權普遍，民生發展，以促進世界大同。」 　二、7月，教育部（按：1928年冬，國民政府改組，行政院成立，廢止大學院，仍設教育部。）公布《中學課程暫行標準》，這是正式課程標準的開始，採學分制，初中須修滿180學分，高中須修滿150分學分，其教學科目如下：

初中	1.黨義	2.國文	3.外國語	4.歷史	5.地理	6.算學	7.自然	8.生理衛生	9.圖畫	10.體育	11.工藝	12.職業科目	13.黨童軍

高中	1.黨義	2.國文	3.外國語	4.數學	5.本國歷史	6.外國歷史	7.本國地理	8.外國地理	9.物理	10.化學	11.生物學	12.體育	13.軍事訓練	選修科目

公元本干元 本干紀元支	學　制、課　程、教　科　書　興　革　記　事
	三、8月，教育部公布《小學課程暫行標準》。以往只有教學總目標，從此增列各科的教學目標。教學科目作了一些調整，把「三民主義」、「公民」2科改爲「黨義」，「歷史」、「地理」2科合併爲「社會科」，「手工」改稱「工作」、「圖畫」改稱「美術」、「樂歌」改稱「音樂」，初小、高小都取消「衛生」、「黨童子軍」2科，高小取消「職業科目」，初小和高小的教學科目都同爲9科。
1930　年 民國19年 庚　午	一、1月25日，教育部通令：禁止小學再採用文言教科書。 二、2月17日，教育部通令各省、市：以後編輯初中教科書，除「國文」得兼用文言、語體外，一律須採用語體文編輯。 三、3月10日，教育部通令：中小學教員一律以國語相近之語言爲教授用語，「使學生看的和聽的都趨於一致」，以利國語推行。教育行政機關應設法開班，使教員有練習國語的機會，以便應用。 四、6月7日，教育部通令各省、市教育廳、局：初級中學除外國語教本外，應一律採用中文本教科書，不得採用外國文原本。高級中學其學生已有閱讀原本之能力，如因本國文無適當課本，有必須採用外國原本時，自未便概予禁止。

公元 本國紀元 干　支	學　制、課　程、教　科　書　興　革　記　事
1932　年 民國21年 壬　　申	一、6月14日，國立編譯館在教育部編審處原址（南京）正式成立，職司編譯學術專著及各級學校教科及參考用書。 二、10月，教育部公布《小學課程標準》。把「黨義」課改稱「公民訓練」、「工作」課改稱「勞作」，並增加「衛生」課，初小和高小的教學科目都同為10科。 三、10月，教育部公布《中學課程標準》，這次修訂的特點是：㈠各科教學取消了學分單位制，改為時數單位制；㈡改「黨義」課為「公民」課；㈢初中「英語」確定為三學年課程，取消第三學年選修辦法；㈣初中「自然」科教學採用分科制，分為「動物」、「植物」、「物理」、「化學」；改「工藝」科為「勞作」科；㈤高中取消職業科目，加重「國文」、「數學」和「歷史」、「地理」等科的分量；㈥初中教學科目為16科，每週教學34～35小時，在校自習13～14小時；高中教學科目為17科，每週教學31～34小時，在校自習及課外運動26～29小時。 四、12月，教育部公布《小學法》；1933年3月，公布《小學規程》；規定「小學應根據三民主義，遵照中華民國教育宗旨及其實施方針，發展兒童身心，培養國民道德基礎及生活所必需的基本知識和技能，以養成知禮知義愛國愛群的國民。」 五、12月，教育部公布《中學法》；1933年 3月，

公元 本國紀元 干支	學　制、課　程、教　科　書　興　革　記　事
	公布《中學規程》；規定「中學應遵照中華民國教育宗旨及其實施方針，繼續小學之基礎訓練，以發展青年身心，培養健全國民，並為研究高深學術及從事各種職業之準備。」
1933　年 民國22年 癸　　酉	一、5月，教育部設立中小學教科書編審委員會，聘吳稚暉為編審委員，著手編輯中、小學標準教科書。
1935　年 民國24年 乙　　亥	一、11月15日，教育部公布《修正教科圖書審查規程》15條。其中規定：學校用教科圖書依法需經教育部審定。其未經審定發給執照者或經審定已失時效者不得發行，學校不得採用。
1936　年 民國25年 丙　　子	一、4月，教育部公布《修正中學課程標準》。初中教學科目為14科，第三年得減去「勞作」、「圖畫」、「音樂」等3科，設職業選科；每週教學時數一律31小時。高中教學科目為16科及職業選修科，每週教學時數29～30小時。初、高中都取消在校自習時數。 　　二、6月30日，教育部通令各省、市教育廳、局：嗣後各小學須選用經部審定之教科圖書，不准用非審定本。 　　三、7月，教育部公布《修正小學課程標準》。初小把「社會」和「自然」合併為「常識」課，把「勞

公元本干 國紀元支	學 制、課 程、教 科 書 興 革 記 事
	作」和「美術」合併爲「工作」課，把「體育」和「音樂」合併爲「唱遊」課，取消「衛生」課，教學科目爲6科。高小取消「衛生」課，教學科目爲9科。 四、7月8日，教育部頒布《中學師範教育改革要點》，其中規定「各中學及師範學校各科教科書須一律採用審定本」。 五、7月10日，教育部成立教科用書編輯委員會，聘楊振聲、雷震、顧樹聲、陳禮江、辛樹幟等5人爲教科用書編委會委員。11日，教育部公布《教科用書編輯委員會規程》，規定設立該會之目的，在於便利中、小學及民衆教科用書之編印。
1937　年 民國26年 丁　　丑	一、5月20日，教育部訓令：自26年度起，全國各類師範學校及師範科、短期師資訓練班等，均應於國文科中加授注音符號。並規定自26年度起，各類師範學校及師範科學生畢業會考，應於國文科中以簡單方法考試各生對於注音符號讀法及拼法之能力。其不及格者限令補習，及格後，方得任教。
1938　年 民國27年 戊　　寅	一、教育部奉令改編中、小學「語文」、「史地」、「常識」諸科教科書，並改組中小學教科用書編輯委員會。三年中編成中等學校教科書稿本，計高、初中「國文」、「公民」、「歷史」、「地理」12部。

公元 本國紀元 干支	學　制、課　程、教　科　書　興　革　記　事
1940　年 民國29年 庚　　辰	一、2月，教育部公布《修正中學課程標準》。抗日戰爭爆發後，為適應抗戰建國的特殊情況，重新修訂中學課程標準，此次修訂的特點是：㈠減少教學時數。㈡初中教學科目為14科，加強「本國史」、「地理」教學；將「動物」、「植物」合併為「博物」，並增加地質和礦物的內容；「英語」改為選修科。㈢高中教學科目為15科，增加「軍事訓練」或「看護」；實施分組選修制，分為甲、乙兩組，主要科目時數不同。
1941　年 民國30年 辛　　巳	一、教育部陳立夫部長召集專家修訂課程標準；1942年1月，並將中小學教科用書編輯委員會歸併於國立編譯館，改設教科用書組，由陳部長親自兼任館長，積極進行編輯工作，同時督促商務、中華、正中、世界、大東、開明、文通等七家書局組織聯合供應處，負責印刷發行事宜，後方書荒問題乃告解決。
1942　年 民國31年 壬　　午	一、1月，教育部公布《小學課程修正標準》，把整個課程分為道德教育、健康教育、知識教育三大部分；然後把這三大部分的各門學科儘量合併或使之聯繫。初小的課程設：「團體訓練」、「音樂」、「體育」、「國語」、「算術」、「常識」、「圖畫」、「勞作」等8科；高小的課程設：「團體訓練」、「音樂」、「體育」、「國語」、「算術」、「社會」

公元本干 國紀元支	學 制、課 程、教 科 書 興 革 記 事
	（公民、歷史、地理）、「自然」、「勞作」、「圖畫」等9科。這次改革的特點是：㈠「公民訓練」改爲「團體訓練」，使它與「音樂」聯繫，以培養國民道德；㈡「衛生」融入相應學科，使它與「體育」聯繫，以增進兒童的健康；㈢將「國語」、「算術」、「社會」、「自然」等學科儘量聯繫起來，以增進學生生活上所必要的知識技能。
1944　年 民國33年 甲　　申	一、3月5日，蔣中正委員長手諭：「編審中小學教科書時最應注意之要點：㈠倫理科目應以《春秋》與《禮記》材料爲中心；㈡農村生活爲國民生活之本位；㈢自然科學之淺說與注重機械之原理與常識。」 　　二、3月15日，教育部公布《國民學校法》，爲原有《小學法》的修正。 　　三、4月8、9日，教育部邀集重慶附近中小學教育專家及編譯館有關人員開會，研究修訂中小學教科書的意見。 　　四、4月13日，教育部頒發《初小國定教科書實驗教學33年度實施計畫》，指定北碚國立重慶師範第一附屬小學、第二附屬小學等校照部頒教案、教具，對初小「國語」、「常識」進行實驗教學。同時令各省指定優良小學按實驗教學計畫實施。

公元 本 干　支 民國紀元	學　制、課　程、教　科　書　興　革　記　事
1945　年 民國34年 乙　　酉	一、抗戰勝利，臺灣光復，根據國民政府教育部制定的《國民教育實施綱領》，臺灣省開始實施六年制義務教育。 　二、9月，臺灣省行政長官公署教育處，擬訂《臺灣省中小學教材編印計畫》，作爲教材編印的依據。 　三、11月，成立臺灣省中等、國民學校教材編輯委員會。
1946　年 民國35年 丙　　戌	一、教育部嚴令取締敵僞教科用書，令各省、市一律採用國定本教科書。 　二、8月，臺灣省中小學教材編輯委員會擴充爲臺灣編譯館。
1947　年 民國36年 丁　　亥	一、2月12日，教育部公布《印行國定本教科書暫行辦法》4條，規定一切公私印刷機關印行國定本教科書在版面、裝訂、紙質、字體插畫等最低標準，如小學低年級各冊用正楷手寫體，每字不得小於4方公分，插圖不得少於課文的三分之一等。 　二、4月1日，教育部公布《印行國定本教科書暫行辦法施行細則》16條。 　三、7月，臺灣省編譯館改組爲臺灣省教育廳編審委員會。 　四、自三十六學年度起，臺灣省國民小學各科教科書全部依照統編本內容修訂，由臺灣省教育廳統籌印

公元 本 干 國紀元元 支	學 制、課 程、教 科 書 興 革 記 事
	製，免費配發學童使用；因用32開本黑白印刷，紙質較差，故不甚理想。
1948 年 民國37年 戊 子	一、2月，教育部公布《修正中學課程標準》，這次修訂是為適應行憲的需要，取消分類選修制。初中教學科目為14科，選習時數由學校設置適當科目，恢復「英語」為必修科；每週教學27～33小時。高中教學科目為13科，取消「軍事訓練」，選習時數由學校開設適當科目，每週教學25～29小時。 二、教育部於1942年1月公布《小學課程修訂標準》後，國立編譯館主編的小學教科書40冊逐年完成。
1949 年 民國38年 己 丑	一、9月，大陸頒布《中國人民政治協商會議共同綱領》，其中有關文化教育的規定如下：「提倡愛祖國、愛人民、愛勞動、愛科學、愛護公共財物為中華人民共和國全體國民的公德。」「人民政府應有計劃、有步驟地改造舊的教育制度、教育內容和教學法。」從本年起至1957年，屬於「社會主義改革時期的課程。」
1950 年 民國39年 庚 寅	一、9月，教育部（臺北）公布《小學課程第二次修訂標準》。這次修訂，初小教學科目為10科，把「團體訓練」改稱「公民訓練」、「圖畫」改稱「美術」，增加「唱遊」、「工作」2科。高小教學科目仍

公元 本國紀元 干支	學　制、課　程、教　科　書　興　革　記　事
	為9科，把「團體訓練」改稱「公民訓練」、「圖畫 」改稱「美術」。 　　二、大陸教育部根據1949年的《共同綱領》，頒布 《中學暫行教學計劃》，取消過去「公民」、「軍訓 」、「黨義」等科目，規定中學設「政治」、「語文 」、「數學」、「自然」、「生物」、「化學」、「 物理」、「歷史」、「地理」、「外語」、「體育」 、「音樂」、「美術」、「製圖」等14門課程。
1952　年 民國41年 壬　　辰	一、從四十學年度起，臺灣省教育廳首先將《新編 算術課本》初級第一冊放大為24開本，並改用彩色套 印。 　　二、11月，教育部（臺北）公布《國民學校國語、 社會二科修訂標準》。 　　三、11月，教育部（臺北）公布《修正中學課程標 準》，這次修訂是配合《戡亂建國教育實施綱要》的 規定，修訂「公民」、「國文」、「歷史」、「地理 」4科課程內容。1953年起，高中增列「三民主義」 ，排在三年級；又恢復「軍事訓練」，排在一年級至 三年級。 　　四、大陸教育部頒布《小學五年制教學計劃》，規 定小學設「語文」、「算術」、「自然」、「歷史」 、「地理」、「體育」、「圖畫」、「音樂」等8門 課程。

公元本干支 國紀元元支	學　制、課　程、教　科　書　興　革　記　事
	五、大陸教育部頒布《修訂中學教學計劃》，其課程結構和教材體系是借鑒蘇聯的。把「政治課」改爲「中國革命常識」、「社會科學基礎知識」、「共同綱領」和「時事政策」4科，並減少教學總時數。這時期的課程文、理並存，甚至文科較重。
1953　年民國42年癸　　巳	一、小學教科書的編輯工作復歸於國立編譯館，負責編印「國語」、「算術」、「社會」、「自然」等科。至於「勞作」、「美術」、「音樂」等仍由臺灣省教育廳編印，書局亦發行補充教材。各科教科書擴大版面，改進印刷，至四十八學年度時，全部小學教科書均改爲24開本彩色套印。 二、中央指示加強民族精神教育，編輯初、高中「國文」、「公民」、「歷史」、「地理」四科標準教科書。國民黨中央委員會組成標準教科書委員會負責推動，1954年中央委員會將標準教科書之編印工作移交教育部接管，國立編譯館奉命編輯上述四科教科書，共計37冊。 三、從1953年至1957年，中國大陸實行第一個五年計劃，開始大規模地進行經濟建設；本年以後的教學計劃，在小學增加了進行生產技術教育的「手工勞動課」和「農業常識課」；中學增加了「工農業基礎知識」。1957年提出使受教育者在德、智、體幾方面都得到發展，成爲有社會主義覺悟、有文化勞動者的教

公元本千 民國紀元 干　支	學 制、課 程、教 科 書 興 革 記 事
	育方針。 　　四、　9月22日，大陸頒布《小學（四二制）教學計劃（草案）》。
1955　年 民國44年 乙　　未	一、　5月，教育部（臺北）公布《修訂中學教學科目及時數表》，以配合《減輕中小學學生課業負擔實施方案》的規定。初中教學科目為14科及選習科目，每週教學時數為28～30小時。高中教學科目為15科及選習科目，每週教學時數為29～32小時 　　二、9月2日，大陸頒布《小學教學計劃》。
1958　年 民國47年 戊　　戌	一、本年起，中國大陸進入工農業生產大躍進的社會主義建設高潮。這時在教育上提出「教育必須為無產階級政治服務，必須同生產勞動相結合」的教育方針，從而發動了「教育大革命」。但由於不適當地增加勞動時間，減少課時，壓縮教學內容，打亂了正常教學秩序，因而造成教育質量下降。本年頒布的教學計劃中增設了「社會主義教育」課、「生產勞動」課和「體力勞動」課；為扭轉這種局面，恢復正常教學秩序，1963年頒布《全日制中小學教學計劃（草案）》，並相應的編訂各科教學大綱和教材。從本年起到1965年，屬於「全面建設社會主義時期的課程」。

公元紀元 本國紀元 干支	學 制、課 程、教 科 書 興 革 記 事
1962　年 民國51年 壬　　寅	一、7月，教育部（臺北）公布《國民學校修訂課程標準》。這次修訂，把各科課程目標，分爲「總目標」和「分段目標」。初小的教學科目，把「公民訓練」改稱「公民與道德」，增設「社會」、「自然」、「團體活動」，總計爲13科。高小的教學科目，把「公民訓練」改稱「公民與道德」，把「社會」分爲「公民」、「歷史」、「地理」三科，增設「團體活動」，總計爲12科。 　　二、7月，教育部（臺北）公布《中學課程標準》。這次修訂，爲順應世界教育潮流，把初中和高中教育目標作具體規定。初中教學科目爲14科及選習科目，每週教學時數爲29～36小時。高中教學科目爲14科及選習科目；爲增加課程彈性，分甲、乙兩表，調整主要科目時數，甲表以自然學科爲主，乙表以社會學科爲主，每週教學時數爲31～36小時。 　　三、依照中、小學新課程標準，國立編譯館主編的「國文」、「公民」、「歷史」、「地理」四科中學標準教科書全套40冊，及國民學校教科書全套49冊，分別約請專家學者改編或新編。
1963　年 民國52年 癸　　卯	一、大陸頒布《全日制中小學教學計劃（草案）》，這項課程體系的特點是，突破了50年代單一必修課的課程結構，高中首次設選修課，增設了「政治」課。同時調整了不同科目的課時比重，較大的增加了「

公元 本國紀元 干　　支	學　制、課　程、教　科　書　興　革　記　事
	語文」、「數學」、「外語」、「物理」、「化學」等課的教學時數，減少「歷史」、「地理」的課時，由此開始了中國大陸中小學課程以後較長時期存在的「重理輕文」的傾向。這時的全套教科書，注重基礎知識和基本能力的訓練，突出知識的系統性，學科體系加強，教學時間延長，學生負擔加重。
1964　年 民國53年 甲　　辰	一、教育部（臺北）公布《高級中學數學及自然學科教材大綱》，這是根據美國研究實驗科學新教材的內容及編輯精神，為促進科學教育，所研究擬訂高中「數學」、「生物」、「化學」、「物理」四科的教材大綱，並從教材、實驗、手冊、儀器、影片五方面配合新的教學方法，結合成為新的科學教育。
1966　年 民國55年 丙　　午	一、從本年起至1976年，中國大陸的教育屬於「文化大革命時期的課程」。「文化大革命」使教育遭到嚴重破壞，原先的課程全部被廢止。1969年提出全面「復課鬧革命」後，由各地區自行編訂的教學計劃、教學大綱和教材，處於無政府狀態。這時期的課程，片面強調突出政治和聯繫實際，全盤否定了原先的課程體系，推出「工基」（即工業基礎知識）和「農基」（即農業基礎知識）課，「歷史」只講農民革命戰爭史和共產黨黨內兩條路線鬥爭史，「政治」課念報紙。這種課程削弱了基礎知識，嚴重降低了教學質量。

公元本千 元國紀年 元支	學 制、課 程、教 科 書 興 革 記 事
	「文化大革命」結束後，1978年編訂了全國統一的課程，混亂的局面才得到糾正；因此這時期編訂的課程不能成為一代課程。
1967 年 民國56年 丁　未	一、6月27日，蔣中正總統於總統府國父紀念月會上宣示：「我們要繼續耕者有其田推行成功之後，加速推行九年義務教育計畫。」 二、8月17日，蔣中正總統正式命令實施九年國教：「茲為提高國民智能，充實戡亂建國之力量，特依照動員勘亂時期臨時條款第四項之規定，經交動員戡亂時期國家安全會議決定：國民教育之年限應延長為九年，自五十七學年度起，先在臺灣及金門地區實施。」教育部據此公布《九年國民教育實施綱要》。
1968 年 民國57年 戊　申	一、1月27日，蔣中正總統公布《九年國民教育實施條例》。依據此條例，國民教育分為二階段：前六年為國民小學，後三年為國民中學。 二、1月，教育部公布《國民小學暫行課程標準》。這次修訂的方案，其大要如下：

低年級	一年級 二年級	1. 生活與倫理	2. 健康教育	3. 國語	4. 數學	5. 唱遊	6. 常識				
中年級	三年級 四年級	1. 生活與倫理	2. 健康教育	3. 國語	4. 數學	5. 社會	6. 自然	7. 音樂	8. 體育	9. 美術	10. 勞作	11. 團體活動
高年級	五年級 六年級										

公元本干	元紀國	元支	學　制、課　程、教　科　書　興　革　記　事

根據新課程標準，國立編譯館奉令將國小教科書一律改編，按期供各校採用，全套共計85冊，分別於1974年上期全部完成。

　　三、1月，教育部公布《國民中學暫行課程標準實施辦法》。這次修訂，與以往《中學課程標準》的不同點有：㈠加強國中「公民道德」教學；㈡國三加列選修時間；㈢設置「健康教育」、「團體活動」及「指導活動」三科；㈣國三加授淺近的《論語》，以配合文化復興運動。

　　四、2月，蔣中正總統頒發《革新教育注意事項》，指示：「今日我國各級學校，不論小學、初中、高中之課程、教法與教材，希根據倫理、民主、科學之精神，重新整理，統一編印。」教育部遵照此一指示，決定將國民中小學教科書，一律由國立編譯館主編，實施精編精印。因國教延長，中小學教科書制度有下列改變：㈠國民小學教科書原採免費制，自五十七學年起，改為購買制，由國立編譯館編輯，地方政府印行，收回成本；但家境貧苦學生及教師參考用書，則由地方政府編列預算，免費供應。原由各書局編印的「生活倫理」、「常識」、「音樂」、「美術」四科教科書，改由國立編譯館編輯，交由民間合格書局印行。㈡在五十七學年度以前，初中各科教科書的編印，除了「國文」、「公民」、「歷史」、「地理」四科標準教科書，係由國立編譯館統編印外，其餘各科教科書，均採用審查制，即各書局根據部編初中

公元 本國紀元 干支	學 制、課 程、教 科 書 興 革 記 事
	各科課程標準，編輯各科教科書，送經國立編譯館審查合格後印行。自五十七學年度起，爲配合九年國民義務教育的延長，提出精編精印的目標，逐年改由國立編譯館編輯。 　　五、9月，臺灣地區開始實施九年國民義務教育，這是繼日本之後，在亞洲最早推行九年義務教育的地區。
1971　年 民國60年 辛　亥	一、2月，教育部（臺北）公布《高級中學課程標準》，爲配合九年國教的實施，使高中課程與國中課程銜接，增進教學效果，而修訂高中課程標準；這次修訂分甲、乙兩表，甲表以自然學科爲主，乙表以社會學科爲主；兩表的共同科目，除「三民主義」、「公民與道德」外，其他各科的教學時數都不相同；兩表的不同科目，甲表有「地球科學」，乙表有「中國文化史」、「人文地理」；高中每週教學時數爲33～36小時。根據新課程標準，國立編譯館奉命新編高中「三民主義」、「國文」、「公民與道德」、「歷史」、「地理」及「地球科學」等6科教科書，計34冊。
1972　年 民國61年 壬　子	一、10月，教育部（臺北）公布《國民中學課程標準》；這次修訂把三年級「英語」改爲選修，「家事」改稱「家政」，選修科目「自然科學」刪除，增列「數學」選科。在教學通則中，說明過去初中教育爲

公元 本國紀元 干支	學　制、課　程、教　科　書　興　革　記　事
	選擇性教育，國中教育則為普遍性，故應特別注重因材施教。國立編譯館依照新頒課程標準，新編及改編的教科書，計必修科68冊、選修科24冊，共計92冊。
1975　年 民國64年 乙　　卯	一、8月，教育部（臺北）修正公布《國民小學課程標準》；由於十大建設帶動經濟的快速發展，為因應社會需要，而作修訂。國立編譯館奉命新編國民小學教科用書，先試用1年，修正後始普遍使用，此次計編教科書69冊，自1978年秋季開始按年換新。
1978　年 民國67年 戊　　午	一、中國大陸的文化大革命，到1977年宣告結束，全大陸各部門都進行「撥亂反正」，教育也不例外。本年制定了恢復教學秩序後的第一個《全日制十年制教學計劃》，並編定了相應的教學大綱和教材。但這個課程計劃還帶有「文化大革命」極左思潮的殘跡，學制為十年，還保留「文化大革命」時期的「農基」課程，初中只學「本國史」不學「外國史」，各學科間的課時比例不合理，「外語」比重過大，「生物」等比重過小，沒有體現現代科學的發展趨勢。據此，教育部組織力量編寫了第五套全國通用教材；這套教材著重解決當時極為難辦的問題，即思想政治與文化科學知識、理論與實踐、傳統內容與現代科學知識的各種關係問題。從1977年起到1986年，屬於「撥亂反正、改革開放時期的課程。」

公元本干支 民國紀元	學 制、課 程、教 科 書 興 革 記 事
1979 年 民國68年 己　未	一、5月2日，蔣經國總統公布《高級中學法》，規定：「高級中學由省（市）設立，或由私人依私立學校法設立；教育部為教育實驗，得設立國立高級中學。師範校院、教育學院及設有教育學院的大學，為進行教育實驗及學生實習，得設立附屬高級中學。」 二、5月23日，蔣經國總統公布《國民教育法》，明定：「國民教育依中華民國憲法第158條之規定：以養成德、智、體、群、美五育均衡之健全國民為宗旨。」
1981 年 民國70年 辛　酉	一、大陸的中、小學學制恢復為十一制；與此相一致，制定了全日制小學和重點中學的教學計畫。根據該課程計畫規定，小學增設「思想品德」課，此外還設「語文」、「數學」、「外語」、「自然」、「地理」、「歷史」、「體育」、「音樂」、「美術」和「勞動」等計11門課程。中學把「勞動技術」課首次納入課程計劃表，並增加「歷史」、「地理」、「生物」的教學時間，在高中設選修課。1981年的課程，在強調現代科學技術的思想指導下，「物理」、「化學」和「外語」的課時比重較大幅度增加；相對的，「史、地」課的課時比重則太少，整個課程體系仍存在著長期以來「重理輕文」的傾向；而且理科教科書存在著深、難、重的問題，學生的負擔較重。

公元 本國紀元 干支	學　制、課　程、教　科　書　興　革　記　事
1983　年 民國72年 癸　　亥	一、　7月，教育部（臺北）修訂公布《國民中學課程標準》。為配合《國民教育法》的實施，貫徹九年一貫的精神，教育部再次修訂《國民中學課程標準》；新課程標準增列「美育」教育目標，課程設計擴大選修科目，使富有彈性，力求國民中、小學教材前後銜接，各科課程密切聯繫。國立編譯館依據課程標準及實施要點，編具各種編輯計劃。 　　二、7月，教育部修訂公布《高級中學課程標準》，確立以選修代替分組的制度。國立編譯館奉命依據新頒課程標準，編輯「三民主義」、「國文」、「中國文化基本教材」、「英文」、「公民」、「歷史」、「地理」等必修教科用書及二、三年級語文學科與社會學科等選修教科用書，計132冊；並奉命審查印行國立臺灣師範大學科學教育中心主編的「數學」及自然學科等教科用書92冊。新版教科書自1984年8月起逐年使用，改編版自1994年8月起逐年使用。
1985　年 民國74年 乙　　丑	一、4月，教育部（臺北）修訂國民中學「英語」、「數學」及「自然科學」等教學科目時數及選修辦法，計新編基本科目教科書56冊，選修科目教科書60冊，另編歷史地圖集2冊。正式本自1986年8月起逐年使用，改編本自1989年起逐年使用。 　　二、依據1975年8月公布的《國小課程標準》所編輯的國小教科書，國立編譯館為求精益求精，更趨完

公元本年國紀元支	學 制、課 程、教 科 書 興 革 記 事
	善，復分科予以再修訂，自本年8月起供應。 　三、大陸發布《中共中央關於教育體制改革的決定》，並預定從1986年開始實施《中華人民共和國義務教育法》，同時全國中小學教材審定委員會成立，並對中小學課程進行全面改革規劃，此後再編訂的課程，是人民政府成立後的第二代課程。按：中國大陸把「文化大革命」前為主的課程作為第一代。把 80 年代之後以義務教育課程為代表的課程作為第二代。第一代課程是在計劃經濟條件下編訂的，全大陸地區實行統一的計劃、大綱和教材，強調學科體系，重視基礎知識，突出升學的要求，缺乏靈活性。自從改革開放之後，大陸實施社會主義市場經濟，並進行教育體制的重大改革，制定了一系列教育法規，建立課程專門管理機構，實行課程的多樣化，第二代課程開始體現鄧小平先生提出的「教育要面向現代化，面向世界，面向未來」的「三個面向」精神，注重靈活性，內容結構發生許多變化。
1986　年 民國75年 丙　　寅	一、4月12日，中國大陸公布實施《義務教育法》。九年制義務教育，分為初等教育和初級中等教育兩個階段；初級中等教育包括普通初中教育和初級中等職業技術教育。目前義務教育存在著以下四種學制年限：

公元本 本國紀元干支	學　制、課　程、教　科　書　興　革　記　事
	㈠六三制──小學六年，初中三年。按：主要集 　　中於城市。 ㈡五四制──小學五年，初中四年。按：近年來 　　，在大陸地區進行了「五四制」的 　　改革實驗，已基本形成共識，認爲 　　「五四制」是一種符合中國實際較 　　爲理想的義務教育學制。 ㈢五三制──小學五年，初中三年。按：主要集 　　中於農村，屬於過渡學制。 ㈣九年一貫制──這類學校不分小學和初級中學 　　，入學後在校學習 9 年，達到 　　相當於初中畢業程度，在教育 　　教學上與小學和初中相應各年 　　級的要求基本相同。 二、6月，大陸第六屆全國人大常務委員會第十一 次會議通過成立國家教育委員會，同時撤銷教育部。
1987　年 民國76年 丁　　卯	一、10月10日，大陸國家教育委員會發布《全國中 小學教材審定委員會工作章程》。審定委員會是國家 教育委員會領導下的全大陸地區中小學各學科教學大 綱和教材的審定機構。審定委員會審定中小學各學科 教學大綱；審定經省、自治區、直轄市教育部門，重 點高等學校審查推薦的教材，和人民教育出版社、中 央級科研單位和全國性學術團體編寫的教材。爲適應

公元 本干 國紀元支	學 制、課 程、教 科 書 興 革 記 事
	本地區或本學校使用而編寫的教材（鄉土教材、選修教材、補充教材等），由省、自治區、直隸市教育行政部門審查，報國家教育委員會備案。省、自治區、直轄市教育行政部門根據需要可建立相應的中小學教材審查機構。
1988 年 民國77年 戊 辰	一、中國大陸頒布《義務教育全日制小學初級中學教學計劃（試行草案）》。
1989 年 民國78年 己 巳	一、國立編譯館自七十八學年度起對國中及國小一年級各科教材作重大的修編。同時為配合教科書的開放政策，國立編譯館擬訂開放的科目，計七十八學年度開放藝能、活動類8科與高中選修科目8科，共16科，由民間編輯送經編譯館審定後發行。七十九學年度起開放國中職業選修科28科，八十學年度開放國小「美勞」、「唱遊」等科。教科書自五十七學年度統編以來，經二十年，又恢復了統編與審定並行制。 二、10月，大陸共青團中央發起成立了救助貧困地區失學少年基金，將這項活動命名為「希望工程」。
1992 年 民國81年 壬 申	一、中國大陸頒布《九年義務教育全日制小學初級中學課程計劃（試行）》。1988年、1992年的計劃，是大陸進行課程現代化改革的第二代課程的開端。在

公元本干	民國紀元	元支	學　制、課　程、教　科　書　興　革　記　事
			培養目標方面具有一些新的特點：㈠結合時代要求，加強思想品德教育。除了保留原《教學計劃》中「愛祖國、愛人民、愛勞動、愛科學、愛社會主義」等思想品德要求外，在小學階段增加「關心他人、關心集團、認眞負責、誠實、勤儉、勇敢、正直、合群」等規定；在初中階段增加「守信、勤奮、自立、合作、樂觀、進取」等新規定。㈡首次提出個性心理品質的教育目標，在小學階段規定「小學生要初步具有良好品質、較廣泛的興趣和健康的愛美情趣」；在初中階段要使學生具有「良好的品德和個性品質」。㈢首次把科學態度和科學方法列入教學目標。要使學生初步具有科學態度，掌握一些簡單的科學方法。所謂科學方法，包括第一層次的哲學方法，第二層次的各學科普遍應用的一般科學的方法，第三層次的各門科學的專門方法。 　　這次修訂計劃在設計課程結構時，特把中小學課程從管理權限上，分爲「國家安排課程」和「地方安排課程」兩大類。㈠國家安排課程在整個課程計劃中占90％的比重，以必修的文化基礎課程爲主，它體現了國家對受過九年義務教育學生的基本要求；國家安排課程的管理權力屬於國家教育委員會，全大陸各地初中和小學都要開設，非經國家教委同意不得隨意取消；這就是課程的統一性。㈡地方安排課程的管理權限屬於地方教育行政部門；雖然在整個課程計劃中地方

公元本干支紀元	學 制、課 程、教 科 書 興 革 記 事
	安排的課程所占比重很小，但地方課程的設置是課程計劃的一個突破性的改革，是第二代課程的改革方向。按照制定《課程計劃》時設置地方課程的設計，地方安排課程包括「學科」和「活動」兩類課程。地方課程可以開設地方規定的必修課，也可開設選修課，可以開設文化基礎課，也可開設職業技術課；可以開設綜合性課程，也可開設專題性課程；可以安排學科課程，也可安排學科以外的其他活動。小學階段的地方課程，可用來增加體育鍛鍊、科技文娛活動或安排自習；有條件的小學可設外語，農村和邊遠地區的小學可用來學習語文和數學。初中階段，在低年級可安排文體和科技活動，在高年級可開設外語或爲準備就業的學生開設職業技術類課程。
1993 年民國82年癸 酉	一、爲因應各學科本身的發展和社會環境的需要，教育部（臺北）公布第十五次國民小學的課程修訂標準，1996年開始實施。新版教科書於八十四學年度起試用；正式本於八十五學年度起逐年使用。 　　二、中國大陸國家教育委員會成立新一代高中課程專門研究小組，新的高中課程計劃已擬定出討論草案，一些主要問題已基本確定框架。㈠關於制定高中課程計劃的原則：新的高中課程計劃遵循「教育要面向現代化，面向世界，面向未來」的戰略思想，立足於中華民族的振興，貫徹教育必須爲社會主義現代化建

公元 本干	國紀元支	學　制、課　程、教　科　書　興　革　記　事
		設服務，必須與生產勞動相結合的方針，綜合考慮社會需求、學科體系和學生發展等因素設置課程，爲國家需要的各類人才進一步打好基礎。 　　㈡關於普通高中的課程設置：⑴學科課程包括「思想政治」、「語文」、「數學」、「外語」、「物理」、「化學」、「生物學」、「歷史」、「地理」、「體育」、「藝術」和「技術基礎」等，以上12門課程爲國家管理課程。⑵活動類課程包括「社會實踐」、「技術實踐」、「班團活動」、「科技活動」、「體育活動」、「文藝活動」等，該類課程爲地方管理課程。地方管理課程還包括部分選修類課程。 　　㈢關於普通高中的辦學模式：國家教委在1995年5月召開的全國普通高中會議指出，普通高中是九年義務教育後的高層次的基礎教育。今後普通高中將有幾種辦學模式：一部分普通高中可辦成以升學預備教育爲主的學校；大部分普通高中可通過分流，辦成兼有升學預備教育和就業預備教育的學校；少部分普通高中可以辦成以就業預備教育爲主的學校；一些普通高中要繼承和發揚本校傳統優勢，辦成具有藝術、體育、外語等特色的學校。農村的普通高中要確立爲當地服務的辦學思想，結合農村教育改革，把教學、生產勞動、科技活動作爲學校的基本活動，爲培養當地經濟和社會發展所需要的通用型人才打下紮實基礎。

公元 本國紀元 干　支	學　制、課　程、教　科　書　興　革　記　事
1994　年 民國83年 甲　　戌	一、2月13日，大陸國務院發布《中國教育改革和發展綱要》，提出教育發展的總目標是：「到本世紀末，全民受教育水平有明顯提高；城鄉勞動者的職前、職後教育有較大發展；各類專門人才的擁有量基本滿足現代化建設的需要；形成有中國特色的、面向21世紀的社會主義教育體系的框架。」 二、10月，教育部（臺北）公布《修正國民中學課程標準》。這次修訂，最大的變動是減少國中「歷史」、「地理」和「公民」的課時，於第一學年增加「認識臺灣」的課程（分社會篇、歷史篇、地理篇），以推動「本土化」的教育。新版教科書，從1997年 8月起試用。
1995　年 民國84年 乙　　亥	一、3月18日，中國大陸第八屆全國人民代表大會第三次會議通過《中華人民共和國教育法》。《教育法》是大陸教育事業改革和發展的根本大法，規定了教育的基本方針、基本任務、基本制度以及教育活動中各主體的權利、義務等，是制定其他教育法規的基本依據。 二、10月19日，教育部（臺北）公布《修定高級中學課程標準》，這次修訂仍以選修代替分組，以增加課程彈性，適應學生的個別差異。1998年又作小幅修正，預定八十八學年度起由一年級開始施行。

公元 本國紀元 干　支	學　制、課　程、教　科　書　興　革　記　事
1996　年 民國85年 丙　　子	一、國民小學教科書從本學年度起開放審定，由民間書局編輯，經國立編譯館審查通過後，由學校自行選擇、採用。
1997　年 民國86年 丁　　丑	一、　4月，教育部（臺北）成立國民中小學課程發展專案小組，研擬中小學課程發展方向與架構。
1998　年 民國87年 戊　　寅	一、9月30日，教育部（臺北）公布《國民教育階段九年一貫課程總綱》，提出十項國民基本能力，作爲課程設計的依據，將傳統學科本位統整爲七個學習領域。 　　二、10月，教育部成立國民教育各學習領域綱要研修小組，研訂《國民教育各學習領域課程綱要》。 　　三、中國大陸第九屆全國人民代表大會第一次全體會議批准將原國家教育委員會更名爲教育部。
1999　年 民國88年 己　　卯	一、2月3日，李登輝總統令修正公布《國民教育法》。其中第八條之二規定：「國民小學及國民中學之教科圖書，由教育部審定，必要時得編定之。教科圖書審定委員會由學科及課程專家；教師及教育行政機關代表等組成。教師代表不得少於三分之一；其組織由教育部定之。②國民小學及國民中學之教科圖書，由學校校務會議訂定辦法公開選用之。」

公元本干 國紀元支	學　制、課　程、教　科　書　興　革　記　事
	二、7月14日，李登輝總統令修正公布《高級中學法》。茲將其中有關高中學校類型及教科書編審的新規定列舉如下：
	第五條：「高級中學，應由中央政府、直轄市政府、縣（市）政府設立，私人亦得設立之。」
	第六條：「高級中學分爲下列類型：
	一普通高級中學：指研習基本學科爲主之普通課程組織，以強化學生通識能力之學校。
	二綜合高級中學：指融合普通科目與職業科目爲一體之課程組織，輔導學生根據能力、性向、興趣選修適性課程之學校。
	三單類科高級中學：指採取特定學科領域爲核心之課程組織，提供學習成就特別優異及性向明顯之學生，繼續發展潛能之學校。
	四實驗高級中學：指爲從事教育實驗之學校。
	普通高級中學爲適應特殊地區之需要，得報經主管教育行政機關核准，附設職業類科或國民中學部。
	實驗高級中學申請設立之條件、程序、附設職業類科或國民中小學部等事項，

公元本干支 國紀元支	學　制、課　程、教　科　書　興　革　記　事
	其辦法由中央主管教育行政機關定之。 　　第九條：「高級中學教科用書，由中央主管教育 　　　　　行政機關審定，必要時得編定之。」 　　　　　按：教材的開放，原先要從國小、國中 　　　　　、高中循序漸進，但因政策的關係，卻 　　　　　跳過國中，先開放高中。根據「一綱多 　　　　　本」的原則，高中教科書開放由民間書 　　　　　局編輯，送請國立編譯館審定，各審定 　　　　　版教科書，從八十八學年度起由一年級 　　　　　逐年使用。 　　三、12月，教育部成立國民中小學課程修訂審議委 員會，審議並確認各學習領域綱要內容的適當性、公 布的格式、實施要點，及推動新課程的各項配合方案
2001　年 民國90年 辛　　巳	一、1月，教育部（臺北）印製《國民中小學九年 一貫課程暫行綱要》，依七大學習領域分冊出版。 　　二、9月，國民中小學九年一貫課程，從九十學年 度起由國民小學一年級開始實施；另外，國小五、六 年級同步實施英語教學，茲將九年一貫課程實施計劃 ，列表說明如下： 表格如下： | 學校＼年級年	九十學年	九十一學年	九十二學年	九十三學年
---	---	---	---	---
國民小學	一　年　級	一二四年級	一至五年級	一至六年級
國民中學	試辦、準備	一　年　級	一、二年級	一二三年級	

公元 本國紀元 干支	學 制、課 程、教 科 書 興 革 記 事
	為實現國民教育階段學校教育目的，新課程規定須引導學生致力達成下列課程目標： 　　㈠增進自我瞭解，發展個人潛能。 　　㈡培養欣賞、表現、審美及創作能力。 　　㈢提升生涯規劃與終身學習能力。 　　㈣培養表達、溝通和分享的知能。 　　㈤發展尊重他人、關懷社會、增進團隊合作。 　　㈥促進文化學習與國際瞭解。 　　㈦增進規劃、組織與實踐的知能。 　　㈧運用科技與資訊的能力。 　　㈨激發主動探索和研究的精神。 　　㈩培養獨立思考與解決問題的能力。 　　為培養國民應具備的基本能力，新課程從個體發展、社會文化及自然環境等三個面向，提供七大學習領域及重要議題如下： 　　㈠語文：國語、英語、閩南語、客家語及原住民母語。 　　㈡健康與體育：健康、體育及兩性。 　　㈢社會：歷史、地理、公民政治、經濟、法律、人權。 　　㈣藝術與人文：音樂、美術、表演藝術等。 　　㈤數學。 　　㈥自然與生活科技：生物、物理、化學、地球科學、環境生態、生活及資訊

公元本年 紀元元 國紀元支	學　制、課　程、教　科　書　興　革　記　事
	科技等。 ㈦綜合活動：輔導活動、團體活動、童軍教育、 　　　　戶外教學、家政、生涯規劃等。 　茲將九年一貫課程各學習領域、學習階段，列表說 明如下：

實施年級 學習領域	一	二	三	四	五	六	七	八	九
語　　　　文	本國語文	本國語文	本國語文	本國語文	本國語文 英　語			本國語文 英　語	
健 康 與 體 育	健康與體育		健康與體育		健康與體育		健康與體育		
數　　　　學	數　　學		數　學		數　學		數　學		
社　　　　會	社　　會				社　會		社　會		社　　會
藝 術 與 人 文	藝 術 與 人 文		生　活		藝術與 人　文		藝術與 人　文		藝術與人文
自然與生活科技	自然與生活科技				自然與 生活科 技		自然與 生活科 技		自然與生活 科　　技
綜　合　活　動	綜　合　活　動		綜　合 活　動		綜　合 活　動		綜　合 活　動		綜合活動

附篇：日據時期臺灣中小學教育發展大事記

公元日本紀元干支	學　制、課　程、教　科　書　興　革　記　事
1894　年 明治27年 甲　　午	一、4月，朝鮮政府因東學黨起事，向中國請求援助，清廷派兵赴援，遂與日本衝突。8月1日，中、日兩國同時宣戰，結果清師海、陸軍皆敗績。
1895　年 明治28年 乙　　未	一、4月17日，李鴻章與伊藤博文等簽訂《日清講和條約》（即《馬關條約》），承認朝鮮獨立，割讓遼東半島、臺灣及澎湖諸島與日本，賠款二萬萬兩。 　　二、5月29日，日軍從臺灣東北端的澳底登陸。6月7日，日軍佔領臺北；13日，日本政府設「臺灣事務局」；17日，臺灣總督府始政。11月20日，日本宣布「全臺平定」。 　　三、7月，臺灣總督府於臺北士林芝山巖設立學務部及第一所教授日語的學校。
1896　年 明治29年 丙　　申	一、1月1日，學務部及第一所學校被反抗人士毀壞；雖然遭遇許多困難，但臺灣的教育工作仍分兩部分在進行，即是設立「國語學校」以培訓教員，設立「國語傳習所」為將來成立一般學校打下基礎。 　　二、臺灣總督府在全臺各重要城市設立國語傳習所，（按：本篇所稱「國語」，皆指「日語」。）使臺灣人民接受日語。

公元 日本紀元 干支	學　制、課　程、教　科　書　興　革　記　事
	三、臺灣平地先住民的教育，始於屏東恒春國語講習所分教場，次年在臺東的卑南、馬蘭設立分教場。
1897　年 明治30年 丁　　酉	一、臺灣總督府設立國語學校第四附屬學校，展開日童的初等教育。 二、國語學校語學部日語科，專收臺灣人，修業三年，後改爲四年，這是臺灣男子中學教育的開始。 三、國語學校第一附屬學校女子分教場成立，專收臺灣女子，教以普通常識及手藝，可算是臺灣女子中學教育的肇始。
1898　年 明治31年 戊　　戌	一、臺灣總督府訂頒《臺灣總督府小學校官制》，正式在臺樞要之地，設置小學科（六年）、補習科（二年）的小學校，作爲日籍兒童的初等教育機構；課程包括「修身」、「國語」、「算術」、「日本歷史」、「日本地理」、「理科」、「圖畫」、「唱歌」及「體操」。並附設五年制尋常中學科，爲日籍學生中學教育的濫觴。 二、臺灣總督府公布《臺灣公學校令》，將各地國語傳習所改爲「公學校」，作爲臺籍兒童的初等教育機構，經費由地方負擔，其教學科目與「小學校」相近，但公學校的教科書由總督府另編，程度上較低，而小學校的教科書則採自日本。

公元 日本紀元 干支	學 制、課 程、教 科 書 興 革 記 事
1901 年 明治34年 辛　丑	一、臺灣的警察本署蕃務股接管山地先住民的教育，兒童教育所由警察官吏派出所中設立，由當地警察充當教員，所需經費由總督府支付，免費提供兒童教科書、學用品與膳宿。兒童教育所初期著重在日語的訓練和日式禮儀的教育；1908年《蕃童教育綱要》訂頒，把科目劃一為：「禮儀」、「倫理」、「耕作」、「種藝」、「手工」、「國語」、「計算法」、「習字」等。 　二、國語學校第一附屬學校女子分教場，改稱「國語學校第二附屬學校。」
1902 年 明治35年 壬　寅	一、臺灣地區的小學校，配合日本學制，調整為四年制的尋常小學校，上加二年制或四年制的高等小學校。學科為「修身」、「國語」、「算術」、「日本史地」、「理科」、「畫圖」、「唱歌」、「體操」、「裁縫」（女生）。
1904 年 明治37年 甲　辰	一、臺灣總督府在國語學校附設第三附屬高等女學校，此為日本女子在臺灣最早的中等教育機構。
1905 年 明治38年 乙　巳	一、臺灣總督府將教育平地先住民的國語講習所分教場改設蕃人子弟就讀的公學校，在4年的修業年限中，學習「修身」、「國語」、「算術」3科，或加

公元 日本紀元 干支	學　制、課　程、教　科　書　興　革　記　事
	設「農業」、「手工」、「唱歌」等選修科。1914年規定，修業年限得依地方情況縮短為3年，並將實業性質的選修科改為必修。到1918年時，這類公學校已有27所，學生也有4155人。
1907　年 明治40年 丁　　未	一、日本國內將義務教育延長為6年，臺灣的小學校也依據日本內地《小學校令》，設置六年制尋常小學校，上加2－3年的高等小學，教學科目、教科書都按照日本文部省的規定，逐漸增加農、工、商等實業科目。 　　二、臺灣總督府公布《總督府中學校官制》，將國語學校尋常中學科撤消，單獨設立一所「總督府中學校」（日籍女子教育亦附設其中）。總督府中學校分為兩部：第一部修業6年，入學資格為年滿11歲，修畢尋常小學第五學年或同等學力者，學生應全部住校；課程包括所有學科、「手工」及「戶外勞動」，以備將來主導工業；畢業以後再接受修業2年的高等科教育，高等科的課程包括「英語」及另一「外國語」、「法制」、「經濟」及其他必要學科。第二部實際上為中學校本部，修業5年，與日本內地的中學校相同，入學資格為年滿12歲，尋常小學畢業或同等學力者；此部之上可設一年制的補習科，做為繼續教育之用；第二部的學生不住校，教學科目包括「修身」、「國語」及「漢語」、「英語」、「歷史」、「地理

公元西元干支日本紀元	學　制、課　程、教　科　書　興　革　記　事
	」、「數學」、「博物」、「物理」、「化學」、「法制和經濟」、「圖畫」、「唱歌」、「體操」。「兵式操練」是中學校兩部學生指定課程的重要特色，由退役陸軍軍官指導。
1909　年明治42年己　　酉	一、臺灣總督府公布《高等女學校官制》，在臺北單獨設立一所「總督府高等女學校」。按：高等女學校的修業年限原有5年、4年之分，但實際上卻是4年；課程上，偏重「文史」、「裁縫」和「體操」等科目，至於「數理」科目則甚少，程度上遠不及日籍男子的中學校。
1914　年大正 3年甲　　寅	一、臺灣總督府修正《總督府中學校官制》，又在臺南增設「中學校」一所；此校純為五年制中學校，沒有一、二部之分。 　二、臺籍學生沒有單獨設置的「中學校」可讀，因此大力請願，總督府在民情壓力下，於1915年在臺中設立一所中學校，這所公立中學校與日人就讀的二所總督府中學比起來，有許多差異：㈠修業年限僅4年，比總督府中學校少1年。㈡入學資格為13歲以上，公學校第四年修畢或同等學力者，比總督府中學校寬濫。㈢教學科目包括「修身」、「國語及漢文」、「歷史」、「地理」、「數學」、「理科」、「實科」、「法制及經濟」、「圖畫」、「手工」、「唱歌」

公元日本紀元干支	學　制、課　程、教　科　書　興　革　記　事
	、「體操」，「英語」是選修科目。此外，規定學生全部住校，日常生活皆持日式，以達其殖民教育的目的。
1917　年 大正 6年 丁　　巳	一、臺灣總督府在臺南設立一所「總督府高等女學校」。
1919　年 大正 8年 己　　未	一、日本對臺灣的殖民教育政策確立，頒布《臺灣教育令》，採取「同化主義」為施政方針，以教育臺灣人為「忠良臣民」為宗旨。不久，首任文官總督田健治郎到任，（按：1919年以前的七任總督都是軍人。）採取日本內地延伸政策，倡導「日臺共學」。1922年修訂《臺灣教育令》，使臺、日學生依循同一教育法令，以示「平等」。 　二、臺灣總督府把臺籍男生的「中學校」改稱「高等普通學校」，以與日人就讀的中學校有所區別；入學資格則提高到六年制公學校畢業。 　三、臺灣總督府依據《臺灣教育令》，廢止「國語學校」，第二附屬學校改制為「臺北女子高等普通學校」，這是第一所單獨設立的臺人女子中學。本年，總督府在彰化增設第二所「女子高等普通學校」。按：日據時期，臺灣女子的中學教育，在程度上不僅不及男子中學，也比不上日本女子的「高等女校」；修

公元日本紀元干支	學 制、課 程、教 科 書 興 革 記 事
	業年限只有3年，課程偏重在「裁縫」、「手藝」，無異於家政學校；但女子高等普通學校在本科外附設師範科，在本科第三學年開設「教育大意」的選修科，本科畢業生可以升入一年制的師範科，畢業後可獲得教師資格。
1921 年大正10年辛　酉	一、臺灣地方官制修正，規定中學校一律移歸州辦，因此總督府兩中學分別改爲「臺北州立臺北第一中學校」（今建國中學前身）、「臺南州立臺南第一中學校」（今臺南二中前身）。兩所高等女學校也同時改爲州立，分別是「臺北州立臺北第一高等女學校」（今北一女中前身）、「臺南州立臺南第一高等女學校」（今臺南女中前身）。原「公立高等普通學校」，亦改稱「臺中州立臺中第一中學校」，並由州辦。
1922 年大正11年壬　戌	一、臺灣總督府第一次修訂《臺灣教育令》，這次修訂使小學校一改遵循日本國內法令之例，而和公學校一樣，依據《臺灣教育令》；總督府據此制定《臺灣公立小學校規則》，設六年制尋常小學校，上設二或三年制高等小學校，再加二年的補習科。課程上的變動，是於高等小學校增加「臺語」一科爲選修，這項科目一直延續到1940年。 二、臺灣總督府公布《臺灣公立公學校規則》，公學校得依各地的情況，設置三年制、四年制，與六年

公元 日本紀元 干支	學 制、課 程、教 科 書 興 革 記 事
	制的公學校；並於四年制之上設二年制補習科，在六年制之上設高等科或補習科。這時公學校的課程也有重大的改變：首先是三年制、六年制課程中，增加「日本歷史」、「日本地理」；並把四年制、六年制中的「漢文」，由正科改為隨意科；至1933年12月，《公立公學校規則》再修訂，為加強誘導臺灣人投入經濟生產的統治政策，把「實業科」改為必修，甚至六年制的「家事」、「裁縫」，高等科的「圖畫」都改為必修，更索性把「日本歷史」改稱「國史」；到了1937年被列為選修的「漢文」竟遭根本廢除。 　　三、臺灣總督府廢除《蕃人公學校規則》，先住民公學校變成和一般公學校同性質，其設立經費改由學校所在地的「市、街、庄」負擔。按：平地先住民子弟與漢人子弟同入一所學校，在清代的社學已有前例，因此這項改變實際上問題不大，到1939年共有29所平地先住民就讀的公學校，收容先住民子弟5000多人，入學率達百分之74。 　　四、《臺灣教育令》修訂後，將差別的中等學校名稱取消，一律改稱「中學校」，且標榜「日臺人共學」，從此所有中學校的修業年限及內容才無差異，而臺灣「中學校」的數量也從此年起逐漸擴充。 　　五、依據修訂後的《臺灣教育令》，原「臺北女子高等普通學校」改稱「臺北州立臺北第二高等女學校」（今中山女高前身），原「彰化女子高等普通學校

公元 日本紀元 干　　支	學　制、課　程、教　科　書　興　革　記　事
	」改稱「臺中州立彰化高等女學校」（今彰化女中前身）。
1928　年 昭和３年 戊　　辰	一、自1908年臺灣總督府制定《蕃童教育綱要》以來，直到本年才予以修訂，規定修業年限為4年，修習「修身」、「國語」、「算術」、「圖畫」、「唱歌」、「體操」及「實科」。教育目標強調：弊習的矯正、善良習慣的養成、國民思想的涵養、實科技能的培養與日常生活知識的教授等。因為山地先住民的教育所隸於警務單位，在利用警察力量迫導兒童入學的情況下，其就學率顯然高於臺灣兒童入公學校的比例，以1935年為例，教育所的就學率即達百分之67.59，要比同期臺籍兒童百分之41.47的就學率高出許多。
1941　年 昭和16年 辛　　巳	一、臺灣總督府為加強「皇民化」的教育政策，徹底祛除臺灣人的漢民族特性，並配合日本國內學制改革與籠絡民心，第二次修改《臺灣教育令》，將臺灣的「小學校」和「公學校」，改為依據《國民學校令》的「國民學校」，但鑑於臺灣的特殊情形，以使用日語生活的家庭子弟進入「課程第一號表國民學校」，臺灣人民只能入「課程第二號表國民學校」，先住民則入「課程第三號表國民學校」，茲將其情況說明如下： 　　㈠課程第一號表國民學校：設置六年制的初等科

公元 日本紀元 干支	學　制、課　程、教　科　書　興　革　記　事
	，上設二年制高等科，再加一年制特修科。教學科目有「國民科」（「修身」、「國語」、「國史」、「地理」）、「實業科」（「農業」、「工業」、「商業」、「水產」）、「理數科」（「算術」、「理科」）、「體鍊科」（「武道」、「體操」）、「藝能科」（「音樂」、「習字」、「圖畫」、「工作」、「家事」〔女〕、「裁縫」〔女〕）；其教科書除「理科」與「圖畫」由總督府文教局編纂外，其餘各科仍用日本文部省編纂的課本。 　　㈡課程第二號表國民學校：在表面的規制與教學科目上，臺、日學童待遇相同，但在實際的教材內容上，並不一致，對臺灣人民施教的課程內容，「社會控制」色彩濃厚，大量增加軍國主義的教材；教科書只有「算術」使用文部省編纂的教材，其餘均用臺灣總督府文教局編修的教材。1941年以後，學校經常在下午實施科目表之外的「軍訓」操演。 　　㈢課程第三號表國民學校與兒童教育所：1.國民學校供平地先住民就讀，沒有初等科和高等科的區別，修業年限只有6年，教學科目和教科書，與第二號表的國民學校相同。 2.山地先住民的兒童教育所，自創辦以來，一直延續到1945年日本投降為止，全由總督府供給經費，意在強迫誘導先住民入學，以便日本化而減少先住民的反抗。1941年修訂《蕃童教育標準》規定自1943年起延長修業年限為6年，並得視地方

公元 日本紀元 干支	學 制、課 程、教 科 書 興 革 記 事
	情形，暫設四年制；教學科目與教科書，與課程第三號表國民學校相同，其中日語教學爲重點所在。
1943　年 昭和18年 癸　　未	一、臺灣實施六年制義務教育。按：此舉對日童教育而言，並無多大意義，因爲他們早已擁有高達百分之99以上的就學率，更享有優厚的教育資源與環境，這項方案主要是針對臺灣人民而立。
1945　年 昭和20年 乙　　酉	一、8月10日，日本接受中、美、英三國波茨坦聯合公告，請求無條件投降。 　二、10月25日，中國戰區臺灣省受降典禮在臺北舉行，淪陷50年156日的臺灣從此正式光復。

附錄三

我國傳統小學教育教材書目舉要

　　我國傳統教育的階段劃分，只有「小學」和「大學」兩級。「大學」是指「大人之學」，這是以成人爲教育對象，著重追求「治國、平天下」目標的教育。而「小學」則是以兒童爲教育對象，著重於兒童行爲方式訓練的教育。(註一) 從年齡上來劃分，大學通常是在二十歲以後所受的教育，小學是指六至二十歲所接受的教育。在清末癸卯學制建立以前的「小學教育」，大體上包含了後世的「小學」和「中學」這兩個教育階段；從年齡上看，實際包含了童年和少年兩個時期。(註二)

註一　按「小學」一詞，在教育學上和語言學上有不同的涵義；這裡所說的「小學」是指教育學上的基礎教育，而不是作爲學習文字音義的學問。這兩者雖然有所區分，但也有所聯繫；其實作爲學習文字訓詁的「小學」，是古代「小學」的主要教學內容。又按我國《憲法》第160條規定：「六歲至十二歲之學齡兒童，一律受基本教育，免納學費。」《教育基本法》第11條規定：「國民基本教育應視社會發展需要延長其年限；其實施另以法律定之。」

又按「基礎教育」在大陸地區係指小學和初中，對象爲六至十五歲的兒童少年；1985年5月27日中共中央「關於教育體制改革的決定」中，明確地把基礎教育的責任交給地方，即所謂的分級管理；1986年4月12日六屆全國人民代表大會第四次會議通過的《中華人民共和國義務教育法》，規定凡年滿六歲的兒童應當入學接受九年的基礎教育。但在基礎教育的長遠規劃上，則把高中階段的教育也包括在內。

註二　我國傳統小學教育，過去普遍稱爲「蒙學教育」；本篇不採用這個名稱，而稱「小學教育」者，乃是因爲「蒙學教育」的外延遠大於「小學教育」，舉凡學校、家庭、其他社會組織的教育行爲，以及通過書籍、圖像等對兒童

　　我國古代文、史、哲學不分家，把德、才、學、識、能等都納入「四書」、「五經」、「六藝」，以及蒙養教材之中，因此我國古代小學各學科的教學是處在互相包容、互相融合的渾然形態之中，沒有各自獨立成自己的完整體系。（註三）

　　我國傳統小學教育的教材，以往大多著錄於正史《藝文志》、《經籍志》的「小學類」。明代《永樂大典》目錄卷89「蒙」字有「童蒙須知」、「童蒙詩詞」、「蒙訓」等部分，惜其內容已經不存。清初編《四庫全書》時，將這類教材歸於「儒家」、「類書」等類；清末張之洞編《書目答問》，附一「別錄」有「童蒙幼學各書」，惟其內容十分簡略。

　　歷史進入20世紀之後，受西方教育影響的新式學制在我國建立，傳統的蒙學因此步向衰落，舊有的教材被新式的小學教科書所取代，而走進了圖書館與學者的書房裡，成為人們研究傳統教育的對象和材料。近年來，海峽兩岸對於我國傳統教育的研究都相當注重，新的研究成果不斷在發表，這裡就知見所及，列舉若干，以備參考。

　　1.《傳統語文教育初探》（附蒙學書目），張志公著，上海：上海教育出版社，1962年10月一版一刷。

　　《傳統語文教學研究》，張志公著，收在《張志公文集》㈣，廣州：廣東教育出版社，1991年一版一刷。

　　《傳統語文教育教材論—暨蒙學書目和書影》，張志公著，上海：上海教育出版社，1992年12月一版一刷。按：《蒙學書目》凡分21類，

　　　　實施的教育，都屬於「蒙學教育」的範圍；正因為「蒙學教育」的範圍過
　　　　於廣大，歷史的記載過於粗略，所以其具體的教育式樣很不容易把握；本
　　　　篇使用「小學教育」的名稱，是把研究範圍界定在具有實際的教學場所，
　　　　有一定組織的學校教育，以及與此相關的事情。
　　　　以上（註一）與（註二）的說法，參考池小芳著，《中國古代小學教育研
　　　　究》，頁1－3。
　　註三　林治金主編，《中國小學語文教育史》，頁3。

共著錄619種。

2.《中國傳統蒙學書目》（初稿），徐梓著，太原：山西教育出版社，1991年一版一刷。按：此稿附於徐梓、王雪梅所編《蒙學要義》書後，把蒙書分為12類，共著錄1300多種。

3.《中國古代語文教育史》，張隆華、曾仲珊著，成都：四川教育出版社，1995年一版一刷，2000年10月二版一刷。

4.《中國小學各科教學史叢書》（包含「思想品德」、「語文」、「數學」、「常識」四個分卷），趙承福、郭齊家、班華主編，濟南：山東教育出版社，1995年6月、1996年3月分別出版。

5.《蒙學讀物的歷史透視》，徐梓著，漢口：湖北教育出版社，1996年10月一版一刷。

6.《歷代啟蒙教材初探》，林文寶著，臺北：萬卷樓圖書公司，1997年4月一版。

7.《中國幼兒教育史》，杜成憲、王倫信著，上海：上海教育出版社，1998年6月一版一刷。

8.《中國古代小學教育研究》，池小芳著，上海：上海教育出版社，1998年12月一版一刷。

從先秦到清末，我國傳統小學教育的教材經歷不少變化，據徐梓先生的輯錄，約有1300多種；但是在一定的時期當中，有些教材或書籍為較多的小學所使用，成為使用面較廣的核心教材，本篇所列舉的書目即是以此為對象，參考池小芳《中國古代小學教育研究》第五章「中國古代的小學教材」所作的簡編，藉以明瞭古代小學教育使用教材的梗概。上海商務印書館，是我國近代出版業的巨擘，其編輯出版的新式小學教科書，學科種類最為齊全，發行面最為廣大，篇末附「商務印書館歷年出版小學教科書概況」，藉此瞭解傳統教材過渡到新式教科書的發展情況。

※　　　　　※　　　　　※

一、先秦到六朝小學教育的教材

㈠識字與寫字的教材

1. 《史籀篇》　班固《漢書‧藝文志‧小學類》「史籀」十五篇下注云：「周宣王太史作大篆十五篇，建武時已亡六篇。」佚。

2. 《蒼頡》七章　秦、李斯作。佚。

3. 《爰歷》六章　秦、趙高作。佚。

4. 《博學》七章　秦、胡毋敬作。以上三書具見《漢書‧藝文志》著錄。佚。

5. 《蒼頡篇》　漢初閭里書師合李斯、趙高、胡毋敬之書爲《蒼頡篇》，共55章，每章60字，合共3300字。佚。

6. 《急就篇》　西漢、史游作。存。按：《急就篇》是我國現存最早的小學速成識字課本，也是源遠流長極爲名貴的草書範本；六朝以前，本書大量應用於兒童教材。現存的《急就篇》有34章；前32章每章63字，後兩章每章 64字；合計2144字。其內容是把一些事物相近的字，以類相從，編在一起，並且押韻，便於記誦。

7. 《元尚篇》　西漢、李長作。佚。

8. 《凡將篇》　西漢、司馬相如作。佚。

9. 《訓纂編》　西漢、楊雄作。

10. 《續訓纂編》　東漢、班固作。

11. 《滂熹篇》　東漢、賈魴作。按：後人合《蒼頡》、《訓纂》、《滂熹》而爲「三蒼」。自《蒼頡》至《滂熹》，共123章7380字，這些字書的主要功能是爲了「六藝群書」的學習。

12. 《千字文》　據《隋書‧經籍志》載，梁時《千字文》有三種，又《梁書‧蕭子範傳》亦云子範作《千字文》，可見魏晉六朝時代的《千字文》非只一種，流傳至今的《千字文》（以「天地玄黃，宇宙洪荒」開頭），據說是梁武帝時給事郎周興嗣所作，他的《千字文》後來脫穎而出，從唐代以後，成爲小學語文教育的通用教材，而漢魏六朝時常用的《急就篇》卻漸趨式微。《千字文》是以四字寫成的韻語，共250字；內容包括天文、地理、歷史、人倫、教育、生活等各方面；字無重複，

文辭典雅，上下工對，是我國古代啓蒙教材編撰的通例。

　　㈡語音教材

　　正音與識字是不可以分割的，所以語音教材當是古代兒童教育的重要教材。東漢以前，我國給文字注音，所採用的方法是同音字互注（「音某」）或擬音（「讀若某」）；東漢時期佛教從西域傳入，梵文拼音開始影響到我國傳統的注音方式；這種新的拼音方法稱爲「反切」，就是取二字而反成一音，二字之中，上字僅取其聲母，下字僅取其韻母和聲調，然後拼合爲一音。反切的應用大約出現於東漢中晚期，三國時經孫炎推廣後才大爲發展。《隋書·經籍志》把魏晉六朝時期各種音書，如李登《聲類》、呂靜《韻集》、夏侯詠《四聲韻略》等將近三十部音書歸到「小學類」，我們可以從這裡想見當時小學中語音教學的狀況，除了審音之外，也對詩賦韻律的規範起了很大的作用。

　　㈢經籍教材

　　儒家經籍是漢魏六朝時期基礎教育的主要內容，具體包括《易》、《詩》、《書》、《禮》、《春秋》等五經，及地位不亞於五經的《論語》、《孝經》；而《論語》、《孝經》爲使用時間最久、且使用面最廣的思想道德教育教材。

　　㈣算學教材

　　《周禮·大司徒》中有保氏教國子「九數」的說法，各類書籍中也有「學書計」的傳說，我們可以推想先秦時的兒童教育，肯定是有算學教學的存在。

　　算學教學在漢代取得較大的進展，著名的《周髀算經》大概是在西漢初產生的；這本書雖然主要在講天文，但也涉及到算術。東漢初年出現了一本專門的數學著作《九章算術》，這本書收集了246個應用題及其解法，涉及算術、幾何、代數等方面的問題。在兩《漢書》中，記載了不少通算術的人，如張蒼、許商、耿壽昌、卓茂、何休、張衡、馬續、鄭玄等，可以想見《九章算術》在成書後很有可能應用到小學的算學教學。

魏晉六朝時期，出現了劉徽和祖冲之兩位著名數學家；在《隋書・經籍志》中記載各類的算書有二十七部，其中撰人不詳的《孫子算經》、甄鸞的《五經算術》通常都被認爲是蒙學教材。

二、隋唐時期小學教育的教材

㈠舊有教材的利用

隋、唐、五代時期對往昔的《急就章》、《千字文》、《論語》、《孝經》以及《五經》等教材，仍給予充分的關注。

1.《急就章》　在唐代，有顏師古爲之作注。

2.《千字文》　據唐、宋人筆記的記載，《千字文》的使用，屢見不鮮；又據今人高明士的考證，(註四)在敦煌遺書中，《千字文》的寫本多達32種，更有藏華對照本、漢蕃對音本。

3.《論語》、《孝經》　除在童子科中要以《論語》、《孝經》命題外，唐玄宗還親自注釋《孝經》，並頒布到全國。

4.《五經》　唐太宗貞觀年間命孔穎達等人撰定《五經正義》，目的在爲天下士子的經書學習提供一個定本。

5.這時期對舊有教材的利用，並不限於上述幾種，如《舊唐書・盧照鄰傳》載，盧照鄰十餘歲時，曾就曹憲、王義方學習《三蒼》、《爾雅》。有一些史書，也被應用於教學中，如《漢書》在唐初就頗受學者重視。另外，唐高宗時命李淳風等人編定《算經十書》，其中有九部是作於唐代以前，而《算經十書》在唐代是非常流行的算學教材。

㈡語句連貫、押韻，並有意義的識字課本

1.《開蒙要訓》　六朝馬仁壽撰。敦煌出土凡有27個寫卷。其成書略早於《千字文》，由「四字一句，兩句一韻」的1400個不同的漢字組成全篇；其內容側重於生活和生產等實用性的知識；其聲韻多與《

切韻》相通，而與《廣韻》未合。《開蒙要訓》是一本在敦煌地區流傳了近500年的兒童習誦課本。

　　2.《蒙求》　司倉參軍李瀚撰。此書也是流傳於敦煌地區的兒童課本，今存的敦煌寫本僅有三個卷號。此書298韻，596句，共2392字，是以經傳故事匯輯而成的兒童課本。敦煌寫卷的《蒙求》序全、文殘，幸有《學津》、《畿輔》二叢書保存完整的正文。

　　㈢《兔園冊》與唐代小學教材的科舉化

　　《兔園冊》的作者有二說：據宋代晁公武《郡齋讀書志》卷14云：「《兔園冊》十卷，唐虞世南奉王命纂古今事，爲四十八門，皆偶儷之語。至五代時，行於民間村塾，以授學童。」此本已佚。今傳敦煌寫本《兔園冊》殘卷，爲唐杜嗣先所撰，據王應麟《困學紀聞》卷14云：「《兔園冊府》三十卷，唐蔣王惲令僚佐杜嗣先倣應科目策，自設問對，引經史爲訓注。惲，太宗子，故用梁王兔園名其書。」在敦煌遺書中，《兔園冊府》僅保存部分內容，題曰《辨天地》、《正曆數》、《議封禪》、《征東夷》、《均州壤》，內容都是摭拾經史中相關言語或事件敷衍而成，所答言語亦多對應於題目中相關事件，可見此書當是爲應付科舉而作。

　　從《兔園冊府》這種編訂的方式，可以想見從初唐開始就已經出現爲滿足科舉需要而編寫的小學教材。按照內容屬性來分，唐代這類教材大概可以分爲底下幾種類型：

　　1.策問型式，如《兔園冊府》。

　　2.典故型式，如李瀚《蒙求》。

　　3.詩歌型式，如胡曾《詠史詩》。

　　4.常識介紹型式，如《雜鈔》。

　　5.正字辨析型式，如《干祿字書》、《五經文字》。

　　以入仕作爲科舉時代最佳的進階途徑，唐以後的各類蒙求、對類、詠史詩、神童詩等等，無不打上科舉的烙印；而這一類的教材，我們都可以在唐代找到它的原型。

㈣小學道德教育教材的新動句

隋、唐以前，小學教育中比較常用的道德教育教材是《論語》和《孝經》，但這兩本只是因爲其內容恰好在某方面合乎當時兒童教育的需要，還不能算是專門爲教育兒童而作的教材；能稱爲專門的兒童道德教育教材，到了唐代才有較大的發展。

1.《百行章》 初唐杜正倫撰述。敦煌遺書中有13個寫卷。全書約近5000字，由序言168字和正文4770餘字組成；正文凡84章，每章標題，各有中心，並以忠孝節義、清廉寬信等統攝全書，把傳統社會的綱常禮教具體化、形象化，是唐代流傳於敦煌的一種通用兒童教材；但由於《百行章》不像《太公家教》以教人學習、立身爲主，而是側重於爲官爲爲民等爲其基本內容，其書當屬於較高一級的兒童課本，所以流傳不如《太公家教》的普遍。

2.《太公家教》 作者佚名。高國藩先生認爲此書當是「一位德高望重的長者（太公），對後代留下的訓誡，所以說它是『家教』」，書中的諺語，「是家家不可缺少的教育名言」。（註五）敦煌遺書中，《太公家教》存有 36個寫卷，全書基本是四字韻語，凡580餘句，2610多字，語言通俗而又散韻相間，語句多摘自《禮記》、《孝經》、《論語》、《詩經》、《孔子家語》、《史記》、《莊子》、《漢書》、《說苑》、《大戴禮記》諸篇，由忠孝、愛人、禮儀等儒家思想與行爲規範貫穿全書，是唐、宋時敦煌地區廣泛流傳的一種童蒙教育讀本。

三、宋元時期小學教育的教材

㈠舊有教材的選用

1.根據宋、元時期史料的記載，這時的小學教育依然較多地選用了過去的一些教本，如《蒙求》、《千字文》、《太公家教》、《兔園冊》等。

註五 高國藩著，《敦煌民間文學》，頁309。

2.相傳爲先秦時期管仲所作的《弟子職》，在宋代開始受到重視；朱熹不僅給《弟子職》作句讀音義，而且在他的《儀禮經傳通解‧學禮》中，把《弟子職》當作兒童小學學習的第一篇；也因爲朱熹的提倡，《弟子職》在後代（尤其是清代），成了不少小學的教材。

3.由於崇尚儒術的政策和科舉考試的規定，《論語》、《孝經》和其他各類經書仍然是當時小學和大學的主要教材；《四書》與《十三經》是經書普及化與標準化的兩種典範。

(1)《四書》　北宋呂本中《童蒙訓》強調「學問當以《孝經》、《論語》、《中庸》、《大學》、《孟子》爲本」，當是受到北宋理學家張載和程顥、程頤對讀書的一些主張的影響，其中的《論語》、《中庸》、《大學》、《孟子》，經南宋朱熹的闡述，撰成《四書集注》，成爲後來各類教育的經籍教材。

(2)《十三經》　唐代將《易》、《書》、《詩》、《三禮》、《三傳》，合稱爲《九經》；唐文宗開成年間（836－840年），又加上《孝經》、《論語》、《爾雅》，稱《十二經》，刻石立於長安國子監太學前；到了宋代，又列《孟子》於經部，稱《十三經》，現存《十三經注疏》最早的版本是宋光宗紹熙年間（1190－1194年）三山黃唐合刊本。

㈡道德教育教材的增多

宋、元時期的小學教育教材中，有一個突出的現象，這就是用於專門蒙學道德教育的教材逐漸增多；這表明宋代以後，對兒童進行的道德教育進一步加強；從這些教材幾乎全部是理學家的作品來看，理學對於當時小學教育的思想和實踐，其影響是極大的。

1.《童蒙訓》　北宋呂本中著。此書可算是這類教材中比較早的一種，其內容主要涉及兒童的道德修養和部分學習方法問題，羅列了呂氏本家以及北宋一些著名理學家的言論和事跡。

2.《童蒙須知》和《小學》　南宋朱熹著。《童蒙須知》的主要內容是關於兒童日常行爲的檢查和行爲規範的訓練，其課業的重點在於

「讀書」和「寫字」。在我國古代專門為兒童而作的道德教育教材中，《小學》可以說是影響最大的一種；朱熹把人生教育分為「小學」和「大學」兩個階段，並明確地將教育原則區分為「小學習事，大學窮理」；《小學》內、外兩篇，共分立教、明倫、敬身、稽古和嘉言、善行六類；在這六類中，立教、明倫、敬身屬於較為抽象的道德行為規範，稽古、嘉言、善行則屬於以古代聖哲的格言事跡以證立教、明倫、敬身的本旨；從宋代以後，各種注釋、擴充《小學》的書不斷出現，粗略的估計將近90餘種，可見此書影響之大。

　　3.《二十四孝》　本書的作者，說法不一；但成書的時代，則都說是在元代。全書是24個孝行故事的匯輯，每個故事都由簡短的散文寫成，文後附有一首五言絕句，舊本大多配有圖畫，把我國蒙學讀物最具魅力的三種形式——故事、圖畫和韻語生動地結合在一起。《二十四孝》中雖存在著許多不近人情的故事，但此書所以能產生持久和廣泛的影響，是和我們民族尊老敬長的傳統道德有關。

　　4.《日記故事》　元代虞韶編。這是一本圖文對照的道德教育教材，流傳最廣，影響很大；每個故事冠以四字為題，雖然名為「故事」，但並不是一種掌故書，而是藉一些深具教育意義的故事，來啓迪兒童對勤學聰慧、為人處世、做官為政等道理的認知與實踐。

　　㈢識字教材的變化

　　雖然前期的《千字文》在宋、元時期仍被大量應用，但同時也發展出不少新教材，最具有代表性的是佚名人所編的《百家姓》（以「趙錢孫李」開頭）和據稱是南宋末王應麟所編的《三字經》，以及一度失傳的《新編對相四言》。

　　1.《百家姓》　本書的作者，據宋人王明清的考證，「似是兩浙錢氏有國時小民所著」。（註六）《百家姓》共收單姓408個，複姓32個；全書以四字韻語的形式編成，讀起來琅琅上口，雖然各句的內容沒有實

註六　王明清著，《玉照新志》，卷三。

際意義，但由於姓氏知識切合於日常生活，以這種方式編訂兒童教材，其編撰的用意是值得借鑑的。

2.《三字經》　作者相傳爲南宋末王應麟，亦有說是區適子；觀文章語氣，爲宋代遺民入元所作，則無疑問。全書356句，每句3字，詞淺義深，音韻自然，讀起來順口易記。內容包含甚廣，首從人性談到教育的重要，繼則舉述天地、倫常、數字等普通常識，繼則列舉《四書》、《五經》，繼則敘述歷史發展，最後詳述學習方式，舉出古代著名學童學習成就，以爲示範，是一本綜合性的蒙學教材。此書歷史部分，元、明、清三代都經過增補，最後是民國17年章炳麟的重訂。

3.《新編對相四言》　本書成書的時間，據張志公先生的考訂，此書最早出現在南宋時，名爲《對相四言》，而《新編對相四言》是元代增刪修改後的產物。這是一本圖、文對照的看圖識字課本，把字義相關的字排列在一起，一字一圖，類似後世的兒童圖畫字典。全書共388字，圖306幅；文字部分大體是四字爲句，間或有韻，但沒有文理。

　㈣適應蒙學的詩歌教材的發展

在宋、元時期，爲教育兒童而編訂、創作的詩歌教材也獲得進一步的發展。蒙學詩歌教材大約可從唐代胡曾的《詠史詩》算起，到宋、元時，開始朝不同的方向變化：一類是朝典型的道德教育內容變化，如《神童詩》；另一類是朝選讀前朝、本代名人名詩的方向變化，如《千家詩》。

1.《神童詩》　相傳爲北宋初年的汪洙所作。書中所收五言絕句63首，多是勉人勤學的知名詩作，如「天子重英豪，文章教爾曹。萬般皆下品，唯有讀書高」、「久旱逢甘雨，他鄉遇故知。洞房花燭夜，金榜題名時」、「學問勤中得，螢窗萬卷書。三多今足用，誰笑腹中虛」、「朝爲田舍郎，暮登天子堂。將相本無種，男兒當自強」等等，至今仍然誦讀不絕。

2.《千家詩》　本書相傳爲南宋著名詩人劉克莊所編，惟仍難以確定。全書22卷，分爲時令、節候、氣候、晝夜、百花、竹木、天文、

地理、宮室、器用、音樂、禽獸、昆蟲、人品共14類，選錄唐、宋名家的詩作千首，為兒童初學而設，其編排次序，首為五絕，次為五律，次為七絕，最後為七律。現傳本《千家詩》共收錄唐、宋時人詩作227首，其中包括七言絕句95首，七言律詩48首，五言絕句39首，五言律詩45首，可能是經過宋末的謝枋得和明代的王相兩次編成的。

　　㈤其他

　　宋、元時期專門為兒童而作的教材，還有其他一些類型，例如：

　　1.為便於兒童習讀儒家典籍而編的課本：如南宋朱熹的《論語訓蒙口義》、《易學啟蒙》，元代舒天民的《六藝綱目》。

　　2.為便於兒童學習歷史而編撰的書：如據稱為宋代胡繼宗所編輯的掌故書《書言故事》、南宮靖所編的半論斷式歷史知識書《小學史斷》。

　　3.正字書在宋、元時期也時有所見，如宋代郭忠恕的《佩觿》、婁機的《班馬字類》、李從周的《字通》，和元代李文仲的《字鑒》等，今人多在文字學或字典研究中述及，但編輯者的意圖，原本是為小學教育而作的。

　　4.宋代王應麟的《小學紺珠》，內容涉及語文、政治、歷史、地理、自然常識和道德等多方面，把一些常見的名稱、說法羅列出來，寥寥數語，卻提供較全面的知識，沒有任何說教，是一種實用易記的小學教材。

四、明代小學教育的教材

　　由於長時間的積累，到明代，各類小學教育教材的數量已經相當可觀，為明人選用教材提供了極大的方便；在此同時，明人對於新教材的編寫仍不斷在進行，新教材的類型，大體上可以分為道德與知識兩類：

　　㈠行為方式訓練或道德規範學習類

　　1.由朱子《小學》發展而來的教本　在明代，《小學》一書仍是基礎教育的首選教材，除了直接使用《小學》外，還採用一些詮釋《小學》或推衍《小學》大義的著作為教本。

2.由《孝經》、《家禮》等構成的教本　明代小學頗多使用由《孝經》、《家禮》等構成的內容較深的教本。

3.由《聖諭》等構成的教本　在明代的小學中，法律教育也是重要的教育內容之一；洪武20年（1387年），明太祖令民間子弟講讀《大誥》，可說是小學實施法律教育的開始；洪武24年（1391年）復令社學學生兼讀律令，則小學的法律教育，已擴及到當時所有的律令。及至後代，各朝皇帝的聖諭，也都構成法律教育的內容。

4.由名賢故事類著作構成的教本　名賢故事類的著本，記載的是古代聖哲的嘉言善行，這類的教材，主要有《日記故事》和《孝順事實》。

5.由格言構成的教本　朱用純（柏廬）的《朱子治家格言》，亦稱《朱子家訓》，其篇幅不多，通常用作寫字教材；其形式雖不是韻文，但語句似聯句，上下對稱，便於誦讀記憶，又因為內容全是修身處世、待人接物之要道，深合農業社會的需要，對兒童日常生活頗具啟發作用。

㈡知識技能教育類

1.識字類　明代小學的識字教學，並未構成一個獨立的教學單位，常與道德、知識等教學相兼而行，使用的教材，通常有《三字經》、《百家姓》、《千字文》、《千家姓》及《義學正字》等。

2.書算類　書算包括書法和算術。在書法方面，明代各類小學所使用的教材大體是古人法帖，其中以顏真卿法帖為多。算術類的教材，主要是《九章算術》。

3.詩律及作文類　作對、作詩、作文也是明代小學的基本教學內容；作對常用的教材有《對類》，作詩常用的教材有《律詩訓》，作文的教材，則少見直接言及者。特別要提到的是，明代出現了兩本作詩、習對的著名教材，即是《幼學瓊林》和《龍文鞭影》。

⑴《幼學瓊林》　本書原名《幼學須知》、《成語考》，原為明人程允升所著，經清人鄒聖脈增補後，才改稱《幼學瓊林》；至民國初年，蔡東藩又有增補。全書分四卷，三十三部，其內容

是編綴辭章上習用的故實，成有韻的儷語，取便記誦。

(2)《龍文鞭影》 本書原名《蒙養故事》，蕭良有纂輯，經楊臣諍增補後，改名爲《龍文鞭影》，其取義爲「龍文，良馬也。見鞭影則疾馳，不俟鞭策而後騰驤也。」比喻此書可使受教育者迅速掌握知識，有「逸而功倍」之效。此書今有兩集，每集分上、下兩卷；內容結構是四字一句，兩句相對，押韻成文，便於背誦；每句之中都包含一個典故，句下都有小字注解。

4.常識類 明代不少雜字書就屬於這類書籍，如《新鍥鰲頭備用雜字元龜》、《新鍥便蒙群珠雜字》、《農莊雜字》等等。

五、清代小學教育的教材

(一)傳統教材的使用

在清代小學中，《三字經》、《千字文》、《百家姓》、《小學》、《四書》、《孝經》等傳統教材仍然大量使用，但也出現了一些頗具價值的新教材。

(二)新教材的編纂

1.《弟子規》 李毓秀撰。作者是康熙間秀才，在家鄉以教童子爲業，此書是他在教學過程中編成的。我國古代以三字爲一句的小學教材，最著名的是《三字經》，而能與《三字經》媲美的，大概就是《弟子規》了。全文分五部分，除「總序」外，其餘四個部分是把《論語·述而》中的「弟子入則孝，出則悌，謹而信，泛愛衆而親仁，行有餘力，則以學文。」分解開來編成的。全文360句，共1080字，內容涉及生活起居、衣服紐冠、行爲儀止、道德品性、處世之道等，詳於道德教育。

2.《小學韻語》 羅澤南撰。作者認爲朱熹《小學》一書「語句長短參差不齊，小兒初入學，遽以此授之，往往不能以句」，故「撮其大要」，以四言韻語的形式，取古人注疏附下編成。

3.《昔時賢文》 此書爲清代的啓蒙雜書，不知何人所撰。其文體主要爲長短不齊的聯語，內容除極小部分直接採自經史詩歌外，皆以

諺語、格言、口頭禪組織而成，既未分類，也無章節；由於代代相傳，不祇是隨時以增廣，而且各地版本也不盡相同，其主旨不外乎守分、安命、順天、全身，是一本反映我國傳統農業社會人生觀、歷史觀的書。此外，坊間亦有類似《昔時賢文》的啟蒙書，如《人生必讀》、《千金譜》等，這種集錦式的雜書，當是淵源於唐代的《太公家教》。

4.《幼學歌》　王用臣撰。這是一本用於家塾教學的啟蒙教材，刊行於光緒11年（1885年）；這時傳統教育的影響仍然很大，而新教育已經開始萌芽，正逐漸步入新舊交替的階段。《幼學歌》共分五卷，卷一為天文門，卷二為地理門（實為歷史地理），卷三人事門上（歷史人物及事件），卷四人事門下（典籍知事），卷五物類門（禮器、度量、花鳥等）。光緒12年（1886年），王用臣又作《續幼學歌》，門類同前。此書所謂的「歌」，作者自稱為「隨口成誦，漫無音韻」，有類於後世的「順口溜」，正因為其文句極度口語化，所以容易背誦記憶。本書正、續編的內容，囊括了我國古代的文化，都是一些實用性的知識，這是跟以往大多數蒙學教材不同的地方。

5.在詩、文的學習方面，《古文觀止》與《唐詩三百首》，是兩本流傳頗廣的選本，至今仍然膾炙人口。

⑴《古文觀止》十二卷　吳楚材、吳調侯選編，序作於康熙37年（1698年）。本書選了從東周到明末的古文作品222篇，起自《左傳·鄭伯克段於鄢》，迄於明張溥《五人墓碑記》，以散文為主，間收駢文，原為家塾訓蒙的讀本，但因為具備了「篇幅適中」、「選目恰當」、「可讀性強」、「概括性強」等優點，至今仍為許多中等以上學校國文課的補充教材，也廣為社會人士所喜愛。

⑵《唐詩三百首》　孫洙（蘅塘退士）編。序作於乾隆28年（1763年），有清章燮注疏本、陳婉俊補注本。原序說：「世俗兒童就學，即授《千家詩》，取其易於成誦，故流傳不廢。但其詩隨手掇拾，工拙莫辨。且止七言律、絕二體，而唐、宋人又雜出其間，殊乖體製。因專就唐詩中膾炙人口之作，擇其尤要者，

　　每體得數十首，共三百餘首，錄成一編爲家塾課本。」起自五言古詩張九齡《感遇》，迄於樂府杜秋娘《金縷衣》。傅斯年先生於《臺灣大學國文選擬議》中謂此書爲佳選，超越衆家，可以用爲課本，惟偏辭藻而略力氣。（見《傅孟眞先生集》第六冊）

附錄

商務印書館歷年出版小學教科書概況

（照錄民國二十四年十二月原件）

本館創辦於清光緒二十三年，迄今幾達四十載，其間對於文化事業之努力，謀所以貢獻於社會者，雖有多端，而學校新教材之供給，實為最要工作之一。溯我國新教育，在過去三十八年中，自萌芽而滋長而改進，本館始終効其忠實之忱，竭其棉薄之力，計為先驅試訊：各期整部小學教科書而論：清季興學時，則出版共和國教科書；國語運動興起時，則出版新教科書；北伐告成，國民政府成立時，則出版新時代教科書；國民政府頒布暫行課程標準時，則出版課程標準，則又出版復興教科書，其他應時地之需要而另編特種之教科書，更不計其數，每書編輯，無不力求適應潮流需要，以符提倡協助教育之初衷。茲將歷年所出教科書概況，列表說明如後；

新教科書發展

原因	書名及編校人	初版時期	附註
我國自甲午戰後，上下蓋鑒異國之盛，光緒二十八年七月，頒佈學堂章程，是為中國規定學制之始，有志教育之士，乃岳興學，本館編譯所有見於此，按照學期制度，編輯最新教科書。	**初等小學用** 最新國文教科書　十冊　戴克敦等編 最新格致教科書　三冊　用 最新筆算教科書　十四冊　徐等編 最新修身教科書　十冊　張元濟等編 最新珠算入門　二冊　杜嗣大　杜秋孫編 最新地理教科書　四冊　謝洪賚等編 **高等小學用** 最新國文教科書　八冊　張元濟編 最新中國歷史教科書　四冊　莊俞編 最新中外地理教科書　四冊　姚祖音編 最新理科教科書　四冊　謝洪賚等編 最新筆算教科書　三冊　張景良編 最新珠算教科書　四冊　杜嗣大編 最新修身　四冊　高鳳謙等編 最新農業　四冊 最新商業　四冊	光緒二十八年	各書均附教授法備教學參社

女子教科書

編印原因	書名及編校人	初版時期	附註
光緒初間，風氣開通，小學校中尚無男女兒童合校教授，故本館特另編女子教科書數種，以應時代需要。	初等小學用 女子修身教科書　八冊　高鳳謙編 女子國文教科書　八冊　蔣維喬、莊兪、沈頤編 女子算術教科書　四冊 女子唱歌　三冊 高等小學用 女子修身教科書　四冊　高鳳謙編 女子新國文　六冊　莊兪編 女子國文教科書　四冊	光緒三十年	本書另編教授法備教師採擇之用

圖原印縮	簡明教科書書名及編校人	初版時期	附註
至宣統元年初等小學高等小學均分段為四年制本館即遵照部章編將前明教科書	**初等小學用** 簡明修身教科書　八冊　高鳳謙編 簡明國文教科書　八冊　蔣維喬　沈頤　莊俞　合編 簡明中國歷史教科書　二冊　蔣維喬編 簡明筆算教科書　四冊　秦芬天編 簡明中國地理教科書　二冊　謝觀編 **高等小學用** 簡明國文教科書　八冊　沈頤　莊俞　蔣維喬　戴克敦　合編 簡明格致教科書　一冊　嚴保誠編	宣統二年	一、本套教科書無論文字內容均力求淺顯較前明教科書為明白。 二、本書另編教授法備教師參放。

資用教科書

因際印編	書　名			初版時期	附註
民國四年部令小學校改為國民學校	**國民學校用**			民國五年	一、本書均係北方有名之小學校長教員所編
	實用國文教科書	八冊	王鳳喈編		二、本書另編教授法九種備教師參攷
	實用修身教科書	八冊	仝上		
	實用算術教科書	八冊	仝上		
	高等小學用				
	實用修身教科書	六冊	鄭朝熙編		
	實用國文教科書	六冊	楊游編		
	實用算術教科書	六冊	王鳳喈編		
	實用歷史教科書	六冊	王鳳喈編		
	實用地理教科書	六冊	徐寶榘編		
	實用理科教科書	六冊	徐寶榘編		

編印原因	新書名	新法教科書編輯人	初訖時期	附註
民國九年一月，教育部通令全國民學校全用國語教材。為適應新小學國語科，合新授國文教本，故即根據此辦法編印新法教科書。	初級小學用：新法國語教科書、新法國文教科書、新法算術教科書等。 高級小學用：新法國語教科書、新法國文教科書、新法算術教科書等。 後期小學用（高級、初級各另有附）：新法國語教科書、新法國文教科書等。	（編輯人姓名列）	民國九年	本館第一批依新小學課程標準編印之新法小學教科書。

新撰教科書

原因印象	民國九年一月，教育部通令小學教科書一律用語體文。原稿惟因我國禮教遠閭，仵剛之地，仍多不能據改語體，故本給審查各地實際需要，重印緣，編新撰教科書。
書名及撰人	**初級小學用** 新撰國文教科書　八冊　莊適編　朱經農校 新撰國文教科書（含…）八冊　沈圻編　朱經農校 新撰算術教科書　八冊　王志莘、虞中庸編　朱經農校 **高級小學用** 新撰國文教科書　四冊　彭天授編　朱經農校 新撰公民教科書　四冊　王岫廬、虞和寅編　李枬浮、杉三拔校 新撰歷史教科書　四冊　傅運森編 新撰地理教科書　四冊　詳廉編 新撰美術教科書　四冊　胡適、甦…路師曾編 新撰自然教科書　四冊　杜亞泉編 新撰唱歌集　三冊　胡君復編
初版時期	民國十三年
附註	

新時代教科書

編印原因	書名及編校人	初版時期	附註
國民革命軍北伐告成，以後學制雖無重大變更，而國民訓練之目標顯然已以三民主義為基礎，本館為協助實施黨義教育起見，即編輯新時代教科書。	**初級小學用** 三民主義教科書　趙景源編 社會國際教科書　丁昌意編 自然常識教科書　王汝明編 語文讀會教科書　何琦通編 音樂藝術教科書　李元明編 工用圖畫藝術教科書　宗克家、李辛編 **高級小學用** 公民三民主義教科書　胡林傳編 語文史教科書 地歷理教科書	民國十七年	本書分編教授書一套備教師作參攷。

編印原因	教育部近年對於學制之研究修改，甚為注意。惟是教育本末，須有總綜貫通之研究修改，世為注意。做是教育本末，須先於此。故本館遵照此新標準編印基本教科書。
書名及編校人	**初級小學用** 國語教科書　人冊　沈百英編 算術教科書　人冊　計志中編 社會教科書　人冊　計志中編 自然教科書　人冊　沈百英　張佩之等編 工作教科書　人冊　師容等編 美術教科書　人冊　宗亮寰編 音樂教科書　四冊　何明齋　沈秉廉等編 **高級小學用** 國語教科書　四冊　莪洪垣編 社會教科書　四冊　李惠予編 算術教科書　四冊　等編 音樂教科書　四冊　何明齋　沈秉廉等編
初版時期	民國二十年
附註	一、本書另有編教學法（教授書改名為教學法，以本書為岳）。 二、本書另編有作教本一套，專供教師參改。

參考書目

說明：

甲、本篇所列參考書籍，大致分為以下五類：一語文教學類。二語文類。三教育類—㈠教育學，㈡教育史。四相關專書類。五期刊類。

乙、第一、二、三類中的書籍，原則上依版權頁所載最早的出版時間，按其公元年月的先後排列。

丙、第四「相關專書類」的排列順序，參照賴永祥《中國圖書分類法》。

一、語文教學類

《語文教學問題》，《中國語文》編輯部編，北京：中國社會科學出版社，1979年3月一版一刷。

《中學國文教學法研究》，王明通著，臺北：五南圖書出版公司，1989年9月一版一刷、1999年一版四刷。

《教育資料集刊》第十五輯（國語文教育專輯），國立教育資料館編，臺北：國立教育資料館，1990年6月。

《國文教學論叢》，陳滿銘著，臺北：萬卷樓圖書公司，1991年7月一版，1998年4月一版四刷。

《作文教學指導》，陳滿銘著，臺北：萬卷樓圖書公司，1994年10月一版、1997年10月一版二刷。

《中國小學語文教學史》，林治金主編，濟南：山東教育出版社，

1996年3月一版一刷。

《語文教材論》，黃光碩著，北京：人民教育出版社，1996年3月
　　一版一刷。

《語文教學藝術論》，韋志成著，南寧：廣西教育出版社，1996
　　年12月一版，2001年1月一版五刷。

《語文教學思維論》，彭華生著，南寧：廣西教育出版社，1996
　　年12月一版，1999年3月一版三刷。

《語文教學情境論》，韋志成著，南寧：廣西教育出版社，1996
　　年12月一版，2001年1月一版四刷。

《語文考試論》，倪文錦著，南寧：廣西教育出版社，1996年12
　　月一版，1999年3月一版三刷。

《語文教學設計論》，周慶元著，南寧：廣西教育出版社，1996
　　年12月一版，2001年1月一版四刷。

《語文學習論》，佟士凡著，南寧：廣西教育出版社，1996年12
　　月一版，2001年1月一版四刷。

《中國現代語文教育史》，李杏保、顧黃初著，成都：四川教育
　　出版社，1997年4月一版一刷。

《中學語文教材概觀》，朱紹禹主編，北京：人民教育出版社，
　　1997年4月一版、1998年3月一版二刷。

《國文教學法》，黃錦鋐著，臺北：三民書局，1997年7年一版。

《作文新題型》，賴慶雄、楊慧文編著，板橋：螢火蟲出版社，
　　1997年12月二版。

《國文教學論叢‧續編》，陳滿銘著，臺北：萬卷樓圖書公司，
　　1998年3月一版。

《重修增訂國文教學新論》，王更生著，臺北：明文書局，1998
　　年10月二版。

《中學國文教學理論研究》，張學波著，臺北：明文書局，1998
　　年10月二版。

《中學國文教學的藝術》，李金城著，高雄：復文圖書出版社，
　　1998年11月三版。

《中學語文教育心理研究》，周慶元著，長沙：湖南師範大學出
　　版社，1999年6月一版二刷。

《傳統語文教育初探》，張志公著，香港：三聯書店，1999年7月
　　一版一刷。

《中學國文教學實務精講》，黃春貴著，臺北：萬卷樓圖書公司，
　　1999年9月一版。

《從文言文教學到白話文教學 —— 我國近現代語文教育的變革歷
　　程》，鄭國民著，北京：北京師範大學出版社，2000年1月一
　　版一刷。

《現代閱讀教學論》，韋志成著，南寧：廣西教育出版社，2000
　　年3月一版，2001年1月一版二刷。

《敦煌古代兒童課本》，汪泛舟編著，蘭州：甘肅人民出版社，
　　2000年6月一版一刷。

《語文言意論》，李維鼎著，上海：上海教育出版社，2000年7月
　　一版一刷。

《中國古代語文教育史》，張隆華、曾仲珊著，成都：四川教育
　　出版社，2000年10月二版一刷。

《縱論語文教育觀》，李杏保、陳鐘梁著，北京：社會科學文獻
　　出版社，2001年9月一版一刷。

《語文課程與語文教材》，時金芳著，北京：社會科學文獻出版
　　社，2001年9月一版一刷。

《語文教育新思維》，邰啓揚、金盛華等著，北京：社會科學文

獻出版社，2001年9月一版一刷。

《語文教學設計》，時金芳著，北京：社會科學文獻出版社，
　　2001年9月一版一刷。

《中國現代語文教育百年事典》，顧黃初主編，上海：上海教育
　　出版社，2001年12月一版一刷。

《語文教育展望》，倪文錦、歐陽汝穎主編，上海：華東師範大
　　學出版社，2002年2月一版一刷。

　　附：教科書

《國中國文》第一冊，董金裕主編，臺北：康軒文教事業公司，
　　2002年7月一版。

九年義務教育三年制初級中學教科書（試用修訂本）《語文》第
　　一冊，人民教育出版社中學語文室編著，2000年4月一版，
　　2000年6月河南一版一刷。

高級中學課本《語文》第一冊，人民教育出版社語文二室編，北
　　京：人民教育出版社，1990年10月一版，1999年一版九刷。

《中國語文》（全十冊），劉國正、黃成穩、紀馥華主編，香港：
　　麥克米倫出版（中國）有限公司，1991年版。

《中國文學》（全四冊），孫芳銘、王宜早、楊子嬰編著，香港
　　麥美倫出版社授權書林出版公司在臺灣出版，1992年11月一
　　版。

《中國語文》（全十冊），布裕民、陳建偉、陳漢森、謝錫金編，
　　香港：啓思出版社，1991年一版、1994・1995年二版、1999
　　年三版一刷。

《中國文學》（全四冊），布裕民編，香港：啓思出版社，1990
　　年一版。

二、語文類

《國音標準彙編》，臺灣省國語推行委員會據1932年5月7日教育部公布的《國音常用字彙》增編，臺北：臺灣開明書店，1952年6月臺一版、1997年7月臺四十五版。

《增補國音字彙》，方師鐸輯，臺北：臺灣開明書店，1968年12月一版、1992年8月七版。

《臺灣地區國語運動史料》，張博宇編，臺北：臺灣商務印書館，1974年11月一版。

《國音學》，國立臺灣師範大學國音教材編輯委員會編纂，臺北：正中書局，1982年10月臺一版、1999年11月臺五版八刷。

《中國語文通論》，陳耀南著，香港：香江出版公司，1986年8月一版一刷。

《中國大百科全書·語言文字》，中國大百科全書總編輯委員會《語言文字》編輯委員會編，北京：中國大百科全書出版社，1988年2月一版，1994年11月一版一刷。

《新語文的建設》，周有光著，北京：語文出版社，1992年3月一版一刷。

《吳稚暉與國語運動》，詹瑋著，臺北：文史哲出版社，1992年4月一版。

《新語文建設史話》，凌遠征著，開封：河南大學出版社，1995年1月一版一刷。

《標點符號研究》，楊遠編著，臺北：東大圖書公司，1995年2月一版、1999年8月二版。

《語言文字工作百題》，國家語言文字工作委員會政策法規室編，北京：語文出版社，1995年7月一版，1998年4月一版三刷。

《中國語文現代化百年記事（1892—1995）》，費錦昌主編，北
　　京：語文出版社，1997年7月一版一刷。

《中國語言文字學史料學》，高小方編著，南京：南京大學出版
　　社，1998年3月一版、1998年12月一版二刷。

《標點符號的規範用法》，吳邦駒編著，香港：三聯書店，1998
　　年3月一版、1999年4月一版二刷。

《新時代的新語文》，周有光著，北京：生活‧讀書‧新知三聯
　　書店，1999年1月一版一刷。

《標點符號學習與應用》，林穗芳著，北京：人民出版社，2000
　　年1月一版一刷。

《近百年的中國漢語語文辭書》，楊文全著，成都：巴蜀書社，
　　2000年3月一版一刷。

《從古文到白話——近代文界革命與文體流變》，連燕堂著，北
　　京：中央民族大學出版社，2000年4月一版一刷。

《中國古代語言學史》，何九盈著，廣州：廣東教育出版社，
　　2000年6月二版二刷。

《中國現代語言學史》，何九盈著，廣州：廣東教育出版社，
　　2000年9月二版二刷。

《標點符號詞典》，袁暉主編，太原：書海出版社，2000年12月
　　一版一刷。

《周有光語文論集》（全四卷），周有光著、蘇培成編選，上海：
　　上海文化出版社，2002年1月一版一刷。

三、教育類

㈠教育學

《教育研究方法論》，中國教育學會主編，臺北：師大書苑，

1987年12月一版、1995年9月一版三刷。

《各國教科書比較研究》，中華民國比較教育學會主編，臺北：臺灣書店，1989年12月一版。

《教學論—理論與方法》，林寶山著，臺北：五南圖書出版公司，1990年8月一版、1998年3月一版九刷。

《教學評量研究》，國立臺灣師範大學學術研究委員會主編，臺北：五南圖書出版公司，1992年11月一版一刷、1996年10月一版二刷。

《中學教育學》，班華主編，北京：人民教育出版社，1992年12月一版，1998年3月一版五刷。

《教學設計——基本原理與方法》，張祖忻、朱純、胡頌華著，臺北：五南圖書出版公司，1995年10月一版、1998年10月一版三刷。

《中學教育學》，葉立群總主編、施良方主編，福州：福建教育出版社，1996年2月一版、2000年3月一版三刷。

《中國學術名著提要‧教育卷》，張瑞璠、金一鳴主編，上海：復旦大學出版社，1996年10月一版一刷。

《中國近代學制比較研究》，錢曼倩、金林祥主編，廣州：廣東教育出版社，1996年11月一版一刷。

《課程變革概論》，白月橋著，石家莊：河北教育出版社，1996年12月一版、1999年1月一版二刷。

《清代後期教育論著選》（全二冊），陳景磐、陳學恂主編，北京：人民教育出版社，1997年8月一版一刷。

《教育與國家發展—臺灣經驗》，羊憶蓉著，臺北：桂冠圖書公司，1998年3月一版二刷。

《亞洲「四小龍」教育制度與管理體制研究》，張鳳蓮著，福州：

福建教育出版社，1998年6月一版、1999年3月一版二刷。

《亞洲「四小龍」課程實踐研究》，馮堯生著，福州：福建教育
　　出版社，1998年6月一版，1999年9月一版二刷。

《中華人民共和國教育制度》，杜作潤主編，香港：三聯書店，
　　1999年4月一版一刷。

《香港教育》，單文經、鄭勝耀、曹常仁著，臺北：商鼎文化出
　　版社，2000年1月一版一刷。

《國民中小學九年一貫課程暫行綱要》（全八冊），分「語文學
　　習領域」、「健康與體育學習領域」、「生活課程」、「社
　　會學習領域」、「藝術與人文學習領域」、「自然與生活科
　　技學習領域」、「數學學習領域」、「綜合活動學習領域」），
　　教育部編，臺北：教育部，2001年1月一版。

《中等教育：理論與實際》，謝文全著，臺北：五南圖書出版社，
　　2001年7月五版一刷。

《教育學研究方法》，中正大學教育學研究所主編，高雄：麗文
　　文化事業公司，2001年8月一版二刷。

㈡教育史

《中國教育史》，王鳳喈編著，臺北：正中書局，1945年4月臺初
　　版、1999年10月臺三版二刷。

《臺灣省通誌》（第37冊—卷五教育志・教育行政篇），臺灣省
　　文獻委員會編，臺北：眾文圖書公司，1969年6月一版。

《臺灣省通誌》（第38冊—卷五教育志・制度沿革篇），臺灣省
　　文獻委員會編，臺北：眾文圖書公司，1970年6月一版。

《臺灣省通誌》（第39冊—卷五教育志・文化事業篇），臺灣省
　　文獻委員會編，臺北：眾文圖書公司，1971年6月一版。

《臺灣省通誌》（第40冊—卷五教育志・教育設施篇），臺灣省

文獻委員會編，臺北：眾文圖書公司，1970年6月一版。

《臺灣省通誌》（第41冊—卷五教育志‧考選篇），臺灣省文獻
　　委員會編，臺北：眾文圖書公司，1973年6月一版。

《商務印書館與新教育年譜》，王雲五著，臺北：臺灣商務印書
　　館，1973年3月一版。

《近代中國教育史資料》（全四冊：清末編一冊、民國編三冊），
　　日本、多賀秋五郎編著，臺北：文海出版社，1976年4月影印
　　一版。

《中國教育史》，胡美琦著，臺北：三民書局，1978年7月一版、
　　1995年四版。

《臺灣教育發展史料彙編》，臺灣省政府教育廳編印，1980年開
　　始編纂，至1996年已出版國民教育、高中教育、職業教育、
　　大專教育、社會教育、師範教育、特殊教育、體育教育、科
　　學教育、教育行政、衛生教育、訓育篇等十二篇。

《中國近代教育史》，陳景磐編著，北京：人民教育出版社，
　　1983年6月二版，1999年3月二版十九刷。

《中國近代學制史料》第一輯（上冊），朱有瓛主編，上海華東
　　師範大學出版社，1983年12月一版一刷。

《中國教育史比較研究（古代部分）》，陶愚川著，濟南：山東
　　教育出版社，1985年5月一版一刷。

《中國教育思想史（先秦部分）》，伍振鷟著，臺北：師大書苑，
　　1987年3月一版、1995年9月一版三刷。

《中國教育思想史（兩宋部分）》，伍振鷟著，臺北：師大書苑，
　　1987年3月一版、1995年9月一版三刷。

《臺灣教育面貌40年》，林玉体著，臺北：自立晚報，1987年10
　　月一版。

《中國教育史》，毛禮銳、邵鶴亭、瞿菊農著，臺北：五南圖書
　　出版公司，1989年10月一版一刷、1999年7月一版六刷。

《中華民國史教育志（初稿）》，國史館中華民國史教育志編纂
　　委員會編，臺北：國史館，1990年6月一版。

《中國教育思想史》，郭齊家著、崔光宙審訂，臺北：五南圖書
　　出版公司，1990年6月一版，1999年7月一版三刷。

《中國近代學制史料》第三輯（上冊），朱有瓛主編，上海：華
　　東師範大學出版社，1990年6月一版一刷。

《中國近代學制史料》第三輯（下冊），朱有瓛主編，上海：華
　　東師範大學出版社，1992年1月一版一刷。

《臺灣教育史》，徐南號主編，臺北：師大書苑，1993年1月一版、
　　1999月8月增訂版一刷。

《中國近代教育史》，王炳照主編，王炳照、宋元強、蔡振生、
　　蘇渭昌、雷克嘯著，臺北：五南圖書出版公司，1994年3月一
　　版一刷。

《中國古代學校》，郭齊家著，臺北：臺灣商務印書館，1994年5
　　月一版一刷、1995年5月一版二刷。

《中國近代教育史資料匯編・普通教育》，李桂林、戚名琇、錢
　　曼倩編，上海：上海教育出版社，1995年10月一版一刷。

《中國教育思想史》（全三卷），孫培青、李國鈞主編，上海：
　　華東師範大學出版社，1995年11月一版，1997年8月一版二刷。

《中國教育發展史》，伍振鷟校訂，喻本伐、熊賢君著，臺北：
　　師大書苑，1995年12月一版。

《蒙學讀物的歷史透視》，徐梓著，漢口：湖北教育出版社，
　　1996年10月一版一刷。

《中國近代教科書發展研究》，王建軍著，廣州：廣東教育出版

社，1996年11月一版一刷。

《臺灣教育發展史料彙編補述》，教育部中部辦公室編印，1996
　年起依序補述，已出版國民教育、高中教育、職業教育等三
　篇。

《蔡元培與近代中國》，蔡建國著，上海：上海社會科學院出版
　社，1997年2月一版、1998年2月一版二刷。

《歷代啓蒙教材初探》，林文寶著，臺北：萬卷樓圖書公司，
　1997年4月一版。

《民國教育史》，李華興主編，李華興、張元隆、陳祖懷、周永
　祥著，上海：上海教育出版社，1997年8月一版一刷。

《中華民國教育史》，熊明安著，重慶：重慶出版社，1997年12
　月一版二刷。

《中國教育史學九十年》，杜成憲、崔運武、王倫信著，上海：
　華東師範大學出版社，1998年6月一版一刷。

《中國古代小學教育研究》，池小芳著，上海：上海教育出版社，
　1998年12月一版一刷。

《當代中國教育思想史》，程凱主編，開封：河南大學出版社，
　1999年6月一版一刷。

《中國近現代教學改革史》，熊明安主編，重慶：重慶出版社，
　1999年7月一版一刷。

《張之洞與近代中國》，黎仁凱、鍾康模著，保定：河北大學出
　版社，1999年8月一版一刷。

《中國教育制度史論》，高明士著，臺北：聯經出版事業公司，
　1999年9月一版。

《中國近代教育史教學參考資料》（中冊），陳學恂主編，北京：
　人民教育出版社，2000年3月一版四刷。

《課程史論》，呂達著，北京：人民教育出版社，2000年3月一版
　　一刷。

《中國教育制度通史》（全八卷），李國鈞、王炳照總主編，濟
　　南：山東教育出版社，2000年7月一版一刷。

《臺灣教育探源》，林天佑等編撰，臺北：國立教育資料館，
　　2000年7月一版。

《百年教育回眸》，董孟懷、李建永、劉劍鋒、張麗雙著，北京：
　　中國經濟出版社，2000年9月一版一刷。

《晚清學部研究》，關曉紅著，廣州：廣東教育出版社，2000年9
　　月一版一刷。

《九年國民教育資料彙編》，何鳳嬌編，臺北：國史館，2000年
　　11月一版。

《日本統治下臺灣的學校教育—其發展及有關文化之歷史分析與
　　探討》，林茂生著、林詠梅譯，臺北：新自然主義股份有限
　　公司，2000年12月一版。

《杜威與中國》，張寶貴著，石家莊：河北人民出版社，2001年1
　　月一版一刷。

《中國教育大事典（1840—1949）》，劉英杰主編，杭州：浙江
　　教育出版社，2001年7月一版一刷。

《杜威與中國》，元青著，北京：人民出版社，2001年9月一版一
　　刷。

《中國教育史研究—近代分卷》，陳學恂總主編、田正平分卷主
　　編，上海：華東師範大學出版社，2001年9月一版一刷。

四、相關專書類

《中國圖書分類法》，賴永祥編訂，臺北：賴永祥，1964年6月新

訂一版，1989年4月增訂七版。

《中文參考用書指引》，張錦郎編著，臺北：文史哲出版社，
　　1979年4月一版、1983年12月增訂三版。

《敦煌古籍敘錄》，王重民著，臺北：國泰文化事業公司，1980
　　年1月影印一版。（按：本書由北京商務印書館於1958年初版，北
　　京中華書局於1979年重印。）

《十三經注疏附校勘記》四百十六卷（全八冊），臺北：藝文印
　　書館，1973年5月影印五版（據清嘉慶江西南昌府學原刻本影
　　印）。

《十三經注疏》（全二十一冊），李學勤主編，北京：北京大學
　　出版社，1999年12月一版一刷（簡體字橫排本）。

《四書集注》，宋、朱熹注，臺北：藝文印書館，1978年4月影印
　　四版（據清吳縣吳志忠刻本影印）。

《管子》二十四卷，舊題唐・房玄齡注，臺北：臺灣商務印書館，
　　1975年6月臺影印三版（據《四部叢刊初編縮本》影印）。

《荀子新注》三十二篇，北京大學《荀子》注釋組注，臺北：里
　　仁書局，1983年11月影印一版（據1979年2月北京中華書局本
　　影印）。

《韓昌黎思想研究》，韓廷一著，臺北：臺灣商務印書館，1991
　　年11月修訂一版。

《新校本史記》一百三十卷（全六冊），漢、司馬遷著，永和：
　　史學出版社，1974年2月影印一版（據1959年9月北京中華書
　　局出版顧頡剛校點本影印）。

《清史稿》五百二十九卷（全十八冊），趙爾巽主編，臺北：鼎
　　文書局，1981年9月影印一版（據1976年7月北京中華書局出
　　版校點本影印）。

《後漢紀》三十卷（全二冊），晉、袁宏撰，臺北：東吳大學，
　　1969年春影印一版（據國家圖書館藏明嘉靖二十七年吳郡黃
　　姬水刊本影印）。

《資治通鑑》二百九十四卷（全十六冊），宋・司馬光撰，元・
　　胡三省音注，齊思和等校點，臺北：世界書局，1972年3月影
　　印四版（據1956年6月北京古籍出版社校點本影印）。

《中國歷代政治得失》，錢穆著，臺北：三民書局，1976年8月二
　　版。

《中國歷史研究法（附補編）》，梁啓超著，臺北：臺灣中華書
　　局，1968年11月臺六版（按：本書於1936年4月上海一版）。

《史學方法論》，杜維運著，臺北：三民書局，1991年4月增訂十
　　一版。

《臺灣原住民的社會與文化》，王嵩山著，臺北：聯經出版事業
　　公司，2001年7月一版。

《閩南人》，林再復著，臺北：林再復，1984年10月一版、1993
　　年4月增訂七版。

《客家人》，陳運棟著，臺北：東門出版社，1978年9月一版、
　　1992年8月十版。

《司馬光評傳》，李昌憲著，南京：南京大學出版社，1998年12
　　月一版一刷（《中國思想家評傳叢書》80）。

《修訂增註中國聲韻學通論》，林尹著，林炯陽注釋，臺北：黎
　　明文化事業公司，1982年9月一版。

《方言與中國文化》，周振鶴、游汝杰著，臺北：南天書局，
　　1990年10月臺一版。（原收於上海人民出版社出版周谷城主
　　編《中國文化史叢書》）

《敦煌民間文學》，高國藩著，臺北：聯經出版公司，1994年4月

一版。

《臺灣諺語》，吳瀛濤著，臺北：臺灣英文出版社，1975年2月一版、1979年9月四版。

《智慧的語珠—臺灣的傳統諺語》，陳正之著，臺北：行政院新聞局，1998年6月一版、 2001年12月二版。

《柳河東集》四十五卷、外集二卷、外集補遺一卷、附錄二卷，唐・柳宗元撰，臺北：河洛圖書出版社，1974年12月影印一版（據1961年北京中華書局排印本影印）。

《蔡元培全集》（全七卷），高叔平編，北京：中華書局，1984年9月一版一刷。

五、期刊類

《中華民國教育年報》，國立教育資料館編，1999年2月創刊，目前已出版1998、1999、2000年三個年度。

《漢學研究》（半年刊）、《漢學研究通訊》，臺北：漢學研究中心編印。

《國文天地》，陳滿銘總編輯，臺北：國文天地雜誌社。

《書目季刊》，書目季刊編輯委員會主編，臺北：書目季刊社。

《聯合報》，發行人：王效蘭，臺北：聯合報社。

《中國時報》，董事長：余建新，臺北：中國時報社。